科学世界观方法论
在新时代的丰富发展

KEXUE SHIJIEGUAN FANGFALUN
ZAI XINSHIDAI DE FENGFU FAZHAN

颜晓峰 主编

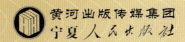
黄河出版传媒集团
宁夏人民出版社

图书在版编目（CIP）数据

科学世界观方法论在新时代的丰富发展 / 颜晓峰主编. -- 银川：宁夏人民出版社，2023.11
ISBN 978-7-227-07881-4

Ⅰ．①科… Ⅱ．①颜… Ⅲ．①习近平新时代中国特色社会主义思想 – 研究 Ⅳ．① D610.4

中国国家版本馆 CIP 数据核字（2023）第 241352 号

科学世界观方法论在新时代的丰富发展 　　　　　　　颜晓峰　主编

项目监制　薛文斌
项目统筹　何志明
责任编辑　周淑芸　管世献
责任校对　陈　浪
封面设计　姚欣迪
责任印制　侯　俊

 黄河出版传媒集团 宁夏人民出版社 出版发行

出 版 人　薛文斌
地　　址　宁夏银川市北京东路 139 号出版大厦（750001）
网　　址　http://www.yrpubm.com
网上书店　http://www.hh-book.com
电子信箱　nxrmcbs@126.com
邮购电话　0951-5052104　5052106
经　　销　全国新华书店
印刷装订　宁夏凤鸣彩印广告有限公司
印刷委托书号　　（宁）0028295

开本　787 mm×1092 mm　1/16
印张　21
字数　220 千字
版次　2023 年 12 月第 1 版
印次　2023 年 12 月第 1 次印刷
书号　ISBN 978-7-227-07881-4
定价　52.00 元

目 录

导　论
正确认识把握习近平新时代中国特色社会主义思想的"总钥匙"

　　马克思主义的科学性基于其世界观和方法论的科学性，马克思主义的科学理论指导功能，从根本上说是科学世界观和方法论的指导功能。党的二十大明确要求把握好习近平新时代中国特色社会主义思想的世界观和方法论，把它作为继续推进实践基础上理论创新的哲学指引。习近平总书记在主持二十届中共中央政治局第一次集体学习时指出："要全面把握新时代中国特色社会主义思想的世界观、方法论和贯穿其中的立场观点方法"。"科学的世界观和方法论是我们研究问题、解决问题的'总钥匙'。""只有深刻领会'两个结合'、'六个必须坚持'，才能深刻理解党的二十大精神，在面对各种矛盾问题和重大风险挑战时始终做到方向明确、头脑清醒、应对有方、行动有力。"[1]

————————

[1] 习近平：《在二十届中央政治局第一次集体学习时的讲话》，《求是》2023年第2期。

这就为深入理解习近平新时代中国特色社会主义思想的世界观和方法论提供了基本遵循。

一、坚持运用辩证唯物主义和历史唯物主义的世界观和方法论

习近平新时代中国特色社会主义思想的世界观和方法论，属于马克思主义世界观和方法论，并内在其中。马克思主义世界观和方法论，就是辩证唯物主义和历史唯物主义的世界观和方法论；马克思主义的立场、观点、方法，在辩证唯物主义和历史唯物主义的基本原理和方法论中得到集中体现。正如习近平总书记指出的："我们要坚持和运用辩证唯物主义和历史唯物主义的世界观和方法论，坚持和运用马克思主义立场、观点、方法。"①

（一）辩证唯物主义和历史唯物主义是马克思主义世界观和方法论

马克思主义是深刻把握人类社会发展规律的科学理论，马克思主义的深层基础是它的世界观和方法论，也就是关于世界的总体观念和把握世界的基本途径。世界观和方法论属于哲学，马克思主义哲学就是辩证唯物主义和历史唯物主义。辩证唯物主义和历史唯物主义也是中国共产党人的世界观和方法论。

① 习近平：《在纪念马克思诞辰 200 周年大会上的讲话》，《人民日报》2018年 5 月 5 日。

　　辩证唯物主义作为马克思主义的世界观和方法论，主要包括世界统一于物质、物质决定意识，同时并不否认意识对物质的反作用的原理；承认矛盾的普遍性、客观性，在解决矛盾的过程中推动事物发展，解决主要矛盾和矛盾的主要方面的基本原理；坚持发展地、全面地、系统地观察事物的唯物辩证法根本方法；坚持实践第一，把握认识和实践辩证关系的原理；等等。历史唯物主义的世界观和方法论，主要包括社会存在决定社会意识，社会意识具有反作用的原理；生产力决定生产关系、经济基础决定上层建筑，同时生产关系、上层建筑具有反作用的社会基本矛盾运动原理；物质生产是社会历史发展的决定性因素，生产力是推动社会进步最活跃、最革命的要素的观点；人民群众是历史创造者的观点；等等。党的十八大后，中共中央政治局先后就历史唯物主义基本原理和方法论、辩证唯物主义基本原理和方法论进行两次集体学习，习近平总书记在主持学习时分别发表重要讲话，结合新时代党和国家工作深入阐发辩证唯物主义和历史唯物主义基本原理和方法论，表明了以习近平同志为核心的党中央坚持运用马克思主义哲学的思想武器，深刻认识发展规律、有效提高领导本领、更好指导新时代实践的哲学立场和理论思维。

　　哲学是世界观和方法论，哲学思想观点具有世界观和方法论功能。但世界观和方法论的表述，并不意味着哲学原理可以截然分为两块，一块是世界观，一块是方法论；也不意味着每一个哲学观点都可以亦此非彼，明确区分为是属于世界观还是属于方法论。要从世界观和方法论的区别和统一中准确把握二者之间的关系。马克思主义哲学不仅要解释世界，而且更重要的是改变世界，从总体上说，马克思主义哲学既是世界观又是方法论。在具体的哲学原理和观点中，很多既具有世界观属性，也具有方法论功能，亦此亦彼。例如矛盾的普遍性原理，既揭示了世界的本质属性，也是认识和改造世界的根本方法。

世界观和方法论是统一的，世界观方法论和立场观点方法同样也是统一的。立场观点方法不能脱离世界观方法论而独自存在，也没有在世界观方法论体系之外、与其并列的立场观点方法体系。使用立场观点方法范畴，是要强调马克思主义世界观方法论表明了一种哲学立场，如是唯物史观的立场还是唯心史观的立场；是要强调马克思主义世界观方法论指出了一系列看待世界的基本观点，如事物是质与量的统一体，量变引发质变；是要强调马克思主义世界观方法论提供了以理论的、实践的方式把握世界的科学方法，如既要尊重客观规律又要发挥主动精神。马克思主义在世界观方法论层面的立场观点方法，是从辩证唯物主义和历史唯物主义基本原理和方法论出发的立场观点方法。

一种思想理论，有着贯通整个思想理论体系的精神实质，是这一思想理论的精髓和灵魂。这种精神实质，是众多的理论观点的核心支持，是具体的理论观点的生长基因。这种精神实质，神于内而形于外，既可以对其作出简要概括，又可以在一系列理论观点中切实感受出来。世界观方法论、立场观点方法，作为思想理论体系的哲学底蕴，最为直接和鲜明地表明了一种思想理论的精神实质。马克思主义以唯物史观和剩余价值学说为理论基石，主要由哲学、政治经济学、科学社会主义三大部分构成，包含着关于人类社会发展规律、坚守人民立场、生产力和生产关系、人民民主、文化建设、社会建设、人与自然关系、世界历史、马克思主义政党建设等方面的重要思想。习近平总书记指出："马克思主义博大精深，归根到底就是一句话，为人类求解放。"①可以说，马克思主义的精神实质，归根到底就是为人类求解放。

（二）推进马克思主义中国化时代化内含着马克思主义世界观和方法论的中国化时代化

党的奋斗历程，始终不渝地把马克思主义作为立党立国、兴党兴国的根本指导思想。马克思主义对于中国共产党人来说，是实现民族独立、人民解放和国家富强、人民幸福的科学指引，马克思主义为人类求解放的社会理想与中国先进分子救国济民、强国裕民的志向情怀高度融合。党坚信和坚守马克思主义，是为中国人民谋幸福、为中华民族谋复兴的实践要求。因此，马克思主义要在中国革命、建设、改革的具体实践中成为行动指南，就要经历一个从普遍性理论到特殊性实践的转化过程，也就是本土化即中国化的过程。马克思主义是站在人类发展前沿、走在时代潮流前列的科学理论，时代化是马克思主义的应有之义。马克思主义创立之后，仍然要在不断发展变化、呈现丰富多样性的世界历史中与时俱进，始终成为时代精神的精华。坚持和发展马克思主义，必须体现马克思主义的时代性，在相应的时代坐标中续写马克思主义新篇章。

---

① 习近平：《在纪念马克思诞辰200周年大会上的讲话》，《人民日报》2018年5月5日。

在推进马克思主义中国化时代化的过程中，形成了传承马克思主义真谛，具有鲜明中国特色、时代特色、实践特色，反映人民心声的中国化时代化的马克思主义。习近平总书记在党的二十大报告中强调："实践告诉我们，中国共产党为什么能，中国特色社会主义为什么好，归根到底是马克思主义行，是中国化时代化的马克思主义行。"① 推进马克思主义中国化时代化，首要的、根本的要求是坚持马克思主义立场观点方法，在马克思主义世界观和方法论指导下，创立和形成中国化时代化的马克思主义。同时，马克思主义世界观和方法论，在同各国实际和时代特征相结合过程中，也是在不断丰富发展，从而形成了具有本土化时代化内涵和风格的马克思主义立场观点方法。中国化时代化的马克思主义哲学，既是中国化时代化的马克思主义的重大成果，也是重要条件。在推进马克思主义中国化时代化过程中创立和形成的重大成果中，理论成果及其蕴含在内的哲学成果融为一体。

党的奋斗历程推进马克思主义中国化时代化，包含着推进马克思主义哲学中国化时代化，形成具有中国特色和时代特征的中国共产党人的世界观和方法论，成为中国化时代化的马克思主义的灵魂。一切从实际出发，理论联系实际，实事求是，在实践中检验真理和发展真理，是党在长期探索中形成的思想路线，是马克思主义中国化时代化在世界观和方法论方面的宝贵结晶。坚持解放思想、实事求是、与时俱进、

---

① 习近平：《高举中国特色社会主义伟大旗帜 为全面建设社会主义现代化国家而团结奋斗——在中国共产党第二十次全国代表大会上的报告》，人民出版社 2022 年版，第 16 页。

求真务实，正是这条思想路线的精髓。毛泽东思想活的灵魂，是实事求是、群众路线、独立自主。邓小平理论的精髓，是坚持解放思想、实事求是。贯彻"三个代表"重要思想，关键在坚持与时俱进，核心在坚持党的先进性，本质在坚持执政为民。科学发展观，第一要义是发展，核心是以人为本，基本要求是全面协调可持续，根本方法是统筹兼顾。习近平新时代中国特色社会主义思想的世界观和方法论及贯穿其中的立场观点方法，党的二十大作出了"六个必须坚持"的精辟概括。这些都是中国化时代化马克思主义的世界观和方法论的思想结晶，是党的宝贵哲学财富。

二、新时代伟大变革推动马克思主义世界观和方法论发展深化

马克思主义世界观和方法论的形成，是在对以往哲学思想的变革中实现的，根本的是在历史发展和时代演进中孕育出来的。马克思主义世界观和方法论的丰富、发展和深化，也是随着历史的变化而赋予新的时代内涵，始终成为时代精神的精华。习近平新时代中国特色社会主义思想的世界观和方法论，是新时代伟大实践的哲学结晶。

（一）实践和历史是马克思主义哲学的深层逻辑

社会存在决定社会意识。哲学即使是以普遍概括、深层提炼的形式表现出来的社会意识，仍然是社会存在的反映，仍然内含着特定历史时代的社会存在状况。在人类认识史上出现的唯心主义和形而上学、

机械唯物主义和唯心辩证法，包含着世界的某些现象和要素，但却是以表面的片面的方式反映社会存在，其哲学思想的缺陷归根到底还是社会历史发展的局限性和不成熟。辩证唯物主义和历史唯物主义，是对世界的本质联系和真实状况的正确反映，是生产方式的发展、世界历史的进程、科学技术的变革达到一定阶段和水平的思想成果，是先进阶级成长成熟的思想标识。哲学是历史之镜、时代之窗、实践之华。西方历史上，古希腊、古罗马时期产生的思想学说，反映了那时的思想者们对自然界和社会的深邃认识。西方资产阶级革命时期，产生了一大批资产阶级思想家，形成了反映新兴资本主义国家需要的思想观点。中华民族历史上，从先秦子学、两汉经学、魏晋玄学，到隋唐佛学、儒释道合流、宋明理学、明清实学，包含着丰富的哲学社会科学内容、治国理政智慧，是历史悠久的中华文明的思想见证。

马克思主义哲学是在对德国古典哲学以及以往哲学的吸收和批判的基础上实现的哲学变革。这种哲学变革发生于思想领域，但从根本上说，是马克思、恩格斯对他们所处的资本主义时代和世界历史阶段深入考察的哲学结晶。马克思主义哲学是对当时社会实践的本质属性、历史运动的真实关系、时代发展的前进方向的深刻表述，"既是那个时代精神的精华又是整个人类精神的精华"①。马克思主义哲学的科学性的历史基础，是近代以来的社会发展和科技进步，这使得全面深入揭示人类社会发展的一般规律成为可能。马克思主义哲学的人民性

---

① 习近平：《在纪念马克思诞辰 200 周年大会上的讲话》，《人民日报》2018年 5 月 5 日。

的社会基础，是工人阶级作为最为先进的阶级登上历史舞台，充分展现了人民实现自身解放的强大力量，由此形成了人民是历史创造者的历史唯物主义基本观点。马克思主义哲学的实践性的生产基础，是生产力的飞跃性发展及其导致的社会巨变，有力证明了物质生产活动对于改变世界、塑造时代的根本性作用，由此确立了实践的观点、生活的观点作为马克思主义认识论首要的、基本的观点。马克思主义哲学的开放性的时代基础，是时代不停顿的迅速发展变化，世界越来越向全球化、一体化趋近，这就使得哲学变革不能一劳永逸，必须不断探索时代发展提出的新课题。

马克思、恩格斯之后的历史和时代，经历了快速的发展、巨大的变化、深刻的转折。100 多年来的世界历史和社会实践，给马克思主义提出了许多新的课题，迫切需要马克思主义的后继者们给予新的回答，其中包括回答内含其中的哲学问题，并且在哲学上作出新概括、形成新认识。列宁在领导俄国革命和苏联社会主义建设的实践中，在坚持和发展马克思主义及其哲学的过程中，深入分析了资本主义的最新发展及呈现的新的特点规律，创造性地探索了建立和建设人类历史上前所未有的社会主义社会的规律，在与物理学唯心主义进行论战中推进了辩证唯物主义认识论，在研读前人哲学思想中发展了唯物辩证法特别是对立统一规律等，列宁哲学思想是马克思主义哲学发展史上的重大成果。中国共产党人在创立和形成中国化时代化马克思主义重大理论成果的过程中，形成了具有鲜明民族风格、深厚实践内涵、显著时代特征的中国共产党的哲学思想，丰富发展了马克思主义哲学，续写了马克思主义哲学发展史的新篇章。毛泽东哲学思想的代表作，如《反对本本主义》《中国革命战争的战略问题》《实践论》《矛盾论》《论持久战》《新民主主义论》《论十大关系》《关于正确处理人民内部矛盾的问题》，成为马克思主义哲学发展史"中国篇"的杰作。

（二）"最为广泛而深刻的社会变革""最为宏大而独特的实践创新"孕育出习近平新时代中国特色社会主义思想的世界观和方法论

习近平总书记在党的二十大报告中指出："不断谱写马克思主义中国化时代化新篇章，是当代中国共产党人的庄严历史责任。"[①]中国特色社会主义进入新时代，以习近平同志为核心的党中央锐意进取、攻坚克难，进行具有许多新的历史特点的伟大斗争，党和国家事业取得历史性成就、发生历史性变革。"当代中国正经历着我国历史上最为广泛而深刻的社会变革，也正在进行着人类历史上最为宏大而独特的实践创新。"[②]新时代的伟大实践、伟大变革具有里程碑意义。统筹中华民族伟大复兴战略全局和世界百年未有之大变局，党和人民正信心百倍推进中华民族从站起来、富起来到强起来的伟大飞跃，科学社会主义在 21 世纪的中国焕发出新的蓬勃生机，我国迈上全面建设社会主义现代化国家新征程。这是一个开辟马克思主义中国化时代化新境界的新时代，也是一个提炼时代精神的精华、丰富发展马克思主

---

① 习近平：《高举中国特色社会主义伟大旗帜　为全面建设社会主义现代化国家而团结奋斗——在中国共产党第二十次全国代表大会上的报告》，人民出版社 2022 年版，第 18 页。
② 习近平：《在哲学社会科学工作座谈会上的讲话》，《人民日报》2016 年 5 月 19 日。

义世界观和方法论的新时代。

新时代是在改革开放以来取得巨大成就、显著成效的坚实基础上开始的，以往的历史和经验是前进的起点，这就要求把握好新时代与新时期之间传承和发展、守正和创新的关系，在传承的前提下发展、在守正的基础上创新。新时代面对一系列亟待解决的长期积累及新出现的突出矛盾和问题，如不少落实党的领导弱化、虚化、淡化问题，一些触目惊心的贪腐问题，一些日益显现的深层次体制机制问题等，这就要求聚焦重大矛盾和问题，发扬勇于斗争的精神，在解决问题、攻克险阻中打开发展新天地。新时代党担负着新的使命任务，要从全面建成小康社会向全面建设社会主义现代化国家转变，从解决落后的社会生产的社会主要矛盾向解决发展不平衡不充分的社会主要矛盾转变，制定出科学完整的战略部署，这就要求统筹推进"五位一体"总体布局、协调推进"四个全面"战略布局，以系统思维把握整体全局。新时代面对着严峻复杂的国际形势和接踵而至的巨大风险挑战，我国发展进入战略机遇和风险挑战并存、不确定难预料因素增多的时期，这就要求增强忧患意识、树立风险思维，未雨绸缪、防患未然，提高应对风险挑战能力。新时代进行的广泛而深刻的社会变革、展开的宏大而独特的实践创新，不仅是对党的治国理政能力的极大锻炼和提高，而且也是对党的理论思维、哲学思维的极大锤炼和提升。

新时代这场社会变革和实践创新，必定会转化和生成为时代新哲学和新时代哲学。比如，新时代孕育出的开创精神是高度的历史主动精神，正如习近平总书记指出的："历史发展有其规律，但人在其中不是完全消极被动的。只要把握住历史发展规律和大势，抓住历史变革时机，顺势而为，奋发有为，我们就能够更好前进。"[1]新时代战略思维最为重要的要求，就是统筹中华民族伟大复兴战略全局和世界百年未有之大变局。"两个大局"的历史交汇，构成了一个更具总体性、全局性、历史性的战略全局，对党的战略思维、战略运筹能力提出新的更高要求，要求在战略全局上准确判断、科学谋划、赢得主动。

三、"两个结合"是形成习近平新时代中国特色社会主义思想的世界观和方法论的根本途径

世界观和方法论的形成，不仅需要一定的历史条件和实践基础，而且需要特定的途径和机制。坚持和发展马克思主义，必须同中国具体实际相结合、同中华优秀传统文化相结合。党的二十大闭幕后，习近平总书记在河南安阳考察时指出："推进马克思主义中国化时代化的根本途径是'两个结合'"[2]。由此可知，形成中国化时代化马克思主义世界观和方法论的根本途径，同样也是"两个结合"。

（一）"两个结合"是推进马克思主义中国化时代化的根本途径

"两个结合"是党在长期实践的历史中得出的宝贵经验。坚持"两个结合"，创立和形成中国化时代化马克思主义的重大理论成果，党

---

[1] 习近平：《在党史学习教育动员大会上的讲话》，《求是》2021 年第 7 期。
[2]《全面推进乡村振兴　为实现农业农村现代化而不懈奋斗》，《人民日报》2022 年 10 月 29 日。

的事业就能顺利发展；不坚持"两个结合"，搞教条主义，无视中国历史和文化，党的事业就会遭遇挫折。马克思主义中国化时代化，是在"两个结合"的过程中实现了融合，也就是马克思主义基本原理同中国具体实际、中华优秀传统文化、时代特征、人民利益融为一体，创立和形成了中国化时代化的马克思主义。马克思主义的实践功能是在"两个结合"的过程中发挥和实现的，坚持"两个结合"，党就能够制定出符合国情、扎根本土、深得人心的路线方针政策。

"两个结合"既是马克思主义中国化的根本途径，也是马克思主义时代化的根本途径。马克思主义同中国具体实际相结合，要求不断回答中国之问、世界之问、人民之问、时代之问。这是因为中国是世界中的中国，是时代中的中国，回答中国之问不能离开回答世界之问、时代之问，中国具体实际必然是带有具体时代特征的中国实际，马克思主义中国化的同时也是马克思主义时代化。中国共产党从成立时起就是走在时代前列的马克思主义政党，推进马克思主义中国化时代化贯穿党的整个历史过程。习近平总书记在党的二十大闭幕后瞻仰延安革命纪念地时指出："延安革命旧址见证了我们党在延安时期领导中国革命、探索马克思主义中国化时代化的光辉历程，是一本永远读不完的书。"① 推进马克思主义中国化时代化的理论成果，就是中国化时代化的马克思主义。

"两个结合"是推进马克思主义中国化时代化的根本途径，同样

---

① 习近平：《继承和发扬党的优良革命传统和作风　弘扬延安精神》，《求是》2022 年第 24 期。

也是推进马克思主义世界观和方法论中国化时代化的根本途径。推进马克思主义中国化时代化，首要的是坚持马克思主义立场观点方法，在马克思主义世界观和方法论指导下进行"两个结合"，创立和形成中国化时代化马克思主义的理论成果。在"两个结合"的过程中，马克思主义世界观和方法论同时得到不断丰富发展。党的思想路线就是马克思主义哲学原理同中国具体实际、中华优秀传统文化相结合的产物，凝结着党的宝贵经验和理论创新，蕴含着中华传统智慧和务实精神。有了马克思主义世界观和方法论中国化时代化的成果，"两个结合"才能结合得好，才能结出理论创新的硕果。

（二）坚持和发展马克思主义必须同中国具体实际相结合，强化了习近平新时代中国特色社会主义思想的世界观和方法论的实践根基和时代特征

在党的二十大报告中，习近平总书记对"第一个结合"作出专门阐述。坚持和发展马克思主义必须同中国具体实际相结合，建立在对待马克思主义的科学态度和真理精神上，不是把马克思主义当成教条，而是要使马克思主义在无比丰富的实践包括中国实践中得到发展完善；不是把马克思主义仅仅当成"文本"，而是要运用马克思主义解决中国的问题、推进中华民族伟大复兴。坚持和发展马克思主义必须同中国具体实际相结合，就是坚持理论联系实际的学风。理论不是先验的原则，不是决策的起点，而是以理论为指导，从实际出发，尊重实践，在回答和解决实际问题中实现理论的价值。新时代中国的具体实际，不同于改革开放之初、本世纪之初的实际，本身又是经历不同阶段、矛盾和重点的实际，呈现出新颖性、变化性、复杂性的特征。这就更要求用马克思主义之"矢"去射新时代中国之"的"，回答新问题，提出符合新时代中国实际和发展要求的正确理论，得出全面建设社会主义现代化国家、全面推进中华民族伟大复兴的规律性认识，从而不断推进新时代理论创新，提供新时代新征程的科学指导。

习近平新时代中国特色社会主义思想，是坚持把马克思主义基本原理同中国具体实际相结合的新时代结晶。这一思想从理论和实践的结合上深入回答一系列重大时代课题，新时代坚持和发展中国特色社会主义、建设社会主义现代化强国、建设长期执政的马克思主义政党，都是科学社会主义在 21 世纪的重大时代课题，是中国特色社会主义进程中的重大时代课题，是关系新时代党和国家事业发展、党治国理政的重大时代课题。这一思想以全新的视野深化对"三大规律"的认识，"十个明确""十四个坚持""十三个方面成就"是取得的重大理论创新成果。这些重大理论成果都是从新时代中国的发展实际中生长起来的，都是从世界百年未有之大变局的时代特征中凝练而成的。习近平新时代中国特色社会主义思想的世界观和方法论，坚持运用辩证唯物主义和历史唯物主义的立场观点方法，凝结着新时代的哲学精神，集中体现为"六个必须坚持"，是马克思主义世界观和方法论在新时代中国创新发展的宝贵成果。

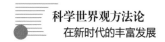
（三）坚持和发展马克思主义必须同中华优秀传统文化相结合，夯实了习近平新时代中国特色社会主义思想的世界观和方法论的文化基础和群众基础

在党的二十大报告中，习近平总书记对"第二个结合"也作出专门阐述。马克思主义传入中国，只有本土化才能落地生根，为本民族所接受认同。本土化的基本要求就是融入本民族文化之中，更易于为本民族所理解运用。中国具体实际包含中国文化实际，马克思主义基本原理同中国具体实际相结合，内在地包含着同中华优秀传统文化相结合。提出"第二个结合"，就是突出强调文化在国家和民族发展中更为基础、广泛、深厚的作用，特别是对有着一万年文化史、五千多年文明史的中华民族，文化具有更为重要的意义。推进"第二个结合"，同时也是推动中华优秀传统文化创造性转化、创新性发展，使之与中国特色社会主义文化有机融合。习近平总书记指出："我们必须坚定历史自信、文化自信，坚持古为今用、推陈出新，把马克思主义思想精髓同中华优秀传统文化精华贯通起来、同人民群众日用而不觉的共同价值观念融通起来，不断赋予科学理论鲜明的中国特色，不断夯实马克思主义中国化时代化的历史基础和群众基础，让马克思主义在中国牢牢扎根。"① 这就点出了马克思主义基本原理同中华优秀传统文化相结合的要旨。

---

① 习近平：《高举中国特色社会主义伟大旗帜 为全面建设社会主义现代化国家而团结奋斗——在中国共产党第二十次全国代表大会上的报告》，人民出版社 2022 年版，第 18 页。

　　高度重视把马克思主义基本原理同中华优秀传统文化相结合，充分发挥中华优秀传统文化在新时代党的创新理论中的文化根基作用，是创立习近平新时代中国特色社会主义思想的重要文化因素，也是习近平新时代中国特色社会主义思想的世界观和方法论的鲜明民族特色。中国共产党既是中国先进文化的积极引领者和践行者，又是中华优秀传统文化的忠实传承者和弘扬者，这必然要体现在中国化时代化马克思主义世界观和方法论的形成过程中，体现在中国共产党哲学思想的精神品格中。习近平总书记在二十大报告中指出："中华优秀传统文化源远流长、博大精深，是中华文明的智慧结晶，其中蕴含的天下为公、民为邦本、为政以德、革故鼎新、任人唯贤、天人合一、自强不息、厚德载物、讲信修睦、亲仁善邻等，是中国人民在长期生产生活中积累的宇宙观、天下观、社会观、道德观的重要体现，同科学社会主义价值观主张具有高度契合性。"[1] 由于中华民族宇宙观、天下观、社会观、道德观的这些重要体现同科学社会主义价值观主张具有高度契合性，其中的思想理念、思维方式也就构成了习近平新时代中国特色社会主义思想的世界观和方法论的重要元素。

---

[1] 习近平：《高举中国特色社会主义伟大旗帜　为全面建设社会主义现代化国家而团结奋斗——在中国共产党第二十次全国代表大会上的报告》，人民出版社 2022 年版，第 18 页。

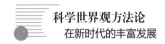

四、"六个必须坚持"是新时代丰富发展马克思主义世界观和方法论的重大成果

党在推进马克思主义中国化时代化的进程中，形成了丰富发展马克思主义世界观和方法论的重大成果。第二个历史决议对毛泽东思想活的灵魂作出精辟概括。第三个历史决议总结"十个坚持"作为党的百年积累的宝贵经验、创造的精神财富，其中也包括中国化时代化马克思主义世界观和方法论的重要思想。党的二十大要求把握好习近平新时代中国特色社会主义思想的世界观和方法论，运用好贯穿其中的立场观点方法，作出"六个必须坚持"的系统概括。"六个必须坚持"凝结着这一思想的世界观和方法论及立场观点方法的精髓，是中国特色社会主义新时代的"时代精神的精华"。

（一）必须坚持人民至上的根本立场

人民创造历史是历史唯物主义的基本原理，人民立场是马克思主义的根本立场。习近平新时代中国特色社会主义思想把人民放在发展的中心地位、置于价值的最高层次，要求始终牢记江山就是人民，人民就是江山，彰显了马克思主义的本质属性。坚持人民至上，在习近平新时代中国特色社会主义思想的世界观和方法论中处于首要位置，表明了这是根本出发点、至上价值观、核心历史观。坚持人民至上，体现在以习近平同志为核心的党中央提出的一系列治国理政新理念新思想新战略之中，如打赢人类历史上规模最大的脱贫攻坚战，全面发展全过程人民民主，最大限度保护人民生命安全和身体健康，也体现在推进新时代党的理论创新中。党的理论的性质和生命力都在于来自人民、为了人民、造福人民，理论创新的源泉是人民的创造性实践，理论的评价标准是为人民所喜爱、认同、拥有，理论的价值在于为人民提供强大思想武器。坚持人民至上，将历史唯物主义原理、党的初心使命和新时代人民日益增长的美好生活需要融为一体，包含着丰富而深刻的新时代实践内涵。

（二）必须坚持自信自立的主体地位

自信自立源自于矛盾普遍性和特殊性相统一的规律。普遍性存在于特殊性之中，特殊性中包含着普遍性。党和人民推进民族复兴，不依赖教科书、不盲从别人的答案，而是从中国基本国情出发，独立自主探索自己的道路。自己的道路走得越正、走得越稳、走得越远，这条道路就越具有普遍意义，这就确立了自信自立的根据。自信自立还源自于客观规律性和主体能动性相统一的观点。党的各项工作都要遵循客观规律，但发挥主体能动性是遵循客观规律的应有之义。在遵循客观规律基础上发挥历史主动精神，力争掌握历史主动，就能够战胜困难障碍、变不利为有利，这就增强了自信自立的底气。自信是对马克思主义信仰的坚定自信，是对中国特色社会主义道路、理论、制度、文化的坚定自信。自立是开创自己道路的自立，是担当历史使命的自立，是坚持自力更生的自立，是勇于开拓创新的自立。自信与自立相互支持。自信自立既坚持理论指导，又不迷信本本；既吸收国外经验，又不照抄照搬外国。坚持独立自主、走自己的路是党的百年奋斗的历史经验，坚持自信自立则是将党的历史经验凝练为立场观点方法，概

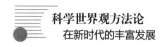

括为哲学观点。

（三）必须坚持守正创新的科学精神

坚持守正创新的科学精神，就是实事求是，从客观实际出发坚持守正创新。守正和创新的统一，构成了一个新的范畴。守正创新，就是要在继承和发展、传统和创造、历史和未来、延续和跃升之间，保持着有机的联系。守正和创新密切连接、相互支持、相得益彰。创新以守正为前提，漠视经验、抛弃传统、虚无历史，创新就会迷失方向、就会犯颠覆性错误；守正以创新为目的，守正不是保守僵化，守正是为创新奠定坚实基础，是为了促进创新、更好创新。开创中国特色社会主义新时代，就是坚持守正创新的重大实践。守正创新成为党的二十大主题的内涵，表明了坚持守正创新在新时代哲学思想中的重要地位。坚持守正创新，就是要坚持党的基本理论、基本路线、基本方略不动摇，以"三基本"为理论基础、政治前提、方针依据，在历史大势中勇立潮头，在发展机遇中占据先机，研究新情况、提出新观点、创造新事业。坚持守正创新，深入揭示了发展的规律、实践的规律、理论的规律。

（四）必须坚持问题导向的实践原则

问题是时代的声音、实践的呼唤、人民的需要，问题就是矛盾所在、关键所在、焦点所在，问题导向就是实践导向、矛盾导向、前进导向。坚持问题导向是新时代实现伟大变革的重要方法论。坚持问题导向，要求准确把握问题，勇于正视问题，有效解决问题，而不是从概念推导出发，对问题判断不准或视而不见，缺乏解决问题的勇气或能力。

新时代能够攻克许多长期没有解决的难题，办成许多长期没有办成的大事，如解决一些地方和部门形式主义、官僚主义、享乐主义和奢靡之风屡禁不止的作风问题，遏制拜金主义、享乐主义、极端个人主义和历史虚无主义等错误思潮问题，坚持问题导向发挥了重大作用。实践创新需要坚持问题导向，理论创新同样需要坚持问题导向。理论的根本任务就是要回答并指导解决问题，新的问题对理论创新提出新的要求，问题导向要有新的方法和思路。2022 年 12 月召开的中央经济工作会议指出，2023 年经济发展面临的困难挑战很多，要更好统筹疫情防控和经济社会发展、经济质的有效提升和量的合理增长、经济政策和其他政策、国内循环和国际循环、当前和长远，这是全面建设社会主义现代化国家开好局起好步的基本方针。坚持问题导向是新时代丰富发展马克思主义世界观和方法论的宝贵成果。

（五）必须坚持系统观念的思想方法

习近平总书记在十九届五中全会上指出："系统观念是具有基础性的思想和工作方法。"[1] 坚持系统观念，是唯物辩证法普遍联系、全面系统、发展变化的观点在新时代的深化。新时代承前启后、继往开来，这就要求把握连续性和阶段性、渐进性和跃升性的统一。实现"两个一百年"奋斗目标的基本要求都是全面性，这就要求把握新时代奋斗目标的系统性。新时代人民日益增长的美好生活需要是全方位、多层次的，这就要求将其作为一个需要系统来对待。新时代全体人民勤

---

[1]《中国共产党第十九届中央委员会第五次全体会议文件汇编》，人民出版社2020 年版，第 86 页。

力同心、团结奋斗，这就要求从形成历史合力、增强人民共力来推进社会发展。中国的发展离不开世界，世界的发展也离不开中国，这就要求把中国和世界的关系放在一个更大的系统内来谋划。坚持系统观念，要求不断提高战略思维能力，从全局、长远、大势上作出判断和决策；提高历史思维能力，总结历史经验、掌握历史规律；提高辩证思维能力，在各种事物的矛盾对立中把握矛盾的连接和统一、依存和转化；提高创新思维能力，敢于超越常规、开辟新径；提高法治思维能力，尊崇法治、敬畏法律、依法办事；提高底线思维能力，居安思危、有备无患。坚持系统观念，是前瞻性思考、全局性谋划、整体性推进的科学思想方法。

（六）必须坚持胸怀天下的世界眼光

坚持胸怀天下，反映了马克思主义的宽阔胸襟和高远境界。中国共产党始终坚持共产主义理想和社会主义信念，必然要求以世界眼光关注人类前途命运，以人类解放为己任。新时代将党的初心使命和理想信念统一于推动构建人类命运共同体中，中国式现代化的本质要求包含推动构建人类命运共同体，是马克思主义人类观、全球观的深化。习近平总书记指出"以中国式现代化推动人类整体进步"[1]，中国式现代化为人类实现现代化提供了新的选择，正是胸怀天下在新时代的鲜明体现。坚持胸怀天下，要求深刻洞察人类发展进步潮流，懂得人类社会正日益形成利益交融、安危与共的利益共同体和命运共同体，相互联系、相互依存才是大潮流，共同发展、共享繁荣才是大趋势。

---

[1]《习近平会见联合国秘书长古特雷斯》，《人民日报》2022年11月17日。

要求为解决人类面临的共同问题作出贡献，如积极稳妥推进碳达峰碳中和，完善参与全球安全治理机制，共同应对各种全球性挑战。要求借鉴吸收人类一切优秀文明成果，包括各国现代化的共同特征及有益成果。

党的二十大明确新时代新征程党的使命任务，要求用新的伟大奋斗创造新的伟业。新征程上面对新的战略机遇、新的战略任务、新的战略阶段、新的战略要求、新的战略环境，更加需要科学理论指导，充分发挥科学的世界观和方法论在新时代新征程的实践功能。"六个必须坚持"是全面建设社会主义现代化国家、全面推进中华民族伟大复兴的哲学指引、思想武器，是建设长期执政的马克思主义政党的思维之钥、能力之本。习近平新时代中国特色社会主义思想的世界观和方法论及贯穿其中的立场观点方法，将在新实践与新认识的互动转化、促进发展中，继续开辟马克思主义哲学中国化时代化新境界。

第一章
坚持运用辩证唯物主义和
历史唯物主义的世界观和方法论

一、辩证唯物主义和历史唯物主义是科学的世界观和方法论

党的二十大报告强调："马克思主义是我们立党立国、兴党兴国的根本指导思想。""只有把马克思主义基本原理同中国具体实际相结合、同中华优秀传统文化相结合，坚持运用辩证唯物主义和历史唯物主义，才能正确回答时代和实践提出的重大问题，才能始终保持马克思主义的蓬勃生机和旺盛活力"[①]。

马克思主义是由马克思、恩格斯创立并为各个国家和民族的马克

[①] 习近平：《高举中国特色社会主义伟大旗帜　为全面建设社会主义现代化国家而团结奋斗——在中国共产党第二十次全国代表大会上的报告》，人民出版社2022年版，第17页。

思主义理论家不断发展的科学理论体系，是关于自然界、人类社会和人类思维发展一般规律的学说，是关于无产阶级解放和每个人自由全面发展的学说，是无产阶级的行动指南，是中国特色社会主义的指导思想。作为马克思主义理论基础的马克思主义哲学，其创立是哲学史上的伟大变革。马克思主义哲学是科学的世界观和方法论的统一，马克思主义哲学的世界观和方法论是辩证唯物主义和历史唯物主义，辩证唯物主义和历史唯物主义是科学的世界观和方法论，是人类重要的认识工具。

2018 年 5 月 4 日，习近平在《在纪念马克思诞辰 200 周年大会上的讲话》中指明辩证唯物主义和历史唯物主义作为世界观和方法论的主要内容及其重要意义。"我们要坚持和运用辩证唯物主义和历史唯物主义的世界观和方法论，坚持和运用马克思主义立场、观点、方法，坚持和运用马克思主义关于世界的物质性及其发展规律，关于人类社会发展的自然性、历史性及其相关规律，关于人的解放和自由全面发展的规律，关于认识的本质及其发展规律等原理，坚持和运用马克思主义的实践观、群众观、阶级观、发展观、矛盾观，真正把马克思主义这个看家本领学精悟透用好。"①

（一）马克思主义哲学的创立是哲学史上的伟大变革

马克思主义产生于 19 世纪 40 年代，其产生有着深刻的社会背景、阶级基础和思想来源，还有着马克思和恩格斯特有的主观条件和努力。

---

① 习近平：《在纪念马克思诞辰 200 周年大会上的讲话》，人民出版社 2018 年版，第 25 页。

马克思主义哲学的创立是人类认识史上的伟大变革，并随着无产阶级革命和社会主义建设实践的发展，在同各种错误社会思潮的斗争中不断得到丰富和完善。其中，列宁主义和中国化的马克思主义哲学为马克思主义哲学的运用和发展作出了重大贡献。

1. 马克思主义哲学的产生

首先，马克思主义哲学的产生有其深刻的社会根源。马克思、恩格斯生活的时代，正值产业革命兴起之时，科技进步与工业革命相互推进，劳动生产率获得极大提高，促进了生产力的发展，资本主义生产方式得以确立，资本主义制度得以巩固。但是，周期性经济危机的频繁爆发，表明资本主义制度固有的生产社会化同生产资料私人占有之间的矛盾成为这种制度难以逾越的障碍。

其次，马克思主义哲学的产生有着其广泛的阶级基础。随着机器大工业对工场手工业的取代，工业革命不仅创造了大工业资本家阶级，同时也创造出了一个与资本家阶级对立的无产阶级。无产阶级队伍在反对资产阶级的斗争中迅速成长壮大，以 19 世纪 30 到 40 年代的法国里昂工人起义、英国宪章运动和德国西里西亚纺织工人起义为代表，现代无产阶级作为独立的政治力量开始登上历史舞台，而觉醒的无产阶级迫切需要科学的革命理论来指导他们进行从自发到自觉的解放斗争。

再次，马克思主义哲学的产生更有其直接的思想理论来源。马克思主义是在批判地继承人类认识史上优秀思想成果，特别是在扬弃德国古典哲学、英国古典政治经济学和英国法国空想社会主义的基础上创立和发展起来的。马克思、恩格斯批判地继承了黑格尔哲学的"合理内核"即唯心辩证法，以及费尔巴哈人本学唯物主义的"基本内核"；指出了英国古典政治经济学的缺陷，并以剩余价值学说予以超越。"英国古典政治经济学是属于阶级斗争不发展的时期的。它的最后的伟大的代表李嘉图，终于有意识地把阶级利益的对立、工资和利润的对立、利润和地租的对立当做他的研究的出发点，因为他天真地把这种对立看做社会的自然规律。这样，资产阶级的经济科学也就达到了它的不可逾越的界限。"① 同时，看到英国法国空想社会主义者虽然把批判的矛头明确而尖锐地指向资本主义制度，深刻地揭露了资本主义的弊端，并提出了未来社会制度的设想。但是，他们却不能从世界历史发展的高度科学地阐明资本主义社会基本矛盾产生的历史必然性，不能够理解资本主义制度被新的社会制度所取代的现实基础和实行这一变革的物质力量，即他们不能把握社会发展的客观规律，不能揭示资本主义制度的本质，找不到实现理想社会的正确道路，甚至把实现理想的希望寄托在统治者身上。所以，马克思、恩格斯称他们为"批判的空想的社会主义和共产主义"②。

马克思主义哲学的产生还离不开马克思、恩格斯特有的主观条件和努力。马克思和恩格斯不仅学识渊博、勤勉努力，不断汲取人类文明的优秀成果，并在继承基础上予以创新；而且积极参与工人阶级的

---

① 马克思：《资本论·第二版跋》，载《马克思恩格斯文集》第五卷，人民出版社 2009 年版，第 16 页。
②《马克思恩格斯文集》第二卷，人民出版社 2009 年版，第 62 页。

革命运动，在革命实践基础上总结经验，把其理论与实践有机结合，力争做到不仅要"解释世界"，更致力于"改变世界"。[①]

总之，马克思、恩格斯正是在批判地继承前人思想的基础上，在深刻分析资本主义社会的基本矛盾和发展趋势中，在不断总结工人阶级斗争实践的过程中，创立了唯物史观和剩余价值学说，实现了人类思想史上的伟大革命。马克思主义哲学的产生，为人类认识世界提供了一种崭新的世界观和方法论。建立在唯物史观和剩余价值学说两大发现的基础上，社会主义由空想变为科学。

2. 马克思主义哲学的创立和发展

马克思主义哲学在批判地继承以往思想成果的基础上得以产生，但是，其性质、内容和作用却发生了根本变化，其理论更有着独特、鲜明的特征，并随着实践的发展而不断完善和发展。

正如马克思所说："任何真正的哲学都是自己时代的精神上的精华"[②]。哲学的产生、哲学的内容都根源于现实，哲学应该是时代的哲学、现实的哲学。马克思、恩格斯正是立足于他们所生活的时代和现实，在分析批判以往哲学思想的局限、继承以往优秀哲学思想成果的基础上，创立了马克思主义哲学，奠定了马克思主义理论大厦的基石，为人们提供了科学的世界观和方法论。其创立的过程正是由批判封闭的体系哲学、"自我意识"哲学走向立足现实社会的哲学，由批判抽象的、个体的人走向社会的人、现实的人民群众，由分析批判

---

①《马克思恩格斯文集》第一卷，人民出版社 2009 年版，第 502 页。
②《马克思恩格斯全集》第一卷，人民出版社 1995 年版，第 220 页。

唯心史观，进而创立唯物史观的历程。马克思、恩格斯在其思想发展早期，主要基于其著作《〈黑格尔法哲学批判〉导言》《论犹太人问题》《神圣家族》《1844 年经济学哲学手稿》《英国工人阶级状况》《关于费尔巴哈的提纲》《德意志意识形态》《哲学的贫困》等经典文本，实现了由宗教批判走向哲学批判，由间接批判转向直接批判，最终走向政治、社会批判，从而制定了自己的新世界观，促进了马克思主义的最终创立与发展，成为立足现实、立足人类社会、立足人民群众，为无产阶级人民群众争取自由全面发展和自身解放的科学，其产生在人类认识史上具有划时代的意义，实现了人类思想史上的伟大变革。

习近平在《在纪念马克思诞辰 200 周年大会上的讲话》中精辟地概括了马克思主义理论和马克思主义哲学的主要内容："马克思主义是科学的理论，创造性地揭示了人类社会发展规律。""马克思创建了唯物史观和剩余价值学说，揭示了人类社会发展的一般规律，揭示了资本主义运行的特殊规律，为人类指明了从必然王国向自由王国飞跃的途径，为人民指明了实现自由和解放的道路。""马克思主义是人民的理论，第一次创立了人民实现自身解放的思想体系。""马克思主义是实践的理论，指引着人民改造世界的行动。""实践的观点、生活的观点是马克思主义认识论的基本观点，实践性是马克思主义理论区别于其他理论的显著特征。"[①]

马克思主义在实践中产生，并在实践中不断丰富和发展。正如恩

---

① 习近平：《在纪念马克思诞辰 200 周年大会上的讲话》，人民出版社 2018 年版，第 7—9 页。

格斯所说："我们的理论是发展着的理论，而不是必须背得烂熟并机械地加以重复的教条。"① 习近平在《在纪念马克思诞辰 200 周年大会上的讲话》中也指出："马克思主义是不断发展的开放的理论，始终站在时代前沿。马克思一再告诫人们，马克思主义理论不是教条，而是行动指南，必须随着实践的变化而发展。"② 马克思、恩格斯根据实践的发展对自己创立的理论不断充实和完善，列宁等马克思主义者在领导俄国革命实践中对马克思主义进一步丰富和发展，中国共产党把马克思主义基本原理与中国革命和建设具体实际相结合，形成中国化的马克思主义，更是对马克思主义的创新性发展，由此实现了哲学要成为人民的思想武器，才能发挥其改变现实的作用，即马克思所说"哲学把无产阶级当作自己的物质武器，同样，无产阶级也把哲学当作自己的精神武器"③，从而实现"批判的武器当然不能代替武器的批判，物质力量只能用物质力量来摧毁；但是理论一经掌握群众，也会变成物质力量"④。

马克思主义哲学永葆生命力还体现在其独特的鲜明特征。概而言之，马克思主义具有鲜明的科学性、人民性、实践性、发展性和革命性，这些鲜明特征反映了马克思主义的本质。马克思主义的科学性在于其对自然界、人类社会和人类思维本质和规律的正确反映；辩证唯物主

① 《马克思恩格斯文集》第十卷，人民出版社 2009 年版，第 562 页。
② 习近平：《在纪念马克思诞辰 200 周年大会上的讲话》，人民出版社 2018 年版，第 9 页。
③ 《马克思恩格斯文集》第一卷，人民出版社 2009 版，第 17 页。
④ 《马克思恩格斯文集》第一卷，人民出版社 2009 版，第 11 页。

义和历史唯物主义的世界观和方法论是其科学的基础。马克思主义的人民性体现其政治立场，马克思主义是无产阶级的世界观，是关于无产阶级解放和全人类解放的学说。习近平指出："人民性是马克思主义最鲜明的品格。"[①]马克思主义的实践性在于其从实践中来，并随实践的发展而不断发展；实践的观点是马克思主义哲学首要的、基本的观点。马克思主义的发展性在于它是不断发展的学说，随着实践的发展而不断发展和完善。马克思主义的革命性是其内在品质，无产阶级革命斗争和社会主义建设事业都需要坚持马克思主义的革命性。

（二）马克思主义哲学是科学的世界观和方法论

马克思主义哲学是对马克思主义立场、观点、方法的集中概括和总结，是关于无产阶级和人类解放的科学理论体系，它揭示了从自然界到人类社会、人类思维的一般规律，是世界观和方法论的有机统一。

1. 哲学是系统化理论化的世界观和方法论

就字面意思而言，哲学是"爱智慧"，但哲学不直接等于智慧，而是对智慧的爱。哲学的真谛是寻求真理，是启发人们思考。

就其实质来说，哲学是系统化理论化的世界观。世界观是人们对整个世界的总体看法和根本观点。世界观人人都有，但并非人人都有哲学思想。哲学不是对于各种现象的简单描述和直观看法，哲学不仅要提出一定的观点、原理和原则，而且要对这些观点和原则作出理论的解释，即构成哲学理论的观点、原理、原则不是简单的机械拼凑，

[①] 习近平：《在纪念马克思诞辰200周年大会上的讲话》，人民出版社2018年版，第17页。

而是要按照一定的逻辑连贯起来的理论体系，此视为"系统化"的世界观。而哲学是理论化的世界观在于，人们在实践基础上概括出来的关于自然界、人类社会和人类思维的知识和认识需要经过思索，运用逻辑思维，透过表象，抓住本质，从而转化为自觉的思想，并使之系统化。

哲学不仅是系统化理论化的世界观，哲学还是方法论。方法论是人们认识世界和改造世界过程中所遵循的根本方法的学说和理论体系。世界观与方法论是辩证统一的，有什么样的世界观就有什么样的方法论；一定的方法论体现着一定的世界观。

哲学是对具体科学的概括和总结。哲学和具体科学的共同性在于都是对世界规律的认识和把握。然而，哲学和具体科学又有着差别。各门具体科学是对世界的某一方面、某一领域规律的概括和把握，哲学是对整个世界，从自然界到人类社会、人类思维规律的总体概括和把握，但又不是以往认识中的"科学之科学"。哲学理论的概括要以各门具体科学知识为基础，哲学又会成为各门具体科学的指导。正如爱因斯坦所说："如果把哲学理解为在最普遍和最广泛的形式中对知识的追求，那么，哲学显然就可以被认为是全部科学之母。可是科学的各个领域对那些研究哲学的学者们也发生了强烈的影响，此外，还强烈地影响着每一代的哲学思想。"[1]

2. 马克思主义哲学为人们认识世界提供了正确的世界观和方法论

马克思主义哲学是建立在各门具体科学提供大量材料的基础上，

_____

[1]《爱因斯坦文集》第一卷，商务印书馆1976年版，第519页。

科学地概括和总结各门具体科学的成果，从事物的特殊规律中概括出普遍规律。马克思主义哲学不仅是科学的世界观，同时也是科学的方法论，是世界观和方法论的统一，为人们认识世界提供了正确的世界观和方法论。恩格斯曾明确强调："马克思的整个世界观不是教义，而是方法。它提供的不是现成的教条，而是进一步研究的出发点和供这种研究使用的方法"[1]。

马克思主义哲学是关于自然界、人类社会和人类思维发展一般规律的科学，为人们认识世界提供了一系列正确的基本观点，这些基本观点主要包括：世界统一于物质、物质决定意识的观点，事物矛盾运动规律的观点，实践和认识辩证关系的观点，社会存在决定社会意识的观点，人与自然和谐共生的观点，人类社会发展规律的观点，世界历史的观点，阶级和阶级斗争的观点，人民群众创造历史的观点，人的全面发展和社会全面进步的观点，等等。马克思主义哲学方法论是建立在马克思主义哲学世界观的基础上，是指导人们正确认识世界和改造世界的思想方法和工作方法，主要包括一切从实际出发、实事求是的根本方法，一分为二、矛盾分析方法，阶级分析、历史分析方法，群众观点、群众路线方法，等等。习近平《在纪念马克思诞辰200周年大会上的讲话》中明确指出："学习马克思，就要学习和实践马克思主义关于人类社会发展规律的思想。""就要学习和实践马克思主义关于坚守人民立场的思想。""就要学习和实践马克思主义关于生产力和生产关系的思想"，"就要学习和实践马克思主义关于人民民

---

[1]《马克思恩格斯文集》第十卷，人民出版社2009年版，第691页。

主的思想"，"就要学习和实践马克思主义关于文化建设的思想"，"就要学习和实践马克思主义关于社会建设的思想"，"就要学习和实践马克思主义关于人与自然关系的思想"，"就要学习和实践马克思主义关于世界历史的思想"等等。①

因此，把握马克思主义哲学，就要把握其作为科学世界观和方法论的统一。正如列宁所说："马克思主义的全部精神，它的整个体系，要求人们对每一个原理都要（α）历史地，（β）都要同其他原理联系起来，（γ）都要同具体的历史经验联系起来加以考察。"②

（三）马克思主义哲学的世界观和方法论是辩证唯物主义和历史唯物主义

马克思主义哲学是由辩证唯物主义与历史唯物主义为主要内容构成的完整严密的科学体系，马克思主义哲学的世界观和方法论是辩证唯物主义和历史唯物主义。2020 年 1 月 16 日出版的第 2 期《求是》杂志发表习近平于 2013 年 12 月 3 日在十八届中央政治局第十一次集体学习时的重要讲话《坚持历史唯物主义　不断开辟当代中国马克思主义发展新境界》，讲话指出："马克思主义哲学包括辩证唯物主义和历史唯物主义，是马克思主义立场、观点、方法的集中体现，是马克思主义学说的思想基础。"③

① 习近平：《在纪念马克思诞辰 200 周年大会上的讲话》，人民出版社 2018 年版，第 16—23 页。
②《列宁选集》第二卷，人民出版社 2012 年版，第 785 页。
③ 习近平：《坚持历史唯物主义　不断开辟当代中国马克思主义发展新境界》，《求是》2020 年第 2 期。

1. 辩证唯物主义和历史唯物主义的产生和形成是统一的过程

马克思主义哲学扬弃了旧哲学的机械唯物论和唯心辩证法，摆脱了自然观和历史观相脱节的局面，实现了唯物论与辩证法、唯物主义自然观与历史观的统一，辩证唯物主义和历史唯物主义相统一，从而具有了完整严密的科学体系和内容。而辩证唯物主义和历史唯物主义的产生和发展是一个统一的过程。

在马克思主义哲学产生之前，曾经有过唯物论和辩证法相结合，即形成古代朴素唯物主义和朴素辩证法，但由于缺乏科学根据，这些朴素的、直观的认识，经不起唯心主义和形而上学的进攻。近代形而上学唯物主义建立在近代自然科学发展基础上，克服了古代朴素唯物主义的直观性和猜测性；但是，由于科学发展水平的限制，且缺乏辩证思维和实践的观点，它不能把唯物主义贯彻到社会历史领域，在历史观上陷入唯心主义。一如马克思在《关于费尔巴哈的提纲》中所揭示的："从前的一切唯物主义（包括费尔巴哈的唯物主义）的主要缺点是：对对象、现实、感性，只是从客体的或者直观的形式去理解，而不是把它们当做感性的人的活动，当作实践去理解，不是从主体方面去理解。因此，和唯物主义相反，唯心主义却把能动的方面抽象地发展了，当然，唯心主义是不知道现实的、感性的活动本身的。"旧唯物主义的主要问题在于其"不了解'革命的'、'实践批判的'活动的意义"。[①]

恩格斯在《社会主义从空想到科学的发展》一文中概述了辩证法的发展历程，比较了马克思主义唯物辩证法与以黑格尔为代表的唯心

①《马克思恩格斯文集》第一卷，人民出版社2009年版，第499页。

辩证法的不同，阐述了同辩证法相对立的形而上学思维方式的特点及局限，指出历史唯物主义创立的意义。恩格斯指出，古代朴素的辩证法"虽然正确地把握了现象的总画面的一般性质，却不足以说明构成这幅总画面的各个细节；而我们要是不知道这些细节，就看不清总画面。为了认识这些细节"①，人们开始把自然界分解为各个部分，把各种自然过程和自然对象分成一定的门类进行研究；而生产力和自然科学的发展也为人们研究这些细节提供了应有的材料。结果，古代辩证法就逐渐被形而上学所代替。然而，形而上学者却"在绝对不相容的对立中思维"②，"它看到一个一个的事物，忘记它们互相间的联系；看到它们的存在，忘记它们的生成和消逝；看到它们的静止，忘记它们的运动；因为它只见树木，不见森林"③。与之相反，"辩证法在考察事物及其在观念上的反映时，本质上是从它们的联系、它们的联结、它们的运动、它们的产生和消逝方面去考察的"④。辩证法的发展在德国古典哲学尤其是黑格尔的唯心主义哲学中得到真理性的确认，为科学的唯物辩证法产生作了直接的思想准备。"黑格尔第一次——这是他的伟大功绩——把整个自然的、历史的和精神的世界描写为一个过程，即把它描写为处在不断的运动、变化、转变和发展中，并企图揭示这种运动和发展的内在联系"⑤。然而，由于黑格尔是唯

---

① 《马克思恩格斯文集》第三卷，人民出版社 2009 年版，第 539 页。
② 《马克思恩格斯文集》第三卷，人民出版社 2009 年版，第 539—540 页。
③ 《马克思恩格斯文集》第三卷，人民出版社 2009 年版，第 540 页。
④ 《马克思恩格斯文集》第三卷，人民出版社 2009 年版，第 541 页。
⑤ 《马克思恩格斯文集》第三卷，人民出版社 2009 年版，第 542 页。

心主义者，颠倒了世界的现实联系，把一切都头足倒置了。黑格尔的辩证思维方法与其唯心主义哲学体系是根本矛盾的，由此也造成了黑格尔哲学体系的破产。由于认识到德国唯心主义哲学的局限性，"现代唯物主义把历史看做人类的发展过程，而它的任务就在于发现这个过程的运动规律"①。这就是唯物主义历史观即历史唯物主义的创立。历史唯物主义克服了旧的历史观即唯心史观的两个主要缺陷，即只考察人们历史活动的思想动机，而没有找到产生这些动机的物质原因；把精神力量看成社会历史的本源，认为英雄人物或人们的思想决定社会历史的发展，没有客观地说明人民群众的活动，由此就不可能认识社会发展的客观规律，不可能正确说明社会历史的发展。

总之，马克思、恩格斯在实践基础上，把唯物主义和辩证法有机结合起来，创立了辩证唯物主义。至此，唯物主义成为辩证的唯物主义，辩证法成为唯物的辩证法。同时，又把唯物主义和辩证法贯彻到社会历史领域，创立了历史唯物主义。由此，实现了唯物主义和辩证法、辩证唯物的自然观和辩证唯物的历史观相统一的马克思主义哲学。马克思主义哲学成为科学的唯物主义、科学的辩证法和科学的历史观。自此之后，辩证唯物主义与历史唯物主义在革命实践的基础上，构成马克思主义哲学不可分割的组成部分，形成了马克思主义哲学这一完整严密的科学体系，在相互统一、相互促进中不断向前发展，一起铸成马克思主义哲学这块整钢，正如列宁所说："在这个由一整块钢铁铸成的马克思主义哲学中，决不可去掉任何一个基本前提、任何一个

①《马克思恩格斯文集》第三卷，人民出版社2009年版，第543页。

重要部分，不然就会离开客观真理，就会落入资产阶级反动谬论的怀抱。"①

2.辩证唯物主义和历史唯物主义是人类重要的认识工具

辩证唯物主义和历史唯物主义构成马克思主义哲学完整严密的科学体系，使哲学获得了真正科学的性质，成为科学的世界观和方法论，在人类认识史上第一次把哲学变成为一门科学的哲学，成为人类重要的认识工具。

2018年4月23日，十九届中央政治局举行第五次集体学习，学习内容是《共产党宣言》及其时代意义，习近平发表重要讲话《学习马克思主义基本理论是共产党人的必修课》，指出：马克思主义理论的科学性和革命性源于辩证唯物主义和历史唯物主义的科学世界观和方法论，为我们认识世界、改造世界提供了强大思想武器，为世界社会主义指明了正确前进方向。②《在纪念马克思诞辰200周年大会上的讲话》中，习近平再次强调："马克思主义始终是我们党和国家的指导思想，是我们认识世界、把握规律、追求真理、改造世界的强大思想武器。"③同时指出："马克思主义不是书斋里的学问，而是为了改变人民历史命运而创立的，是在人民求解放的实践中形成的，也是在人民求解放的实践中丰富和发展的，为人民认识世界、改造世界

---

① 《列宁选集》第二卷，人民出版社2012年版，第221—222页。
② 习近平：《学习马克思主义基本理论是共产党人的必修课》，《求是》2019年第22期。
③ 习近平：《在纪念马克思诞辰200周年大会上的讲话》，人民出版社2018年版，第14页。

提供了强大精神力量。"①"实践还证明，马克思主义为中国革命、建设、改革提供了强大思想武器，使中国这个古老的东方大国创造了人类历史上前所未有的发展奇迹。"②

马克思主义以前的旧哲学，绝大多数代表少数剥削者利益，为剥削阶级服务。马克思主义哲学与旧哲学不同，它不是维护资产阶级作为统治阶级的哲学，而是无产阶级的世界观和方法论，是无产阶级劳动人民的哲学，代表了无产阶级和广大人民群众的根本利益，为消灭资产阶级和其他一切剥削阶级、建设社会主义和共产主义提供理论概括；是解放无产阶级从而解放全人类的哲学，是无产阶级和劳动人民认识世界、改造世界的思想武器；是无产阶级政党制定路线、方针、政策的理论基础。

总之，马克思主义哲学深刻揭示了客观世界特别是人类社会发展一般规律，在当今时代依然有着强大生命力，依然是指导中国共产党人前进的强大思想武器。2013年12月3日在十八届中央政治局第十一次集体学习时，习近平强调："我们党自成立起就高度重视在思想上建党，其中十分重要的一条就是坚持用马克思主义哲学教育和武装全党。学哲学、用哲学，是我们党的一个好传统。"③

---

① 习近平：《在纪念马克思诞辰200周年大会上的讲话》，人民出版社2018年版，第9页。
② 习近平：《在纪念马克思诞辰200周年大会上的讲话》，人民出版社2018年版，第14页。
③ 习近平：《坚持历史唯物主义 不断开辟当代中国马克思主义发展新境界》，《求是》2020年第2期。

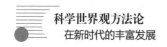
二、坚持运用辩证唯物主义的世界观和方法论

2015 年 1 月 23 日下午，中共中央政治局进行第二十次集体学习，学习内容是辩证唯物主义基本原理和方法论，习近平作题为《坚持运用辩证唯物主义世界观方法论　提高解决我国改革发展基本问题本领》的重要讲话。习近平强调："辩证唯物主义是中国共产党人的世界观和方法论，我们党要团结带领人民协调推进全面建成小康社会、全面深化改革、全面依法治国、全面从严治党，实现'两个一百年'奋斗目标、实现中华民族伟大复兴的中国梦，必须不断接受马克思主义哲学智慧的滋养，更加自觉地坚持和运用辩证唯物主义世界观和方法论，增强辩证思维、战略思维能力，努力提高解决我国改革发展基本问题的本领。"[①]

辩证唯物主义的世界观主要包括世界统一于物质原理、世界是普遍联系和变化发展原理、实践与认识辩证关系原理、真理与价值辩证关系原理，等等。或者说，包括物质观、意识观、联系观、发展观、矛盾观、实践观、真理观等。与之相对应的辩证唯物主义方法论就是：一切从实际出发、实事求是的根本方法，一分为二、抓住主要矛盾和矛盾的主要方面的矛盾分析方法，用联系、发展、全面的观点看问题的辩证思维方法，坚持实践第一、重视理论的作用，实现理论创新和实践创新良性互动、认识世界和改造世界相结合。

---

① 习近平：《坚持运用辩证唯物主义世界观方法论　提高解决我国改革发展基本问题本领》，《人民日报》2015 年 1 月 25 日。

（一）坚持世界的物质统一性原理，一切从实际出发

世界的物质统一性原理是辩证唯物主义最基本的观点，是马克思主义哲学的基石。坚持世界统一于物质的观点就是坚持马克思主义哲学的物质观。世界统一于物质的根本要求和具体体现就是一切从实际出发，实事求是。"实事求是"原是中国古语，毛泽东同志在《改造我们的学习》一文中，对这一古语做了新的解释："'实事'就是客观存在着的一切事物，'是'就是客观事物的内部联系，即规律性，'求'就是我们去研究。我们要从国内外、省内外、县内外、区内外的实际情况出发，从其中引出其固有的而不是臆造的规律性，即找出周围事变的内部联系，作为我们行动的向导。"[1]从此，"实事求是"成为一个具有中国特色的马克思主义哲学概念。中国共产党坚持实事求是的优良传统，把实事求是作为制定路线、方针、政策的基础。一切从实际出发、实事求是就是要把客观存在的事物作为观察问题、处理问题的根本出发点；就是要从变化发展着的客观实际出发，从特定的、具体的社会历史条件出发，按照客观世界的本来面目即内在的规律认识世界，从而进一步改造世界。

1.世界统一于物质，坚持一切从实际出发制定政策、推动工作

马克思主义哲学认为，世界上的万事万物具有统一性，即有共同的本质或本原。世界的统一性在于它的物质性，世界统一于物质。首先，自然界是物质的。自然界先于人类而存在，具有客观实在性。其次，人类社会是物质性的存在，本质上是物质的。物质资料的生产方式是

---

[1]《毛泽东选集》第三卷，人民出版社1991年版，第801页。

人类社会存在和发展的基础，这集中体现着人类社会的物质性。再次，人的意识统一于物质。从意识的起源、意识的本质、意识的作用等方面来看，从根本意义上说，意识统一于物质。同时，要认识到，世界的物质统一性是多样性的统一，是包含着不同的物质现象、形态、层次、结构、过程和活动，包含着自然界和人类社会的多样性物质世界。恩格斯说："世界的真正的统一性在于它的物质性，而这种物质性不是由魔术师的三两句话所证明的，而是由哲学和自然科学的长期的和持续的发展所证明的。"[1]

世界的物质统一性原理在现实生活中和实际工作中的方法论运用就是一切从实际出发。坚持一切从实际出发制定政策、推动工作是中国特色社会主义实践中想问题、办事情的根本立足点。习近平在中共中央政治局第二十次集体学习时强调，要学习掌握世界统一于物质、物质决定意识的原理，坚持从客观实际出发制定政策、推动工作。当代中国最大的客观实际，就是我国仍然处于并将长期处于社会主义初级阶段，这是我们认识当下、规划未来、制定政策、推进事业的客观基点，不能脱离这个基点。既要看到社会主义初级阶段基本国情没有变，也要看到我国经济社会发展每个阶段呈现出来的新特点。经过 30 多年改革开放，我国社会生产力、综合国力、人民生活水平实现了历史性跨越，我国基本国情的内涵不断发生变化，我们面临的国际国内风险、面临的难题也发生了重要变化。中央提出要准确把握、主动适应经济发展新常态，就是适应国际国内环境变化、辩证分析我国经济

---

[1]《马克思恩格斯文集》第九卷，人民出版社 2009 年版，第 47 页。

发展阶段性特征作出的判断。准确把握我国不同发展阶段的新变化新特点，使主观世界更好符合客观实际，按照实际决定工作方针，这是我们必须牢牢记住的工作方法。[①]

2. 正确发挥意识的能动作用，加强思想道德建设和意识形态工作

世界统一于物质，世界的统一性在于其物质性。自然界和人类社会本质上都是物质的，人的意识也统一于物质。一方面，物质决定意识；另一方面，意识对物质具有反作用，即意识具有能动作用。意识的能动作用主要表现在，意识具有目的性和计划性，意识具有创造性，意识具有指导实践改造客观世界的作用。

习近平总书记在中共中央政治局第二十次集体学习时强调，辩证唯物主义并不否认意识对物质的反作用，而是认为这种反作用有时是十分巨大的。我们党始终把思想建设放在党的建设第一位，强调"革命理想高于天"，就是精神变物质、物质变精神的辩证法。我们必须毫不放松理想信念教育、思想道德建设、意识形态工作，大力培育和弘扬社会主义核心价值观，用富有时代气息的中国精神凝聚中国力量。[②]

（二）坚持矛盾分析方法，以问题为导向

毛泽东同志在《矛盾论》中谈到"辩证法"和"形而上学"两种宇宙观的对立时指出，"唯物辩证法的宇宙观主张从事物的内部、从一事物对他事物的关系去研究事物的发展，即把事物的发展看做是事

---

①② 习近平：《坚持运用辩证唯物主义世界观方法论　提高解决我国改革发展基本问题本领》，《人民日报》2015 年 1 月 25 日。

物内部的必然的自己的运动，而每一事物的运动都和它的周围其他事物互相联系着和互相影响着。事物发展的根本原因，不是在事物的外部而是在事物的内部，在于事物内部的矛盾性"[1]。并指出："辩证法的宇宙观，主要地就是教导人们要善于去观察和分析各种事物的矛盾的运动，并根据这种分析，指出解决矛盾的方法"[2]。这就是矛盾分析方法，是人们认识事物的根本方法，其在唯物辩证法的方法论体系中居于核心地位。矛盾分析方法就是要辩证地思考问题，即用联系、发展、全面的观点，特别是用对立统一的观点看问题，从对立中把握统一，从统一中把握对立。

1. 问题是事物矛盾的表现形式，要不断强化问题意识

矛盾是反映事物内部和事物之间对立统一关系的哲学范畴。对立和统一是矛盾的两种基本属性；矛盾的对立属性又称斗争性，矛盾的统一属性又称同一性。

矛盾的观点要求人们在处理实际问题时，特别要注意以问题为导向，善于正确分析矛盾，在对立中把握统一、在统一中把握对立，克服极端化、片面化的思维方式，善于运用辩证思维指导工作和事业。

习近平在中共中央政治局第二十次集体学习时指出，要学习掌握事物矛盾运动的基本原理，不断强化问题意识，积极面对和化解前进中遇到的矛盾。问题是事物矛盾的表现形式，我们强调增强问题意识、坚持问题导向，就是承认矛盾的普遍性、客观性，就是要善于把认识

---

[1]《毛泽东选集》第一卷，人民出版社1991年版，第301页。
[2]《毛泽东选集》第一卷，人民出版社1991年版，第304页。

和化解矛盾作为打开工作局面的突破口。我们党领导人民干革命、搞建设、抓改革，从来都是为了解决中国的现实问题。对待矛盾的正确态度，应该是直面矛盾，并运用矛盾相辅相成的特性，在解决矛盾的过程中推动事物发展。[①]

2. 积极面对矛盾，优先解决主要矛盾和矛盾的主要方面

事物是由多种矛盾构成的。依据在事物矛盾体系中所处的地位和对事物发展所起作用的不同，矛盾区分为主要矛盾和次要矛盾。主要矛盾是在矛盾体系中处于支配地位、对事物发展起决定作用的矛盾；次要矛盾是在矛盾体系中处于从属地位、对事物发展起次要作用的矛盾。同时，依据在每一对矛盾中所处的地位和对事物发展所起作用不同，又区分为矛盾的主要方面和矛盾的次要方面。其中，矛盾的主要方面是处于支配地位、起着主导作用的方面；矛盾的次要方面是处于被支配地位、不起主导作用的方面。事物的性质是由主要矛盾的主要方面决定的。

主要矛盾和次要矛盾、矛盾的主要方面和次要方面的辩证关系原理运用到实际工作中，就是要坚持"两点论"和"重点论"的统一。所谓"两点论"，就是指在分析事物的矛盾时，不仅要看到矛盾双方的对立，而且要看到矛盾双方的统一；不仅要看到主要矛盾和矛盾的主要方面，而且要看到次要矛盾和矛盾的次要方面。所谓"重点论"就是要在"两点论"基础上，着重把握主要矛盾和矛盾的主要方面，

---

① 习近平：《坚持运用辩证唯物主义世界观方法论　提高解决我国改革发展基本问题本领》，《人民日报》2015 年 1 月 25 日。

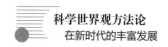
即不仅要全面看问题，还要把握主要问题，要积极面对矛盾，优先解决主要矛盾和矛盾的主要方面。

在社会发展过程的矛盾系统中，各种矛盾的地位和作用也是不平衡的，也有主要矛盾和次要矛盾的区别。社会主要矛盾是在社会发展过程一定阶段上处于支配地位、起主导作用的矛盾。正确认识和把握社会主要矛盾，是中国共产党正确制定政策和确立工作重心的理论依据。习近平在中共中央政治局第二十次集体学习时指出："在任何工作中，我们既要讲两点论，又要讲重点论，没有主次，不加区别，眉毛胡子一把抓，是做不好工作的。"[1] 面对复杂形势和繁重任务，首先要有全局观，对各种矛盾做到心中有数，同时又要优先解决主要矛盾和矛盾的主要方面，以此带动其他矛盾的解决。要协调推进全面建设社会主义现代化国家、全面深化改革、全面依法治国、全面从严治党，是当前党和国家事业发展中必须解决好的主要矛盾。党的十九大指出，中国特色社会主义进入新时代，我国社会主要矛盾已经从人民日益增长的物质文化需要同落后的社会生产之间的矛盾，转化为人民日益增长的美好生活需要和不平衡不充分的发展之间的矛盾。这一新的主要矛盾的形成和出现，是中国特色社会主义进入新时代的重要标志和依据。科学把握社会主要矛盾的变化，就是找到了正确理解和把握新时代的钥匙。只有紧紧扭住这一主要矛盾不放，在继续推进我国经济社会发展的基础上，着力解决好发展不平衡不充分的问题，才能更好满

---

① 习近平：《坚持运用辩证唯物主义世界观方法论　提高解决我国改革发展基本问题本领》，《人民日报》2015 年 1 月 25 日。

足人民对美好生活的需要，更好推动人的全面发展、社会全面进步，实现中华民族伟大复兴的目标。

（三）掌握唯物辩证法的根本方法，不断增强辩证思维能力

马克思主义哲学世界观的灵魂是唯物辩证法。唯物辩证法是马克思主义哲学世界观和方法论的核心内容，是认识世界和改造世界的有效工具和锐利武器。唯物辩证法的根本方法要求人们用联系和发展的观点看问题，用对立统一、矛盾分析的方法分析问题，不断增强辩证思维能力。

1.联系、发展、全面、系统地观察事物，准确把握客观实际

马克思主义哲学唯物辩证法包括一系列规律和范畴，它们都揭示了世界普遍联系和永恒发展的客观规律，既是科学的世界观，同时也提供了人们认识世界和改造世界的方法论。

首先，联系和发展的观点是唯物辩证法的基本观点，是马克思主义哲学对世界总特征的概括。恩格斯这样论述："当我们通过思维来考察自然界或人类历史或我们自己的精神活动的时候，首先呈现在我们眼前的，是一幅由种种联系和相互作用无穷无尽地交织起来的画面，其中没有任何东西是不动的和不变的，而是一切都在运动、变化、生成和消逝。"[①] 因此，"辩证法在考察事物及其在观念上的反映时，本质上是从它们的联系、它们的联结、它们的运动、它们的产生和消逝方面去考察的"[②]。"作为哲学范畴，联系或关系包括一切事物、

[①]《马克思恩格斯文集》第三卷，人民出版社2009年版，第538页。
[②]《马克思恩格斯文集》第三卷，人民出版社2009年版，第541页。

现象、过程之间及内部诸要素之间的相互影响、相互作用和相互制约。"[1] 联系是事物本身所固有的，联系具有客观性。任何事物都不能孤立存在，都同其他事物处于一定的联系中；任何事物内部的不同部分和要素之间也都是相互联系的，联系具有普遍性。事物之间的联系是多样的，联系具有多样性。联系还具有条件性。世界不仅是普遍联系的，而且是变化发展的。发展是事物变化中前进、上升的运动，其实质是新事物的产生和旧事物的灭亡、新陈代谢。在新陈代谢的发展过程中，新事物不可战胜。

联系和发展的观点要求在实际工作中不是孤立、静止、片面、零散地观察事物，而是联系、发展、全面、系统地观察事物，提高辩证思维能力，运用多种思想方法和工作方法，善于处理局部和全局、当前和长远、重点和非重点的关系，才能准确把握客观实际，把握事物的本质和规律，找到解决问题的正确途径。

习近平在中共中央政治局第二十次集体学习时强调，要学习掌握唯物辩证法的根本方法，不断增强辩证思维能力，提高驾驭复杂局面、处理复杂问题的本领。当前，我国社会各种利益关系十分复杂，这就要求我们善于处理局部和全局、当前和长远、重点和非重点的关系，在权衡利弊中趋利避害、作出最为有利的战略抉择。全面深化改革，要突出改革的系统性、整体性、协同性，使改革成果更多更公平惠及全体人民。要反对形而上学的思想方法，看形势做工作不能盲人摸象、

---

[1] 李秀林，王于，李淮春主编，杨耕修订、编著：《辩证唯物主义和历史唯物主义原理（第六版）》，中国人民大学出版社2022年版，第139页。

坐井观天、揠苗助长、削足适履、画蛇添足。要加强调查研究，坚持发展地而不是静止地、全面地而不是片面地、系统地而不是零散地、普遍联系地而不是单一孤立地观察事物，准确把握客观实际，真正掌握规律，妥善处理各种重大关系。①

2. 把握唯物辩证法的本质特征，敢于斗争、善于斗争，勇于自我革命

唯物辩证法本质上是批判的、革命的。马克思深刻揭示了唯物辩证法的本质特征，指出，"辩证法在对现存事物的肯定的理解中同时包含对现存事物的否定的理解，即对现存事物的必然灭亡的理解；辩证法对每一种既成的形式都是从不断的运动中，因而也是从它的暂时性方面去理解；辩证法不崇拜任何东西，按其本质来说，它是批判的和革命的"②。

唯物辩证法的本质特征在习近平多次强调的"敢于斗争、善于斗争"的表述中得以极好体现。在党的二十大报告中，习近平提出了"三个务必"，其中就包括"敢于斗争、善于斗争"。"全党同志务必不忘初心、牢记使命，务必谦虚谨慎、艰苦奋斗，务必敢于斗争、善于斗争，坚定历史自信，增强历史主动，谱写新时代中国特色社会主义更加绚丽的华章。"③近年来，习近平多次强调指出，党员干部尤其

---

① 习近平：《坚持运用辩证唯物主义世界观方法论　提高解决我国改革发展基本问题本领》，《人民日报》2015 年 1 月 25 日。
②《马克思恩格斯文集》第五卷，人民出版社 2009 年版，第 22 页。
③ 习近平：《高举中国特色社会主义伟大旗帜　为全面建设社会主义现代化国家而团结奋斗——在中国共产党第二十次全国代表大会上的报告》，人民出版社 2022 年版，第 1—2 页。

是年轻干部要发扬斗争精神。2019 年 3 月 1 日，习近平在中央党校（国家行政学院）中青年干部培训班开班式上的讲话中指出要"发扬斗争精神、提高斗争本领"①。2019 年 9 月 3 日，习近平在中央党校（国家行政学院）中青年干部培训班开班式上的讲话中指出："广大干部特别是年轻干部要经受严格的思想淬炼、政治历练、实践锻炼，发扬斗争精神，增强斗争本领，为实现'两个一百年'奋斗目标、实现中华民族伟大复兴的中国梦而顽强奋斗。"②2021 年 3 月 1 日，习近平在中央党校（国家行政学院）中青年干部培训班开班式上的讲话中再次指出，"敢于斗争是我们党的鲜明品格。我们党依靠斗争走到今天，也必然要依靠斗争赢得未来"。特别强调："年轻干部要自觉加强斗争历练，在斗争中学会斗争，在斗争中成长提高，努力成为敢于斗争、善于斗争的勇士"。"要善斗争、会斗争"③。并指出，敢于斗争、善于斗争，是中国共产党的强大精神力量。中国共产党的建立、中华人民共和国的成立、实行改革开放、推进新时代中国特色社会主义事业，都是诞生于斗争中，都是在斗争中发展、壮大的。新时代伟大变革的成果，正是全党全国各族人民团结奋斗、坚决斗争的结果；开启

---

①《习近平在中央党校（国家行政学院）中青年干部培训班开班式上发表重要讲话强调 在常学常新中加强理论修养 在知行合一中主动担当作为》，新华网，2019 年 3 月 1 日。

②《习近平在中央党校（国家行政学院）中青年干部培训班开班式上发表重要讲话强调 发扬斗争精神 增强斗争本领 为实现"两个一百年"奋斗目标而顽强奋斗》，新华网，2019 年 9 月 3 日。

③《习近平在中央党校（国家行政学院）中青年干部培训班开班式上发表重要讲话强调 立志做党光荣传统和优良作风的忠实传人 在新时代新征程中奋勇争先建功立业》，求是网，2021 年 3 月 1 日。

全面建设社会主义现代化国家新征程，也必然要依靠顽强斗争去赢得胜利。新时代新征程，全党全国各族人民要继续敢于斗争、善于斗争。在斗争中踏上新征程。一方面，斗争要坚持正确的方向、立场和原则，即首先要坚持中国共产党的领导和中国特色社会主义制度毫不动摇。另一方面，要善于斗争，讲求斗争艺术。习近平还强调了辩证唯物主义的斗争方法论：第一，抓住主要矛盾和矛盾的主要方面，坚持有理有利有节，合理选择斗争方式、把握斗争火候，在原则问题上寸步不让，在策略问题上灵活机动。第二，根据形势需要，把握时、度、效，及时调整斗争策略。第三，团结一切可以团结的力量，调动一切积极因素，在斗争中争取团结，在斗争中谋求合作，在斗争中争取共赢。尤其强调领导干部要培养和保持顽强的斗争精神、坚韧的斗争意志、高超的斗争本领。[①]

唯物辩证法的本质特征还在中国共产党的自我革命中得以反映。党的十九届六中全会通过的《中共中央关于党的百年奋斗重大成就和历史经验的决议》将"坚持自我革命"列为党百年奋斗的十条历史经验之一。[②] 党的十九大以来，习近平关于党的自我革命多次发表重要论述。在党的十九大报告中习近平指出："勇于自我革命，从严管党治党，是我们党最鲜明的品格。""新时代党的建设总要求是：……

[①]《习近平在中央党校（国家行政学院）中青年干部培训班开班式上发表重要讲话强调　发扬斗争精神　增强斗争本领　为实现"两个一百年"奋斗目标而顽强奋斗》，新华网，2019 年 9 月 3 日。
[②]《中共中央关于党的百年奋斗重大成就和历史经验的决议》，人民出版社2021 年版，第 65—71 页。

把党建设成为始终走在时代前列、人民衷心拥护、勇于自我革命、经得起各种风浪考验、朝气蓬勃的马克思主义执政党。"① 在十九届中共中央政治局常委同中外记者见面时,习近平强调:"实践充分证明,中国共产党能够带领人民进行伟大的社会革命,也能够进行伟大的自我革命。"②2019 年 6 月 24 日,中共中央政治局就"牢记初心使命,推进自我革命"举行第十五次集体学习,习近平在主持学习时强调"在新时代把党的自我革命推向深入",要"牢记初心和使命,推进党的自我革命"。③2021 年 2 月 20 日,习近平在党史学习教育动员大会上的讲话中指出:"勇于自我革命,是我们党最鲜明的品格,也是我们党最大的优势。"④2021 年 7 月 1 日,习近平在庆祝中国共产党成立 100 周年大会上的讲话中重申:"勇于自我革命是中国共产党区别于其他政党的显著标志。"⑤ 党的二十大报告进一步强调:"全党必须牢记,全面从严治党永远在路上,党的自我革命永远在路上,决不能有松劲歇脚、疲劳厌战的情绪,必须持之以恒推进全面从严治党,深入推进新时代党的建设新的伟大工程,以党的自我革命引领社会革

① 习近平:《决胜全面建成小康社会 夺取新时代中国特色社会主义伟大胜利——在中国共产党第十九次全国代表大会上的报告》,《人民日报》2017 年 10 月 28 日。
②《十九届中共中央政治局常委同中外记者见面》,央广网,2017 年 10 月 25 日。
③《习近平在中央政治局第十五次集体学习时强调 全党必须始终不忘初心、牢记使命 在新时代把党的自我革命推向深入》,新华网,2019 年 6 月 25 日。
④ 习近平:《在党史学习教育动员大会上的讲话》,《求是》2021 年第 7 期。
⑤ 习近平:《在庆祝中国共产党成立 100 周年大会上的讲话》,《求是》2021 年第 14 期。

命。"①2022年10月23日，在二十届中共中央政治局常委同中外记者见面时的讲话中，习近平再次强调："新征程上，我们要始终推进党的自我革命。一个饱经沧桑而初心不改的党，才能基业常青；一个铸就辉煌仍勇于自我革命的党，才能无坚不摧。"②总之，勇于自我革命是中国共产党区别于其他政党的显著标志，全党同志要永葆自我革命精神，自我革命的关键就是要有正视问题的自觉意识和自我剖析的勇气。

习近平在十九届中央纪委六次全会上提出"六个必须"，这是对新时代自我革命成功经验的深刻总结，为中国共产党坚持自我革命指明了前进方向，是全面从严治党向纵深推进的重要遵循。"必须坚持以党的政治建设为统领，坚守自我革命根本政治方向；必须坚持把思想建设作为党的基础性建设，淬炼自我革命锐利思想武器；必须坚决落实中央八项规定精神、以严明纪律整饬作风，丰富自我革命有效途径；必须坚持以雷霆之势反腐惩恶，打好自我革命攻坚战、持久战；必须坚持增强党组织政治功能和组织力凝聚力，锻造敢于善于斗争、勇于自我革命的干部队伍；必须坚持构建自我净化、自我完善、自我革新、自我提高的制度规范体系，为推进伟大自我革命提供制度

① 习近平：《高举中国特色社会主义伟大旗帜　为全面建设社会主义现代化国家而团结奋斗——在中国共产党第二十次全国代表大会上的报告》，人民出版社2022年版，第64页。
② 习近平：《在二十届中央政治局常委同中外记者见面时的讲话》，《求是》2022年第22期。

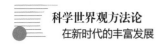

保障。"①

（四）坚持实践第一的观点，实现理论创新和实践创新良性互动

实践的观点是马克思主义哲学认识论首要的、基本的观点。毛泽东的哲学著作之一《实践论》，是毛泽东同志为了用马克思主义哲学认识论的观点去揭露当时党内的教条主义和经验主义等主观主义的错误而写，集中阐发了马克思主义的科学实践观，指出："实践的观点是辩证唯物论的认识论之第一的和基本的观点"②。列宁在《唯物主义与经验批判主义》中也明确提出："生活、实践的观点，应该是认识论的首要的和基本的观点。"③

一切从实际出发、实事求是的根本方法是建设中国特色社会主义实践的根本依据。要做到一切从实际出发、实事求是，就要坚持马克思主义哲学的科学实践观，通过社会实践实现并检验是否做到了一切从实际出发、实事求是。正如列宁指出的："正因为马克思主义不是死的教条，不是什么一成不变的学说，而是活的行动指南，所以它就不能不反映社会生活条件的异常剧烈的变化。"④坚持实践第一的观点的同时，还要实现理论创新和实践创新良性互动。

1. 实践出真知，不断推进实践基础上的理论创新

辩证唯物主义认为，人们认识事物的过程是从实践到认识，再从

---

①《习近平在十九届中央纪委六次全会上发表重要讲话强调　坚持严的主基调不动摇　坚持不懈把全面从严治党向纵深推进》，新华网，2022 年 1 月 18 日。
②《毛泽东选集》第一卷，人民出版社 1991 年版，第 284 页。
③《列宁选集》第二卷，人民出版社 2012 年版，第 103 页。
④《列宁全集》第二十卷，人民出版社 1989 年版，第 87 页。

认识到实践的过程；首先是从实践到认识的过程。实践对认识具有决定作用。实践是认识的来源，实践是认识发展的动力，实践是认识的目的，实践是检验认识真理性的唯一标准。

习近平在中共中央政治局第二十次集体学习时指出，要学习掌握认识和实践辩证关系的原理，坚持实践第一的观点，不断推进实践基础上的理论创新。我们推进各项工作，要靠实践出真知。①党的十九大报告指出："实践没有止境，理论创新也没有止境。世界每时每刻都在发生变化，中国也每时每刻都在发生变化，我们必须在理论上跟上时代，不断认识规律，不断推进理论创新、实践创新、制度创新、文化创新以及其他各方面创新。"②党的二十大报告进一步强调指出："实践没有止境，理论创新也没有止境。""继续推进实践基础上的理论创新，首先要把握好新时代中国特色社会主义思想的世界观和方法论，坚持好、运用好贯穿其中的立场观点方法。"③总之，实践出真知，要不断推进实践基础上的理论创新。实践创新为理论创新提供材料，实践创新是理论创新的源泉；离开了实践创新，理论创新则会成为无源之水、无本之木。

---

① 习近平：《坚持运用辩证唯物主义世界观方法论　提高解决我国改革发展基本问题本领》，《人民日报》2015年1月25日。

② 习近平：《决胜全面建成小康社会　夺取新时代中国特色社会主义伟大胜利——在中国共产党第十九次全国代表大会上的报告》，《人民日报》2017年10月28日。

③ 习近平：《高举中国特色社会主义伟大旗帜　为全面建设社会主义现代化国家而团结奋斗——在中国共产党第二十次全国代表大会上的报告》，人民出版社2022年版，第18—19页。

邓小平同志也曾指出："一个新的科学理论的提出，都是总结、概括实践经验的结果。"①中国特色社会主义理论体系的构建与创新，一方面要通过中国道路发展过程中遇到的各类重大问题的探索，丰富其思想资源；另一方面要认真总结中国道路探索过程中的经验和教训，进行理论上的概括与提升，从而进行理论创新。离开中国实际问题谈中国特色社会主义理论创新，是无的放矢。中国特色社会主义理论的深入研究和不断创新，首要的是要立足于社会生活的实践，一切从中国实际出发，积极回应中国特色社会主义实践中出现的各种社会现实问题；同时不断与时代发展同步，与中国国情紧密结合，才能成为面对现实、思考现实、变革现实的理论，才能不断显示出强大的生命力与创造力。

2.高度重视理论的作用，增强理论自信和战略定力

列宁指出："从生动的直观到抽象的思维，并从抽象的思维到实践，这就是认识真理、认识客观实在的辩证途径。"②辩证唯物主义认识论把认识看作是一个不断深化的能动认识过程，全面揭示了认识过程的辩证性质。同时，还揭示了认识的本质是主体在实践基础上对客体的能动反映。这种能动反映既具有反映性特征，也具有能动性、创造性特征，由此凸显了理论的作用。理论必须同实践相统一。理论创新要以实践创新为基础，同时要发挥科学理论的指导作用。

习近平多次强调，要重视理论的作用，"理论一旦脱离了实践，

---

①《邓小平文选》第二卷，人民出版社1994年版，第57—58页。
②《列宁全集》第五十五卷，人民出版社1990年版，第142页。

就会成为僵化的教条，失去活力和生命力。实践如果没有正确理论的指导，也容易'盲人骑瞎马，夜半临深池'。理论对规律的揭示越深刻，对社会发展和变革的引领作用就越显著"①。同时强调，要实现理论创新和实践创新的良性互动，不断增强理论自信和战略定力。"必须高度重视理论的作用，增强理论自信和战略定力，对经过反复实践和比较得出的正确理论，要坚定不移坚持。要根据时代变化和实践发展，不断深化认识，不断总结经验，不断实现理论创新和实践创新良性互动，在这种统一和互动中发展21世纪中国的马克思主义。"②"要根据时代变化和实践发展，不断深化认识，不断总结经验，不断进行理论创新，坚持理论指导和实践探索辩证统一，实现理论创新和实践创新良性互动，在这种统一和互动中发展二十一世纪中国的马克思主义"③。由此实现毛泽东所揭示的："马克思主义的哲学认为十分重要的问题，不在于懂得了客观世界的规律性，因而能够解释世界，而在于拿了这种对于客观规律性的认识去能动地改造世界。"④

马克思主义哲学认为，人类创造历史的两种基本活动是认识世界和改造世界。认识的任务不仅在于解释世界，更重要的在于改造世界。要有效地改造世界，就必须正确地认识世界。认识世界和改造世界是辩证统一的，二者相互依赖、相互制约。认识世界和改造世界统一的

---

① ③《习近平关于社会主义文化建设论述摘编》，中央文献出版社2017年版，第65页。

② 习近平：《坚持运用辩证唯物主义世界观方法论　提高解决我国改革发展基本问题本领》，《人民日报》2015年1月25日。

④《毛泽东选集》第一卷，人民出版社1991年版，第292页。

基础是实践。中国特色社会主义在理论创新与实践创新的良性互动中不断向前发展，习近平新时代中国特色社会主义思想源于实践又指导实践，是中国特色社会主义理论创新与实践创新良性互动的智慧结晶。中国特色社会主义理论在认识世界与改造世界的实践中不断创新和完善，习近平新时代中国特色社会主义思想为人们正确认识世界和有效改造世界提供理论遵循和行动指南。

三、坚持运用历史唯物主义的世界观和方法论

习近平在《坚持历史唯物主义　不断开辟当代中国马克思主义发展新境界》的讲话中指出："历史唯物主义作为马克思主义哲学的重要组成部分，是关于人类社会发展一般规律的科学。在革命、建设、改革各个历史时期，我们党运用历史唯物主义，系统、具体、历史地分析中国社会运动及其发展规律，在认识世界和改造世界过程中不断把握规律、积极运用规律，推动党和人民事业取得了一个又一个胜利。""历史和现实都表明，只有坚持历史唯物主义，我们才能不断把对中国特色社会主义规律的认识提高到新的水平，不断开辟当代中国马克思主义发展新境界。""要推动全党掌握历史唯物主义基本原理和方法论。学习的目的，就是更好认识国情，更好认识党和国家事业发展大势，更好认识历史发展规律，更加能动地推进各项工作"。[1]

---

① 习近平：《坚持历史唯物主义　不断开辟当代中国马克思主义发展新境界》，《求是》2020 年第 2 期。

马克思在 1859 年的《〈政治经济学批判〉序言》中总结了自己的理论和实践活动，深刻概述了历史唯物主义即唯物史观的基本思想："人们在自己生活的社会生产中发生一定的、必然的、不以他们的意志为转移的关系，即同他们的物质生产力的一定发展阶段相适合的生产关系。这些生产关系的总和构成社会的经济结构，即有法律的和政治的上层建筑竖立其上并有一定的社会意识形式与之相适应的现实基础。物质生活的生产方式制约着整个社会生活、政治生活和精神生活的过程。不是人们的意识决定人们的存在，相反，是人们的社会存在决定人们的意识。社会的物质生产力发展到一定阶段，便同它们一直在其中运动的现存生产关系或财产关系（这只是生产关系的法律用语）发生矛盾。于是这些关系便由生产力的发展形式变成生产力的桎梏。那时社会革命的时代就到来了。随着经济基础的变更，全部庞大的上层建筑也或快或慢地发生变革。"[1] 这一段话是我们考察人类社会历史及其发展规律的基本理论依据。

恩格斯在《社会主义从空想到科学的发展》德文版中第一次明确使用"历史唯物主义"和"唯物史观"来概括他们的新世界观。恩格斯指出："我在英语中……用'历史唯物主义'这个名词来表达一种关于历史过程的观点，……这种观点认为，一切重要历史事件的终极原因和伟大动力是社会的经济发展，是生产方式和交换方式的改变，是由此产生的社会之划分为不同的阶级，是这些阶级彼此之间的斗争。"[2]

①《马克思恩格斯文集》第二卷，人民出版社 2009 年版，第 591—592 页。
②《马克思恩格斯文集》第三卷，人民出版社 2009 年版，第 508—509 页。

并这样概括新唯物主义历史观即历史唯物主义的基本观点："以往的全部历史，除原始状态外，都是阶级斗争的历史；这些互相斗争的社会阶级在任何时候都是生产关系和交换关系的产物，一句话，都是自己时代的经济关系的产物；因而每一时代的社会经济结构形成现实基础，每一个历史时期的由法的设施和政治设施以及宗教的、哲学的和其他的观念形式所构成的全部上层建筑，归根到底都应由这个基础来说明"①。

习近平在十九届中央政治局第五次集体学习讲话中指出：《共产党宣言》以透彻而鲜明的语言描述了新的世界观，即唯物史观，为人们提供了认识自然、认识人类社会的科学思想武器。《共产党宣言》深刻揭示了奴隶社会以来的历史都是阶级斗争的历史；揭示了生产力决定生产关系，经济基础决定上层建筑，生产力和生产关系、经济基础和上层建筑的矛盾运动推动社会形态依次更替的人类社会发展一般规律；揭示了资本主义生产社会化和生产资料私人占有之间的内在矛盾；揭示了资本主义必然灭亡和共产主义必然胜利的历史规律。同时还指出："《共产党宣言》提出的一些重要思想，比如唯物史观、阶级斗争、无产阶级历史使命、共产主义新社会、人的全面发展、世界市场等，在人类思想史上具有革命性、开创性、突破性意义。"②

总之，历史唯物主义包括社会存在和社会意识的关系原理、社会

---

① 《马克思恩格斯文集》第三卷，人民出版社 2009 年版，第 544 页。
② 习近平：《学习马克思主义基本理论是共产党人的必修课》，《求是》2019
年第 22 期。

基本矛盾运动原理、人民群众是历史的创造者原理等，科学揭示了人类社会历史的发展规律，实现了社会历史观的伟大变革，为我们正确认识人类社会历史提供了科学的世界观和方法论的指导。

（一）立足现实社会存在，注重思想文化发展对社会存在发展的能动作用

社会存在和社会意识的关系问题是社会历史观基本问题。对这个问题的不同回答，决定了历史唯物主义同历史唯心主义的根本对立。历史唯物主义坚持和贯彻社会存在决定社会意识；与之相反，历史唯心主义坚持和贯彻社会意识决定社会存在。历史唯物主义科学地解决了社会存在和社会意识的关系问题，揭示了人类社会发展规律。

社会存在也称社会物质生活条件，是社会生活的物质方面，主要包括自然地理环境、人口因素和物质生产方式。社会意识是社会生活的精神方面，是社会存在的反映。社会意识具有复杂的结构，可以从不同角度对其进行划分。根据不同的主体，社会意识分为个体意识和群体意识；根据不同的层次，社会意识分为社会心理和社会意识形式。在社会意识形式中，又存在意识形态和非意识形态之分。社会存在决定社会意识，社会意识具有相对独立性，社会意识的各种形式对社会存在具有反作用。社会存在和社会意识辩证关系的原理对于社会发展具有重要指导意义。

1. 坚持社会存在决定社会意识，立足社会物质条件的总和实施路线方针政策

社会存在决定社会意识。社会意识的客观内容来源于社会存在，

社会意识是社会物质生活过程及其条件的主观反映；社会意识是人们进行社会物质交往的产物。随着社会存在的发展，社会意识也相应地或早或迟地发生变化和发展。

坚持社会存在决定社会意识，就是要立足现实社会物质条件的总和实施路线方针政策。习近平指出："社会存在决定社会意识。我们党现阶段提出和实施的理论和路线方针政策，之所以正确，就是因为它们都是以我国现时代的社会存在为基础的。党的十八届三中全会对我国全面深化改革作出了总体部署，是从我国现在的社会存在出发的，即从我国现在的社会物质条件的总和出发的，也就是从我国基本国情和发展要求出发的。"[①] 我国社会改革和发展的顶层设计或总体部署，必须从我国现实的社会存在出发，即从我国现实的社会物质生活条件的总和出发，也就是从我国的基本国情和发展要求出发，立足新时代社会物质条件的总和实施路线方针政策。路线方针政策是否正确，取决于它们能否正确反映社会存在。

2. 坚持社会意识能动的反作用，树立高度的文化自觉和文化自信

社会存在决定社会意识，社会意识以思想、理论的形式反映社会存在。但社会意识并非消极被动地受制于社会存在，社会意识有其相对独立性。社会意识的相对独立性是指社会意识在从根本上受到社会存在决定的同时，还具有自己特有的发展形式和规律。主要表现在：一是社会意识与社会存在发展的不完全同步性和不平衡性。正如恩

---

① 习近平：《坚持历史唯物主义　不断开辟当代中国马克思主义发展新境界》，《求是》2020 年第 2 期。

格斯所揭示的："经济上落后的国家在哲学上仍然能够演奏第一小提琴：18 世纪的法国对英国来说是如此（法国人是以英国哲学为依据的），后来的德国对英法两国来说也是如此"[①]。二是社会意识内部各种形式之间的相互影响及各自具有的历史继承性。三是社会意识对社会存在能动的反作用。这是社会意识相对独立性的突出表现。

社会意识的能动作用是通过思想文化影响人们的实践活动实现的。思想文化的发展既决定于社会存在发展的要求，又对社会存在发展起能动作用。文化是民族的血脉、人民的精神家园；社会主义核心价值观是社会主义文化的核心，进行社会主义文化建设具有重要意义。文化对社会发展具有重要作用，它能为社会发展提供思想保证、精神动力和智力支持，为社会发展凝聚力量。文化有先进和落后之分，要发挥先进文化的能动作用，树立高度的文化自觉和文化自信，走中国特色社会主义文化发展道路。

（二）坚持社会基本矛盾运动规律，适应社会基本矛盾运动的变化推进社会发展

习近平指出，"马克思、恩格斯运用社会基本矛盾推动社会发展的规律，对未来社会发展作出了科学预见。《共产党宣言》提出：'资产阶级的灭亡和无产阶级的胜利是同样不可避免的。'这就是'两个必然'，是就人类历史总的发展趋势而言的，是历史规律的必然指向。这里还要说到马克思提出的'两个决不会'，马克思说：'无论哪一个社会形态，在它所能容纳的全部生产力发挥出来以前，是决不会灭

①《马克思恩格斯文集》第十卷，人民出版社 2009 年版，第 599 页。

亡的; 而新的更高的生产关系, 在它的物质存在条件在旧社会的胎胞里成熟以前, 是决不会出现的。'"① 这段话精辟概括了社会基本矛盾运动规律在人类社会发展过程中所起的作用, 是我们坚持中国特色社会主义的重要理论依据。

1. 把社会基本矛盾作为一个整体来观察, 全面把握整个社会的基本面貌和发展方向

生产力和生产关系、经济基础和上层建筑的矛盾是人类社会基本矛盾。社会基本矛盾贯穿于人类社会发展过程的始终, 决定了社会形态的更替, 推动人类社会向前发展。

"生产力就是人们在物质生产活动中形成的解决社会同自然之间矛盾的实际能力, 是人类改造自然使其适应社会需要的物质力量。从哲学的视角看, 生产力是标志人类改造自然的实际能力的范畴, 从根本上体现了人与自然之间的现实关系。"② 生产力具有客观现实性和社会历史性。生产力的基本要素包括: 劳动资料 (也称劳动手段), 劳动对象和劳动者。科学技术也是生产力的重要因素, 它通过应用于生产过程, 与生产力中的劳动资料、劳动对象和劳动者等因素相结合而转化为现实生产力。"生产关系, 是人与人之间的'物质联系', 是'物质的社会关系'"③。即人们在社会生产过程中发生的不以人

① 习近平:《坚持历史唯物主义 不断开辟当代中国马克思主义发展新境界》,《求是》2020 年第 2 期。
② 李秀林, 王于, 李淮春主编, 杨耕修订、编著:《辩证唯物主义和历史唯物主义原理 (第六版)》, 中国人民大学出版社 2022 年版, 第 98 页。
③ 李秀林, 王于, 李淮春主编, 杨耕修订、编著:《辩证唯物主义和历史唯物主义原理 (第六版)》, 中国人民大学出版社 2022 年版, 第 101 页。

的意志为转移的物质关系。生产关系包括生产资料所有制关系、生产中人与人的关系和产品分配关系。其中生产资料所有制关系是最基本的、决定的方面。马克思还把生产关系分成生产、分配、交换和消费四个环节。生产力决定生产关系，生产关系反作用于生产力。人类社会发展就是生产力与生产关系相互作用的矛盾运动过程，最根本的在于生产关系一定要适合生产力状况的规律。

经济基础是指由社会一定发展阶段的生产力所决定的生产关系的总和。上层建筑是建立在一定经济基础之上的意识形态以及与之相适应的制度、组织和设施。上层建筑由观念上层建筑和政治上层建筑两部分构成。观念上层建筑包括政治法律思想、道德、艺术、宗教、哲学等思想观点。政治上层建筑包括政治制度、组织和设施。经济基础与上层建筑是辩证统一的。经济基础决定上层建筑，上层建筑反作用于经济基础，二者相互影响、相互作用。经济基础与上层建筑的相互作用构成二者的矛盾运动。经济基础和上层建筑之间的内在联系构成了上层建筑一定要适合经济基础状况的规律。

社会基本矛盾是人类社会发展的根本动力，社会基本矛盾运动规律是马克思主义政党制定路线、方针和政策的重要依据。马克思主义政党要自觉地认识和把握这一规律。习近平指出："历史唯物主义认为，生产力和生产关系、经济基础和上层建筑相互作用、相互制约，支配着整个社会发展进程。生产关系一定要适合生产力状况，上层建筑一定要适合经济基础状况，它们的共同作用构成整个社会的矛盾运动。只有把生产力和生产关系的矛盾运动同经济基础和上层建筑的矛盾运动结合起来观察，把社会基本矛盾作为一个整体来观察，才能全面把握整个社会的基本面貌和发展方向。"① 要学习和掌握社会基本矛盾分析法，深入理解全面深化改革的重要性和紧迫性。

2. 不断调整生产关系、完善上层建筑，坚持和发展中国特色社会主义

习近平指出："坚持和发展中国特色社会主义，必须不断适应社会生产力发展调整生产关系，不断适应经济基础发展完善上层建筑。改革开放 35 年来，我国经济社会发展取得了重大成就，根本原因就是我们通过不断调整生产关系激发了社会生产力发展活力，通过不断完善上层建筑适应了经济基础发展要求。我们进行经济体制改革，进行政治体制、文化体制、社会体制、生态文明体制和党的建设制度改革，都是出于这个目的。""我们提出进行全面深化改革，就是要适应我国社会基本矛盾运动的变化来推进社会发展。社会基本矛盾总是不断发展的，所以调整生产关系、完善上层建筑需要相应地不断进行下去。""实践发展永无止境，解放思想永无止境，改革开放也永无止境，改革开放只有进行时、没有完成时。这是历史唯物主义态度"。②

在当代中国，要深入理解和运用社会基本矛盾运动规律，就要正确把握现实存在的各种利益关系，在深化经济体制改革、完善社会主义经济制度基础上，加快上层建筑领域的改革，坚持中国特色社会主义政治发展道路，建设社会主义法治国家，推进中国特色社会主义政

---

① ② 习近平：《坚持历史唯物主义 不断开辟当代中国马克思主义发展新境界》，《求是》2020 年第 2 期。

治制度的完善和发展，从而适应生产力发展，巩固经济基础，最终满足广大人民群众的物质和精神文化需求。

（三）坚持物质生产是社会历史发展的决定性因素，准确把握全面深化改革的重大关系

恩格斯《在马克思墓前的讲话》指出，"正像达尔文发现有机界的发展规律一样，马克思发现了人类历史的发展规律，即历来为繁芜丛杂的意识形态所掩盖着的一个简单事实：人们首先必须吃、喝、住、穿，然后才能从事政治、科学、艺术、宗教等等；所以，直接的物质的生活资料的生产，因而一个民族或一个时代的一定的经济发展阶段，便构成基础，人们的国家设施、法的观点、艺术以至宗教观念，就是从这个基础上发展起来的，因而也必须由这个基础来解释，而不是像过去那样做得相反"[①]。恩格斯在《社会主义从空想到科学的发展》一文中重申，"唯物主义历史观从下述原理出发：生产以及随生产而来的产品交换是一切社会制度的基础；在每个历史地出现的社会中，产品分配以及和它相伴随的社会之划分为阶级或等级，是由生产什么、怎样生产以及怎样交换产品来决定的"[②]。

物质生产方式是社会历史发展的决定力量。物质生产活动及生产方式是人类社会赖以存在和发展的基础，是人类其他一切活动的首要前提；物质生产活动及生产方式决定着社会的结构、性质和面貌，制约着人们的经济生活、政治生活和精神生活等全部社会生活；物质生

---

①《马克思恩格斯文集》第三卷，人民出版社 2009 年版，第 601 页。
②《马克思恩格斯文集》第三卷，人民出版社 2009 年版，第 547 页。

产活动及生产方式的变化和发展决定着整个社会历史的变化发展，决定社会形态从低级向高级的更替和发展。

1.生产力是衡量社会进步的根本尺度，社会主义的根本任务是解放和发展社会生产力

社会基本矛盾是历史发展的根本动力，它在历史发展中的作用主要表现在：生产力是社会基本矛盾运动中最基本的动力因素，是人类社会发展和进步的最终决定力量。生产力是社会进步的根本内容，是衡量社会进步的根本尺度。

习近平指出："学习和掌握物质生产是社会生活的基础的观点，准确把握全面深化改革的重大关系。历史唯物主义认为，物质生产力是全部社会生活的物质前提，同生产力发展一定阶段相适应的生产关系的总和构成社会经济基础。生产力是推动社会进步的最活跃、最革命的要素，生产力发展是衡量社会发展的带有根本性的标准。这为我们分析社会发展提供了可靠依据。"[①]"社会主义的根本任务是解放和发展社会生产力，这一点任何时候都不能动摇。邓小平同志回答了'什么是社会主义、怎样建设社会主义'这个根本问题，主要是回答了社会主义的根本任务是什么。'社会主义的任务很多，但根本一条就是发展生产力。'""在全面深化改革中，我们要坚持发展仍是解决我国所有问题的关键这个重大战略判断，使市场在资源配置中起决定性作用和更好发挥政府作用，推动我国社会生产力不断向前发

---

① 习近平：《坚持历史唯物主义　不断开辟当代中国马克思主义发展新境界》，《求是》2020 年第 2 期。

展。""要把握住我国现阶段社会基本矛盾的主要方面,重点是发展。只有紧紧围绕发展这个第一要务来部署各方面改革,以解放和发展社会生产力为改革提供强大牵引,才能更好推动生产关系与生产力、上层建筑与经济基础相适应。我国改革开放以来的实践充分证明,紧紧扭住解放和发展社会生产力,就能为其他各方面改革提供强大推动,影响其他各个方面改革相应推进。"①

总之,生产力是推动社会进步的最活跃、最革命的要素,社会主义的根本任务就是解放生产力、发展生产力。在中国特色社会主义建设中,发展社会生产力是第一要务,在此基础上,才能推动社会进步和人的全面发展。

2. 全面准确理解生产力标准,制定全面深化改革的方案

物质生产方式是社会历史发展的决定性因素,但生产力和生产关系、经济基础和上层建筑之间不是简单的决定和被决定的关系,而是作用和反作用的现实过程。习近平指出:"在观察社会发展时,一定要注意这种决定和被决定、作用和反作用的有机联系。对生产力标准必须全面准确理解,不能绝对化,不能撇开生产关系、上层建筑来理解生产力标准。改革开放以来,我们党提出的一系列'两手抓',包括一手抓物质文明建设、一手抓精神文明建设,一手抓经济建设、一手抓法治建设,一手抓发展、一手抓稳定,一手抓改革开放、一手抓

---

① 习近平:《坚持历史唯物主义　不断开辟当代中国马克思主义发展新境界》,《求是》2020 年第 2 期。

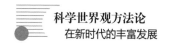

惩治腐败等，都是符合历史唯物主义要求的。"①

因此，制定全面深化改革的方案要建立在全面准确理解生产力标准基础上。"我们在考虑这次三中全会议题时，就提出要制定一个全面深化改革的方案，而不是只讲经济体制改革，或者只讲经济体制和社会体制改革。这样考虑，是因为要解决我们面临的突出矛盾和问题，仅仅依靠单个领域、单个层次的改革难以奏效，必须加强顶层设计、整体谋划，增强各项改革的关联性、系统性、协同性。只有既解决好生产关系中不适应的问题，又解决好上层建筑中不适应的问题，这样才能产生综合效应。"②在全面深化改革中，我们要坚持发展仍是解决我国所有问题的关键这个重大战略判断，使市场在资源配置中起决定性作用和更好发挥政府作用，推动我国社会生产力不断向前发展，推动实现物的不断丰富和人的全面发展的统一。

（四）坚持人民群众是历史的创造者，贯彻以人民为中心的发展思想

马克思主义哲学世界观为人们认识世界提供的基本立场就是人民的立场，即以人民为中心、一切为了人民、一切依靠人民。习近平总书记在《在纪念马克思诞辰 200 周年大会上的讲话》中强调指出："马克思主义是人民的理论，第一次创立了人民实现自身解放的思想体系。""马克思主义第一次站在人民的立场探求人类自由解放的道路"，"它植根于人民之中，指明了依靠人民推动历史前进的人间正

---

①②习近平：《坚持历史唯物主义　不断开辟当代中国马克思主义发展新境界》，《求是》2020 年第 2 期。

道"。① "学习马克思，就要学习和实践马克思主义关于坚守人民立场的思想。"② 人民的立场是我们观察问题、分析和解决问题的根本立足点和出发点，中国特色社会主义理论体系的构建与创新，中国特色社会主义制度和道路的建设，从根本上说应该立足中国最广大人民群众的根本利益，坚定不移地站在人民群众的立场上，牢固树立为人民群众利益代言、服务于人民群众的根本利益，贯彻以人民为中心的发展思想。

1. 坚持人民群众在社会历史发展过程中的决定性作用，充分发挥人民群众主体作用

历史唯物主义认为，在社会历史发展过程中，人民群众起着决定性的作用。人民群众是社会历史实践的主体，在创造历史中起决定性的作用。人民群众是社会物质财富的创造者，是社会精神财富的创造者，是社会变革的决定力量。

中国共产党是马克思主义政党，马克思主义政党始终是代表人民利益的政党。马克思主义政党的第一个纲领性文献《共产党宣言》明确指出："共产党人始终代表整个运动的利益"。"他们没有任何同整个无产阶级的利益不同的利益。"③ 这一观点是基于历史唯物主义关于人民群众在社会历史发展过程中的重要作用原理而得出的。

---

① 习近平：《在纪念马克思诞辰200周年大会上的讲话》，人民出版社2018年版，第8页。
② 习近平：《在纪念马克思诞辰200周年大会上的讲话》，人民出版社2018年版，第17页。
③《马克思恩格斯文集》第二卷，人民出版社2009年版，第44页。

习近平多次重申唯物史观这一基本原理："人民是历史的创造者，群众是真正的英雄。人民群众是我们力量的源泉。""坚持以人民为中心。人民是历史的创造者，是决定党和国家前途命运的根本力量。""我们要始终把人民立场作为根本立场，把为人民谋幸福作为根本使命，坚持全心全意为人民服务的根本宗旨"①。"如何认识人民群众在历史上的作用，是社会历史观的重大问题。同历史唯心主义英雄史观相对立，历史唯物主义群众史观第一次彻底解决了这个重大问题，提出人民是历史的创造者。""学习和掌握人民群众是历史创造者的观点，紧紧依靠人民推进改革。"②"在革命、建设、改革各个历史时期，我们党都坚持紧紧依靠人民。改革开放35年来的历程表明，许多改革都是由基层群众自发推动、自下而上形成的，广大人民群众是推动改革的重要力量。今天，我们全面深化改革，依然要充分发挥人民主体作用。为了人民而改革，改革才有意义；依靠人民而改革，改革才有动力。党的十八届三中全会在总结改革开放历史经验时强调，要坚持以人为本，尊重人民主体地位，发挥群众首创精神，紧紧依靠人民推动改革，促进人的全面发展；在全面深化改革的指导思想中鲜明提出，要以促进社会公平正义、增进人民福祉为出发点和落脚点。在全面深化改革进程中，我们要坚持马克思主义群众观点，坚持党的群众路线，'以百姓心为心'，把实现好、维护好、发展好

---

① 习近平：《在纪念马克思诞辰200周年大会上的讲话》，人民出版社2018年版，第17页。
② 习近平：《坚持历史唯物主义　不断开辟当代中国马克思主义发展新境界》，《求是》2020年第2期。

最广大人民根本利益作为推进改革的出发点和落脚点。唯有如此，改革才能大有作为。"①

从邓小平提出"三个有利于"标准，到"三个代表"重要思想、科学发展观的"以人为本"原则，再到党的十九大报告强调"中国共产党人的初心和使命，就是为中国人民谋幸福，为中华民族谋复兴"②、党的二十大报告指出的"江山就是人民，人民就是江山。中国共产党领导人民打江山、守江山，守的是人民的心"③，处处都体现出中国共产党领导人坚持和发展中国特色社会主义的出发点和落脚点是为人民谋福祉，体现出党的一切工作必须以最广大人民根本利益为最高标准。

2. 贯彻马克思主义政党的群众观点和群众路线，坚持全心全意为人民服务的根本宗旨

历史唯物主义认为人民群众是历史的创造者，要求马克思主义政党在实际工作中坚持群众观点、贯彻群众路线。马克思主义群众观点的主要内容包括：人民群众自己解放自己、全心全意为人民服务、一切向人民群众负责、虚心向群众学习等。群众路线是群众观点的具体

---

① 习近平：《坚持历史唯物主义　不断开辟当代中国马克思主义发展新境界》，《求是》2020 年第 2 期。
② 习近平：《决胜全面建成小康社会　夺取新时代中国特色社会主义伟大胜利——在中国共产党第十九次全国代表大会上的报告》，《人民日报》2017 年10 月 28 日。
③ 习近平：《高举中国特色社会主义伟大旗帜　为全面建设社会主义现代化国家而团结奋斗——在中国共产党第二十次全国代表大会上的报告》，人民出版社 2022 年版，第 46 页。

应用，即一切为了群众，一切依靠群众，从群众中来，到群众中去。毛泽东指出："在我党的一切实际工作中，凡属正确的领导，必须是从群众中来，到群众中去。"①群众路线是中国共产党的生命线和根本工作路线，也是党的优良传统。

要遵循历史唯物主义群众史观。习近平指出："我们党提出了群众路线，并把它作为党的生命线和根本工作路线"。"在全面深化改革进程中，我们要坚持马克思主义群众观点，坚持党的群众路线，'以百姓心为心'，把实现好、维护好、发展好最广大人民根本利益作为推进改革的出发点和落脚点，让发展成果更多更公平惠及全体人民。唯有如此，改革才能大有作为。""古代封建统治者尚能认识到存养百姓的重要性，我们党的各级领导干部更应自觉坚持全心全意为人民服务的根本宗旨，保持同人民群众的血肉联系，始终与人民同呼吸、共命运、心连心，团结带领人民续写改革新篇章，确保改革取得成功。"②在中国特色社会主义新时代，习近平强调了在新形势下坚持党的群众路线教育实践活动的重要性："群众路线是我们党的生命线和根本工作路线。开展党的群众路线教育实践活动，是我们党在新形势下坚持党要管党、从严治党的重大决策，是顺应群众期盼、加强学习型服务型创新型马克思主义执政党建设的重大部署，是推进中国特色社会主义的重大举措，对保持党的先进

---

① 《毛泽东选集》第三卷，人民出版社1991年版，第899页。
② 习近平：《坚持历史唯物主义　不断开辟当代中国马克思主义发展新境界》，《求是》2020年第2期。

性和纯洁性、巩固党的执政基础和执政地位，对全面建成小康社会，具有重大而深远的意义。"[1]

总之，只有相信群众、依靠群众，密切联系群众，保持党的优良传统和作风，才能贯彻好全心全意为人民服务的宗旨。

[1]《习近平谈治国理政》第一卷，外文出版社2018年版，第365页。

第二章

科学世界观和方法论是
推进新时代理论创新的思想指导

党的二十大报告明确指出:"实践没有止境,理论创新也没有止境。不断谱写马克思主义中国化时代化新篇章,是当代中国共产党人的庄严历史责任。继续推进实践基础上的理论创新,首先要把握好新时代中国特色社会主义思想的世界观和方法论,坚持好、运用好贯穿其中的立场观点方法。"[1] 在新征程中,必须要以科学世界观和方法论推进新时代的理论创新,开辟马克思主义中国化时代化新境界。

---

[1] 习近平:《高举中国特色社会主义伟大旗帜 为全面建设社会主义现代化国家而团结奋斗——在中国共产党第二十次全国代表大会上的报告》,人民出版社2022年版,第18—19页。

一、科学世界观和方法论指导是我们党实现理论创新的宝贵经验

纵观中国共产党实现理论创新的百年奋斗历程，无论是毛泽东思想的创立、丰富和发展，还是邓小平理论、"三个代表"重要思想以及科学发展观的接续推进，抑或是习近平新时代中国特色社会主义思想的应运而生，实际上都离不开马克思主义科学世界观和方法论的指导，这也是我们党不断推进理论创新的宝贵经验。

（一）科学世界观和方法论指导与新民主主义革命时期毛泽东思想的创立

新民主主义革命时期，以毛泽东同志为主要代表的中国共产党人在科学世界观和方法论的指导下，对中国革命的现实道路进行了艰苦探索，将马克思列宁主义的基本原理与中国具体实际进行了第一次结合，创立了毛泽东思想，为党的理论创新积累了宝贵经验。

第一，以毛泽东同志为主要代表的中国共产党人在马克思主义阶级理论指导下明确了中国革命的根本立场。毛泽东在《中国社会各阶级的分析》一文中曾明确指出："中国过去一切革命斗争成效甚少，其基本原因就是因为不能团结真正的朋友，以攻击真正的敌人。"[1]也就是说，毛泽东认为中国革命所需解决的首要问题就是辨明"谁是敌人"和"谁是朋友"，只有明确了其领导力量才能真正推动中国革

---

[1]《毛泽东选集》第一卷，人民出版社1991年版，第3页。

命的发展。在大革命时期，在马克思主义阶级理论指导下，毛泽东立足当时中国的社会现实，结合自身所进行的社会调查，运用阶级分析方法对当时中国社会各个阶层的阶级特点和革命态度进行了深入的分析与研判，明确指出："一切勾结帝国主义的军阀、官僚、买办阶级、大地主阶级以及附属于他们的一部分反动知识界，是我们的敌人。工业无产阶级是我们革命的领导力量。一切半无产阶级、小资产阶级，是我们最接近的朋友。那动摇不定的中产阶级，其右翼可能是我们的敌人，其左翼可能是我们的朋友——但我们要时常提防他们，不要让他们扰乱了我们的阵线"①。这就回答了困扰当时中国革命已久的"依靠谁，团结谁，打击谁"的首要问题，以科学的世界观和方法论明确了中国革命的根本立场。

第二，以毛泽东同志为主要代表的中国共产党人在马克思主义矛盾理论指导下明确了中国革命的主要任务。在毛泽东看来，中国革命主要任务的变化根源于当时整个社会主要矛盾的转换，要想明确当时中国革命在不同历史阶段的主要任务就必须形成关于中国社会主要矛盾的正确理解和把握。在整个新民主主义革命时期，以毛泽东同志为主要代表的中国共产党人在马克思主义矛盾理论的指导下，借助矛盾分析方法对当时中国革命在不同历史阶段的主要矛盾进行了正确的理解和把握，并借此明确了中国革命在不同历史阶段的主要任务，即在第一次国内革命战争时期，整个社会的主要矛盾是中国人民同帝国主义和封建主义之间的矛盾，所以这一时期中国革命的主要任务就是"打

---

① 《毛泽东选集》第一卷，人民出版社1991年版，第9页。

倒列强除军阀"。而在第二次国内革命战争时期，中国社会的主要矛盾则由民族矛盾转换成了代表中国人民的中国共产党和代表国内大地主大资产阶级的国民党反动派之间的阶级矛盾，所以其主要任务也变成了进行土地革命战争。概言之，以毛泽东同志为主要代表的中国共产党人在科学世界观和方法论的指导下，对中国社会的主要矛盾进行了正确的理解和把握，明确了中国共产党在不同的历史阶段所面临的不同的革命任务。

第三，以毛泽东同志为主要代表的中国共产党人在马克思主义实践观指导下明确了中国革命的现实道路。在土地革命战争时期，面对愈发残酷的现实斗争，中国共产党却在探索中国革命现实道路的过程中陷入了对马克思主义的教条理解和对共产国际指导的盲目遵循的泥淖，这使得党在这一阶段的革命和战争中遭受了第五次反"围剿"失败等严重挫折，促使中国共产党人开始逐渐认识到找出一条适合中国国情的革命道路的重要性。以毛泽东同志为主要代表的中国共产党人在马克思主义实践理论的指导下，将中国革命的具体实践与马克思列宁主义相结合，提出了"农村包围城市、武装夺取政权"这一符合中国革命现实境遇的实践道路。毛泽东曾言："中国革命斗争的胜利要靠中国同志了解中国情况。"[1] 也就是说，中国革命道路的选择必须建立在对中国国情认识的基础之上，只有这样才能切中中国革命的现实需要，解决中国革命所面临的具体问题，指明中国革命的前进方向，推动中国革命走向胜利。

---

[1]《毛泽东选集》第一卷，人民出版社1991年版，第115页。

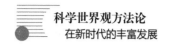
（二）科学世界观和方法论指导与社会主义革命和建设时期毛泽东思想的丰富和发展

社会主义革命和建设时期，以毛泽东同志为主要代表的中国共产党人在科学世界观和方法论的指导下，将马克思主义基本原理与中国具体实际进行了第二次结合，对当时中国社会主义革命和建设的现实道路进行了艰难探索，进一步丰富和发展了毛泽东思想。

第一，以毛泽东同志为主要代表的中国共产党人在马克思主义社会矛盾学说指导下把握了当时中国社会的主要矛盾。新中国成立后，通过对农业、对手工业和对资本主义工商业进行社会主义改造，社会主义制度在中国基本建立。面对社会主义初级阶段的新局面，以毛泽东同志为主要代表的中国共产党人在马克思主义社会矛盾学说的指导下，对当时中国社会的主要矛盾进行了深刻理解和把握，党的八大上明确指出当时中国社会的主要矛盾"已经不再是工人阶级和资产阶级的矛盾，而是人民对于经济文化迅速发展的需要同当前经济文化不能满足人民需要的状况之间的矛盾"①。

第二，以毛泽东同志为主要代表的中国共产党人在马克思主义认识论指导下形成了关于社会主义发展的客观认识。在 20 世纪 50 年代中后期，伴随着国民经济第一个五年计划的顺利完成，囿于对社会主义建设和发展经验和认识的不足，不少中国共产党人在胜利面前滋生了骄傲自满的情绪，过分夸大了人的主观能动性的作用，脱离当时中

---

①《中共中央关于党的百年奋斗重大成就和历史经验的决议》，人民出版社2021 年版，第 11 页。

国的具体实际去搞"大跃进"和"人民公社化"运动，这种违背客观规律的做法使当时的国民经济陷入空前的萧条。面对当时中国社会主义建设所遭受的严重挫折，在马克思主义认识论的指导下，毛泽东在1959年底实事求是地对当时中国社会主义所处的发展阶段进行了客观分析，认为"社会主义这个阶段，又可能分为两个阶段，第一个阶段是不发达的社会主义，第二个阶段是比较发达的社会主义"[①]，并明确指出当时中国社会主义发展仍然处于"不发达社会主义阶段"，必须要充分认识到社会主义发展的阶段性和长期性。

第三，以毛泽东同志为主要代表的中国共产党人在马克思主义实践观指导下提出了当时中国社会主义的发展路向。伴随着社会主义制度的基本建立，摆在当时中国共产党人面前的一个全新课题就是：如何在中国这样一个生产力水平十分落后的东方大国建设社会主义。对于这一课题，当时的中国共产党人在最开始只能学习同为社会主义国家的苏联的经验，但在实践过程中很快就认识到苏联建设社会主义的经验的局限性。在马克思主义实践观的指导下，以毛泽东同志为主要代表的中国共产党人将马克思列宁主义基本原理同中国具体实际进行了第二次结合，立足当时中国基本国情来探索社会主义建设道路，党的八大提出了"努力把我国逐步建设成为一个具有现代农业、现代工业、现代国防和现代科学技术的社会主义强国，领导人民开展全面的

[①]《毛泽东文集》第八卷，人民出版社1999年版，第116页。

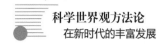
大规模的社会主义建设"[1]的发展路向。

（三）科学世界观和方法论指导与改革开放和社会主义现代化建设新时期中国特色社会主义理论体系的形成

改革开放和社会主义现代化建设新时期，以邓小平、江泽民和胡锦涛同志为主要代表的中国共产党人在科学世界观和方法论的指导下，成功开创并不断推进中国特色社会主义的发展，形成了由邓小平理论、"三个代表"重要思想和科学发展观所共同构成的中国特色社会主义理论体系。

第一，以邓小平同志为主要代表的中国共产党人在科学世界观和方法论的指导下创立了邓小平理论。党的十一届三中全会以后，以邓小平同志为主要代表的中国共产党人继续探索中国建设社会主义的正确道路，深刻总结新中国成立以来的经验教训，借鉴世界社会主义历史经验，围绕着"什么是社会主义、怎样建设社会主义"这一根本问题，作出了把党和国家工作中心转移到经济建设上来、实行改革开放的历史性决策，形成了关于社会主义本质的正确理解和把握，确立了我国在社会主义初级阶段的基本路线，明确了建设有中国特色的社会主义的发展道路，成功开创了中国特色社会主义，并在这一过程中形成了以"解放思想、实事求是"为理论精髓的作为改革开放指导思想的邓小平理论。邓小平曾言："我们讲解放思想，是指在马克思主义

---

①《中共中央关于党的百年奋斗重大成就和历史经验的决议》，人民出版社2021年版，第11页。

指导下打破习惯势力和主观偏见的束缚,研究新情况,解决新问题。"①邓小平理论是在新的历史条件下对马克思列宁主义、毛泽东思想的继承与发展,是在科学世界观和方法论指导下所进行的理论创新,是中国特色社会主义理论体系的开篇之作。

第二,以江泽民同志为主要代表的中国共产党人在科学世界观和方法论的指导下形成了"三个代表"重要思想。党的十三届四中全会以后,以江泽民同志为主要代表的中国共产党人围绕着"建设什么样的党、怎样建设党"这一关涉党和国家发展的根本性问题,确立了社会主义市场经济体制的改革目标、基本框架以及分配制度,成功应对了在世纪之交错综复杂的国内外局势之下所面临的各种危机与挑战,捍卫了中国特色社会主义,开创全面改革开放新局面,把建设有中国特色社会主义事业推向 21 世纪,并在这一过程中形成了"三个代表"重要思想。江泽民曾言:"我们一定要适应实践的发展,以实践来检验一切,用发展着的马克思主义指导新的实践。"②"三个代表"重要思想是对马克思列宁主义、毛泽东思想和邓小平理论的继承和发展,是党在科学世界观和方法论指导下所进行的理论创新,反映了当代世界和中国的发展变化对党和国家工作的新要求。

第三,以胡锦涛同志为主要代表的中国共产党人在科学世界观和方法论的指导下形成了科学发展观。党的十六大以后,以胡锦涛同志

①《邓小平文选》第二卷,人民出版社 1994 年版,第 279 页。
②《江泽民论有中国特色社会主义(专题摘编)》,中央文献出版社 2002 年版,第 635 页。

为主要代表的中国共产党人围绕新形势下"实现什么样的发展、怎样发展"等重大问题，充分理解和认识到党和国家在这一历史时期必须抓住重要战略机遇，全心全意投入中国特色社会主义建设和发展之中，强调坚持以人为本、全面协调可持续发展，着力保障和改善民生，促进社会公平正义，推进党的执政能力建设和先进性建设，成功在新形势下坚持和发展了中国特色社会主义，并在这一过程中形成了科学发展观。胡锦涛曾言："只有紧紧抓住和搞好发展，才能从根本上把握人民的愿望，把握社会主义现代化建设的本质，把握我们党执政兴国的关键。"[1]科学发展观是同马克思列宁主义、毛泽东思想、邓小平理论、"三个代表"重要思想既一脉相承又与时俱进的科学理论，是马克思主义关于发展的世界观和方法论的集中体现，是马克思主义中国化时代化的重大成果。

（四）科学世界观和方法论指导与中国特色社会主义进入新时代习近平新时代中国特色社会主义思想的创立

党的十八大以来，中国特色社会主义进入新时代。在这样一个新的历史阶段，党和国家的发展都面临一系列亟待解决的新问题，这就迫切地需要一种新的思想或理论来指导我们在新的时代境遇下的现实实践。以习近平同志为主要代表的中国共产党人在科学世界观和方法论的指导下，坚持把马克思主义基本原理同中国具体实际相结合、同中华优秀传统文化相结合，坚持毛泽东思想、邓小平理论、"三个代表"重要思想、科学发展观，深刻总结并充分运用党成立以来的历史经验，

---

[1]《胡锦涛文选》第三卷，人民出版社2016年版，第3页。

从新的实际出发，创立了习近平新时代中国特色社会主义思想。

第一，习近平新时代中国特色社会主义思想的创立离不开对科学世界观和方法论指导下时代背景的正确把握。正确把握自身所处的时代背景，是发现和解决自身所面临现实问题的关键所在。以习近平同志为主要代表的中国共产党人用马克思主义来观察时代、把握时代和引领时代，在科学世界观和方法论的指导下认识到自身正处于世界百年未有之大变局与中华民族伟大复兴的战略全局同步交织、相互激荡的"两个大局"之中，机遇与挑战并存，危机与希望同在。就世界百年未有之大变局而言，当前整个世界各种安全挑战层出不穷，全球经济复苏步履维艰，全球发展遭遇严重挫折；就中华民族伟大复兴的战略全局而言，中国共产党和中国人民正信心百倍推进中华民族从站起来、富起来到强起来的伟大飞跃，实现中华民族伟大复兴进入了不可逆转的历史进程。习近平新时代中国特色社会主义思想正是在"两个大局"的时代背景下得以创立并不断丰富和发展起来的。

第二，习近平新时代中国特色社会主义思想的创立离不开对科学世界观和方法论指导下历史方位的正确认识。正确认识自身在社会发展过程中所处的历史方位，是理解和把握自身所处社会状况的关键所在。以习近平同志为主要代表的中国共产党人运用马克思主义矛盾分析方法对当前中国社会的主要矛盾进行了深入的分析与研判，在科学世界观和方法论的指导下认识到其已经由人民日益增长的物质文化需要同落后的社会生产之间的矛盾转变为人民日益增长的美好生活需要和不平衡不充分的发展之间的矛盾，这也是中国特色社会主义进入新时代的重要依据。中国特色社会主义进入新时代，这是一个需要理论而且一定能够产生理论的时代，是一个需要思想而且一定能够产生思想的时代。习近平新时代中国特色社会主义思想正是在这样的伟大时代中应运而生、顺势而成的。

第三，习近平新时代中国特色社会主义思想的创立离不开科学世界观和方法论指导下过往十年的实践奠基。党的十八大以来，以习近平同志为主要代表的中国共产党人在科学世界观和方法论的指导下，在经济、政治、文化、社会和生态环境等党和国家发展重要领域采取了一系列战略性举措，推进了一系列变革性实践，经受住了来自政治、经济、意识形态、自然界等方面的风险挑战考验，使党和国家事业取得了历史性成就、发生了历史性变革，推动我国迈上全面建设社会主义现代化国家新征程。不难发现，当代中国正经历着最为广泛而深刻的社会变革，也正在进行着人类历史上最为宏大而独特的实践创新，习近平新时代中国特色社会主义思想是在科学世界观和方法论的指导下于新时代的伟大实践中应运而生、顺势而成的。

第四，习近平新时代中国特色社会主义思想的创立离不开科学世界观和方法论指导下"两个结合"的基本方法。所谓"两个结合"，实际上是马克思主义实践观的一种具体应用，即一方面要将马克思主义基本原理同中国具体实际相结合，发现和解决新时代改革开放和社会主义现代化建设过程中所面临的现实问题；另一方面则是要将马克思主义基本原理同中华优秀传统文化相结合，贯通马克思主义思想精髓与中华优秀传统文化精华、人民群众共同价值理念。习近平新时代中国特色社会主义思想正是在科学世界观和方法论的指导下不断推进马克思主义中国化时代化，在坚持马克思主义基本原理同中国具体实际相结合、同中华优秀传统文化相结合中创立并不断丰富和发展的。

二、马克思主义迄今依然是具有强大生命力的世界观和方法论

习近平总书记曾言："面对快速变化的世界和中国，如果墨守成规、思想僵化，没有理论创新的勇气，不能科学回答中国之问、世界之问、人民之问、时代之问，不仅党和国家事业无法继续前进，马克思主义也会失去生命力、说服力。"[1] 回顾新时代的十年，身处世界百年未有之大变局和中华民族伟大复兴的战略全局之中，正是在马克思主义的科学指导之下，中国共产党才能运用其中的世界观和方法论对于自身所遇到的现实问题作出符合中国实际和时代要求的正确回答，才能得出符合客观规律的科学认识，形成与时俱进的理论成果，更好地指导我们在新时代改革开放和社会主义现代化建设中现实实践，不断推进马克思主义中国化时代化，始终保持马克思主义的蓬勃生机和旺盛活力。

---

[1] 习近平：《更好把握和运用党的百年奋斗历史经验》，《求是》2022年第13期。

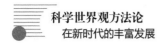

（一）马克思主义回答"中国之问"，是我们党在实践创新的基础上不断推进理论创新，着力解决中国实际问题的理论指南

所谓"中国之问"，也就是在新的现实背景下，中国在改革开放和社会主义现代化建设的具体实践中所面临着的一系列亟待解决的新课题，即前所未有的改革发展稳定任务、矛盾风险挑战以及治国理政考验。"中国之问"的形成，一方面根源于当前国际格局和国际体系正在发生的深刻调整，另一方面则是归因于当代中国正在经历人类历史上最为宏大而独特的实践创新。而"中国之问"能否得到科学回答，实际上关系着我们国家和民族的前途命运，决定着我们能否在新时代继续推动中国特色社会主义事业不断向前发展。

纵观中国共产党的百年奋斗历程，无论是在新民主主义革命时期，还是在社会主义革命和建设时期，抑或是在改革开放和社会主义现代化建设新时期，其实际上都面临着不同时代境遇之下的"中国之问"，但殊途同归的是，中国共产党在不同的历史阶段对于不同的"中国之问"的回答都是通过将马克思主义基本原理与中国革命、建设以及改革的具体实际相结合来实现的。在新民主主义革命时期，以毛泽东同志为主要代表的中国共产党人通过将马克思主义基本原理与中国革命的具体实际相结合，回答了中国革命要走什么道路的"中国之问"；在社会主义革命和建设时期，以毛泽东同志为主要代表的中国共产党人继续提出要将马克思主义基本原理与中国社会主义革命和建设的具体实际进行"第二次结合"，从而探索出中国在当时的历史条件下应该怎样建设社会主义；在改革开放和社会主义现代化建设新时期，以邓小平、江泽民、胡锦涛同志为主要代表的中国共产党人都将马克思主义基本原理与中国改革开放的具体实际相结合，分别科学回答了"什么是社会主义、怎样建设社会主义""建设一个什么样的党、怎样建设党"和"实现什么样的发展、怎样发展"等"中国之问"，接续推进中国特色社会主义事业不断向前发展。

不难发现，对"中国之问"的回答，离不开马克思主义理论的科学指导，中国共产党的百年实践证明，其在马克思主义理论指导下科学回答"中国之问"的过程，实际上就是其不断推进马克思主义中国化时代化的过程。面对中国特色社会主义进入新时代的"中国之问"，要想实现关于"中国之问"的科学回答，就必须不断推进马克思主义在新时代新征程中的中国化和时代化，即将马克思主义基本原理与中国特色社会主义新时代的具体实际和中华优秀传统文化紧密结合起来，开辟马克思主义中国化时代化新境界。

（二）马克思主义回答"世界之问"，是我们党运用历史唯物主义立场观点方法把握世界大势，矢志实现人类进步事业的理论指南

所谓"世界之问"，也就是面对世界百年未有之大变局，整个世界都在思考的"世界怎么了、我们怎么办"这一关系人类前途命运的全球性问题。当今世界越发充满着不确定性和不稳定性，这就导致整个世界的发展都面临着一系列亟待解决的全新课题。就"世界怎么了"而言，在当今时代，整个世界进入了动荡变革期，百年变局与世纪疫情相互交织，国际力量对比深刻调整，经济全球化遭遇逆流，国际体系和国际秩序深度调整，和平赤字、发展赤字、安全赤字、治理赤字、信任赤字、文明赤字不断加重，全人类面临着前所未有的危机与挑战。就"我们怎么办"而言，面对着愈发加剧的全球性问题，整个世界正站在历史的十字路口，面临着合作还是对抗、开放还是封闭、互信还是互斥、互利共赢还是零和博弈的分岔路，而人类究竟将何去何从完全取决于其自身的选择。不难发现，"世界之问"能否得到科学回答，实际上决定着整个人类文明能否继续向前发展。尽管马克思在其所处的时代并没有遇到像我们现今所遭遇的全球性的危机与挑战，但是其从全球视角所阐发的"世界历史"思想却为如今的"世界之问"的回答提供了重要的理论支撑与现实启示。"世界之问"无非是人类在其社会历史演进过程中所陷入的一种发展困境，而马克思世界历史理论对于整个人类社会历史发展趋势所进行的一种总体性的理解和把握对于当今全世界冲破发展困境仍然具有重要的指导意义。

马克思曾言："各个相互影响的活动范围在这个发展进程中越是扩大，各民族的原始封闭状态……消灭得越是彻底，历史也就越是成为世界历史。"① 也就是说，在马克思看来，生产力水平的不断提高推动各个民族生产和交往活动的空间范围不断扩大，而各个国家和民族在普遍交往中逐渐形成了一种相互依存的密切联系，整个人类历史也由"民族历史"逐渐跨入了"世界历史"。然而，在人类历史逐渐转向"世界历史"的发展过程中，囿于社会制度、区域文化以及意识形态等各个方面所存在的根本差异，各个国家和民族必然会在普遍交往中形成一种全球性的冲突或对抗，这就阐明了"世界之问"得以形

---

① 《马克思恩格斯文集》第一卷，人民出版社 2009 年版，第 540—541 页。

成的现实根源。

同时，马克思也明确指出，这些在交往中所形成的冲突与对抗只有在一种"真正的共同体"之中才能得以消解，这就为我们科学回答"世界之问"提供了方法论的导引。在科学世界观和方法论的指导之下，面对世界百年未有之大变局的加速演进，以习近平同志为主要代表的中国共产党人向世界发出全球发展、安全和文明倡议，提出不同国家和民族之间可以通过解决全球性问题的共同需要与共同利益凝聚和平、发展、公平、正义、民主、自由的全人类共同价值，并在其基础上构建起一个全人类团结协作共同应对全球性危机与挑战的人类命运共同体，借此推动人类社会历史不断向前发展。

（三）马克思主义回答"人民之问"，是我们党代表广大人民群众根本利益，致力于满足人民美好生活需要的理论指南

所谓"人民之问"，也就是在新的历史条件下，人民不再仅仅追求物质文化层面的"量的积累"，而是开始追求整个社会生活的"质的提升"，即不再将自身对于美好生活的需要局限于物质文化领域，而是将其拓展到民主、法治、公平、正义、安全、环境、教育、医疗、养老等社会生活的方方面面，这就给党在新时代新征程的现实实践与理论创新都提出了一系列亟待解决的新课题。究其根源，这主要是因为整个中国社会主要矛盾已经从"人民日益增长的物质文化需要同落后的社会生产之间的矛盾"转变为"人民日益增长的美好生活需要和不平衡不充分的发展之间的矛盾"，导致人们在新的历史条件下对于关涉自身生存与发展的社会环境提出了更高层次的要求。不难发现，能否科学回答"人民之问",发挥人民群众在社会历史发展中的创造性力量,实际上决定着党和国家的前途命运。人民群众是社会历史的主体,是历史的创造者,党和国家所创造的历史伟业都是依靠人民群众所取得的,历史和现实都告诉我们,必须坚持以人民为中心,关心和重视人民的现实需求。

习近平总书记曾言:"马克思主义博大精深,归根到底就是一句话,为人类求解放。"[1]作为一种科学的世界观和方法论,马克思主义最本质的属性就是人民性,无论是从作为其理论基点的"从事实际活动的人"来看,还是就作为其价值指向的"每个人的自由而全面发展"而言,对于"现实的人"的关切实际上一直作为一条逻辑主线贯穿其思想发展的始终,因而关于"人民之问"的最佳答案实际上就在马克思主义之中。而马克思主义对于"人民之问"的科学回答,其归根结底是要让作为我们国家最高领导的中国共产党始终代表最广大人民的根本利益,在推动中国特色社会主义事业不断向前发展的过程中坚持植根人民、依靠人民和造福人民。自中国特色社会主义进入新时代,无论是已经实现的全面建成小康社会的第一个百年奋斗目标,还是仍在路上的全面建成社会主义现代化强国的第二个百年奋斗目标,其最终指向都是人民过上更为美好的幸福生活。面对新时代的"人民之问",在科学世界观和方法论的指导之下,中国共产党在对"中国之问"进行的现实解答的过程中必须始终坚持以人民为中心,将人民立场作为

---

[1] 习近平:《在纪念马克思诞辰200周年大会上的讲话》,人民出版社2018年版,第8页。

自己的根本立场，把为人民谋幸福作为自己的初心和使命，坚持在发展中保障和改善民生，让中国特色社会主义的发展成果惠及全体人民，不断实现人民对美好生活的向往。

（四）马克思主义回答"时代之问"，是我们党解决重大时代课题，着眼推动马克思主义中国化时代化的理论指南

所谓"时代之问"，也即是在百年变局和世纪疫情相互交织下，中国和世界在发展过程中所面临的一系列亟待解决的新课题，具体地表现为中国与世界两个不同的维度的现实问题。就中国维度的"时代之问"而言，关键在于明确我们在当今时代应该举什么旗、走什么路，也即是说中国共产党要怎样带领中国人民进行伟大社会革命问题。就世界维度的"时代之问"而言，关键在于明确世界在当今时代的发展方向，也即是说如何推动整个世界继续向前发展的问题。而关于时代之问的科学回答必须建立在对于时代大势进行正确理解和把握的基础之上，这需要一种适应时代需要的新的世界观和方法论的科学导引。

习近平总书记曾言："更好把坚持马克思主义和发展马克思主义统一起来，坚持用马克思主义之'矢'去射新时代中国之'的'，继续推进马克思主义基本原理同中国具体实际相结合、同中华优秀传统文化相结合……续写马克思主义中国化时代化新篇章"[1]。事实上，作为一种科学的世界观和方法论，马克思主义在当今时代已经在其中国化和时代化的过程中衍化成了作为 21 世纪马克思主义的习近平新时代中国特色主义思想，这就为"时代之问"的科学回答提供了一种理论

---

[1] 习近平：《更好把握和运用党的百年奋斗历史经验》，《求是》2022 年第 13 期。

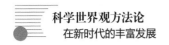

指南。

面对中国的"时代之问"，以习近平同志为主要代表的中国共产党人明确提出必须坚持和发展中国特色社会主义，对关系新时代党和国家事业发展的一些重大问题，如新时代坚持和发展什么样的中国特色社会主义、怎样坚持和发展中国特色社会主义，建设什么样的社会主义现代化强国、怎样建设社会主义现代化强国，建设什么样的长期执政的马克思主义政党、怎样建设长期执政的马克思主义政党提出一系列原创性的治国理政新理念新思想新战略。面对世界的"时代之问"，习近平总书记发出全球发展倡议、全球安全倡议和全球文明倡议，强调"我们要不畏浮云遮望眼，准确认识历史发展规律，不为一时一事所惑，不为风险所惧，勇敢面对挑战，向着构建人类命运共同体的目标勇毅前行"①。也就是说，习近平新时代中国特色社会主义思想科学回答了中国和世界的"时代之问"，为中国与世界在当今时代的发展指明了方向。

三、科学运用马克思主义世界观和方法论开辟马克思主义中国化时代化新境界

党的二十大报告明确指出："推进马克思主义中国化时代化是一个追求真理、揭示真理、笃行真理的过程。十八大以来，国内外形势

---

① 习近平：《把握时代潮流　缔造光明未来——在金砖国家工商论坛开幕式上的主旨演讲》，《人民日报》2022年6月23日。

新变化和实践新要求，迫切需要我们从理论和实践的结合上深入回答关系党和国家事业发展、党治国理政的一系列重大时代课题。我们党勇于进行理论探索和创新，以全新的视野深化对共产党执政规律、社会主义建设规律、人类社会发展规律的认识"①。这既体现了中国共产党人的一种理论自觉，又彰显了中国共产党日益提升的国家治理能力，能够推动我们科学运用马克思主义世界观和方法论开辟马克思主义中国化时代化新境界。

（一）坚持马克思主义世界观和方法论，科学认识共产党执政规律，推进马克思主义中国化时代化

所谓共产党执政规律，也即是共产党作为一个政党"在控制和行使政治权力过程中必须遵循的、反映政党政治本质和必然性的法则和客观要求"②，其关涉共产党在具体的执政活动中所体现出来的执政理念、执政方式和执政能力等相关要素。也就是说，作为执政主体的中国共产党必须在其执政过程中遵循共产党执政规律所包含的一定之规。事实上，共产党执政规律作为一种规律性的认识，其合法性在于作为执政者的中国共产党能否得到社会民众的广泛认同和拥护，探究共产党执政规律也即是揭示能够使作为执政者的中国共产党获得社会民众对其执政活动的认同和支持的各种因素之间的本质的、必然的、

---

① 习近平：《高举中国特色社会主义伟大旗帜　为全面建设社会主义现代化国家而团结奋斗——在中国共产党第二十次全国代表大会上的报告》，人民出版社 2022 年版，第 16—17 页。
② 王金水，徐敏华：《中国共产党对于执政规律的探索》，《当代世界与社会主义》2012 年第 4 期，第 64 页。

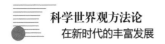

普遍的联系。

不难发现，中国共产党关于自身执政规律进行探索的过程实际上就是其不断推进马克思主义中国化时代化的过程。纵观中国共产党的百年奋斗历程，其对于执政规律的探索实际上从未停止过。在新中国成立之前的局部执政中，中国共产党一方面以确立人民群众的主体地位和维护人民群众的根本利益的方式去践行自身执政为民的理念，另一方面又为了获得和巩固广大人民群众的支持和拥护而不断加强自身的作风建设和思想建设。在社会主义革命和建设时期，以毛泽东同志为核心的党的中央领导集体围绕新生政权的巩固展开了对执政规律的进一步探索，一方面通过实行人民民主专政和加强人民监督的方式试图跳出执政者治乱兴衰的"历史周期率"，另一方面则是通过在党内发展民主集中制和加强作风建设来应对"赶考难题"。在改革开放和社会主义现代化建设新时期，以邓小平、江泽民、胡锦涛同志为核心的党的三代中央领导集体不断加强党风廉政建设和党的先进性建设，以保证中国共产党作为一个执政党的纯洁性和先进性。中国特色社会主义进入新时代，以习近平同志为核心的党的中央领导集体全面加强党的领导，提出了以党的自我革命的方式来跳出作为执政者治乱兴衰的"历史周期率"，永葆党作为执政党的生机与活力。习近平总书记曾言："善于把握规律是马克思主义学习型政党必须具有的科学精神和科学态度。规律是事物发展过程中的本质联系和必然趋势。任何政党要取得执政成效，都必须按客观规律办事"①。而要想形成关于中国共产党自身执政规律科学认识，就必须坚持马克思主义世界观和方法论毫不动摇。

（二）坚持马克思主义世界观和方法论，科学认识社会主义建设规律，推进马克思主义中国化时代化

所谓社会主义建设规律，也即是关于"什么是社会主义、怎样建设社会主义"这一关涉社会主义发展的根本性问题的一种规律性认识。习近平总书记曾言："一个国家、一个民族要振兴，就必须在历史前进的逻辑中前进、在时代发展的潮流中发展"②。也就是说，在习近平总书记看来，一个国家和民族的发展必须顺应时代潮流，遵循发展规律，充分发挥规律对于社会发展的引导和促进作用。事实上，无论是推动国家富强和民族振兴，还是提高中国共产党的国家治理水平，抑或是增强防范现实风险和化解复杂矛盾的实践能力，实际上都是建立在关于社会主义建设规律的科学认识的基础之上。也即是说，能否形成关于社会主义建设规律的科学认识，实际上决定着社会主义能否沿着一条正确的道路推动自身不断向前发展。

纵观中国共产党关于社会主义建设规律的探索，其大致可以分为三个不同的阶段。第一个阶段是自1956年社会主义制度确立至1978

① 习近平：《关于建设马克思主义学习型政党的几点学习体会和认识——在中央党校2009年秋季学期第二批进修班开学典礼上的讲话》，《今日中国论坛》2009年第（59—60）期，第9页。
② 习近平：《开放共创繁荣　创新引领未来——在博鳌亚洲论坛2018年年会开幕式上的主旨演讲》，《人民日报》2018年4月10日。

年改革开放之前，这一阶段的社会主义建设呈现出一种在曲折中前进的总体趋向，既有关于当时社会主义矛盾的正确理解和认识，又有因为经验不足而导致的关于社会主义建设速度的错误判断。第二个阶段是自 1978 年改革开放至 2012 年党的十八大召开之前，这一阶段对于关涉社会主义建设的根本问题进行了深入分析与研判，成功开创和拓展了一条中国特色的社会主义发展道路。第三个阶段是 2012 年党的十八大召开至今，随着中国特色社会主义进入新时代，以习近平同志为主要代表的中国共产党人科学回答了"新时代坚持和发展什么样的中国特色社会主义、怎样坚持和发展中国特色社会主义"重大时代课题，提出了一系列关于社会主义建设的原创性论断。

马克思主义作为一种科学的理论，"是我们认识世界、把握规律、追求真理、改造世界的强大思想武器"[1]。历史唯物主义作为马克思主义的重要组成部分，是关于人类社会历史发展一般规律的一门科学，其世界观和方法论揭示了人类社会历史发展的矛盾和动力，为我们深入社会主义建设的历程之中去探寻其所内蕴的发展规律提供了重要的理论支撑。也就是说，要想形成关于社会主义建设规律的科学认识，必须坚持马克思主义世界观和方法论毫不动摇。

（三）坚持马克思主义世界观和方法论，科学认识人类社会发展规律，推进马克思主义中国化时代化

所谓人类社会发展规律，也即是关于人类社会历史发展趋向的一

---

[1] 习近平：《在纪念马克思诞辰 200 周年大会上的讲话》，人民出版社 2018 年版，第 15 页。

般规律性认识，并非是直接呈现于世人的面前，而是内蕴于现实的社会历史之中，需要人们深入到社会历史表象的深处去挖掘隐藏在其背后的固有的、本质的和必然的联系。恩格斯曾言：“正像达尔文发现有机界的发展规律一样，马克思发现了人类历史的发展规律”①。也就是说，要想形成关于人类社会发展规律的科学认识，就必须回到马克思主义的理论视域，坚持马克思主义世界观和方法论的科学指导。

回到马克思主义的理论视域，人们在其现实的物质生产实践活动中生成了与其所处时代生产力发展水平相适应的生产关系，这些根本性的生产关系最终构成了整个社会经济体系的内在结构，其中既包括作为上层建筑的社会意识，又涵盖作为经济基础的社会存在，而在具体的社会经济发展过程中，作为上层建筑的社会意识是由作为经济基础的社会存在而决定的，并且二者之间的矛盾构成了整个人类社会历史变革和发展的内在动力。也就是说，人类社会发展规律深刻揭示了生产力与生产关系、经济基础与上层建筑之间矛盾运动以及由这些矛盾运动所形成的关于人类社会历史发展内在动力。换言之，人类社会发展规律实际上内在地包含着生产力与生产关系的矛盾运动规律、经济基础与上层建筑的矛盾运动规律，以及社会形态更替规律和社会发展的客观、必然趋势。

纵观马克思主义的发展历程，其关于社会发展规律的探索是一以贯之的。习近平总书记曾言：“学习马克思，就要学习和实践马克思

①《马克思恩格斯文集》第三卷，人民出版社 2009 年版，第 601 页。

主义关于人类社会发展规律的思想。"① 作为马克思主义的核心内容，历史唯物主义揭开了人类社会历史发展的奥秘，向人们说明了人类社会历史的发展实际上并非是不可捉摸的，而是有着其自身的客观规律。而能否形成关于这种人类社会历史发展客观规律科学认识，则是直接关涉人类社会历史发展的趋向和结果，影响我们在新时代能否推动党和国家不断向前发展。也就是说，要想形成关于人类社会发展规律的科学认识，必须坚持马克思主义世界观和方法论毫不动摇。

---

① 习近平：《在纪念马克思诞辰 200 周年大会上的讲话》，人民出版社 2018 年版，第 16 页。

第三章
坚持和发展马克思主义
必须同中国具体实际相结合

　　马克思主义揭示了人类社会发展规律，是认识世界、改造世界的科学真理。同时，坚持和发展马克思主义，从理论到实践都需要全世界的马克思主义者进行极为艰巨、极具挑战性的努力。党的二十大报告指出："中国共产党人深刻认识到，只有把马克思主义基本原理同中国具体实际相结合、同中华优秀传统文化相结合，坚持运用辩证唯物主义和历史唯物主义，才能正确回答时代和实践提出的重大问题，才能始终保持马克思主义的蓬勃生机和旺盛活力。"① 报告鲜明指出了"两个结合"是新时代推动党的理论创新、不断开辟马克思主义中国化时代化新境界的根本路径。其中，坚持把马克思主义基本原理

---

① 习近平：《高举中国特色社会主义伟大旗帜　为全面建设社会主义现代化国家而团结奋斗——在中国共产党第二十次全国代表大会上的报告》，人民出版社 2022 年版，第 17 页。

同中国具体实际相结合是中国共产党一百多年来发展中一条宝贵的经验，是党的事业不断成功的法宝。这一结合必须坚持以马克思主义为指导、科学把握中国的具体实际，把握结合方式、找准正确结合点、推进结合的理论成果从而实现结合的根本目的。

一、坚持以马克思主义为指导

恩格斯说过："一个民族要想站在科学的最高峰，就一刻也不能没有理论思维。"中华民族要实现伟大复兴，也同样一刻不能没有理论思维。马克思主义始终是我们党和国家的指导思想，是我们认识世界、把握规律、追求真理、改造世界的强大思想武器。拥有马克思主义科学理论指导是我们党坚定信仰信念、把握历史主动的根本所在。

（一）科学回答什么是马克思主义是坚持以马克思主义为指导的首要问题

行为的自觉性、主动性、坚定性来源于理论的系统性、科学性和彻底性。一个理论的当代价值取决于它的真理性含量，决定于它是否具有与时俱进的理论张力，特别是决定于它的本质特征和内容是否符合时代需要。在人类思想史上，就科学性、真理性、影响力、传播面而言，没有一种思想理论能达到马克思主义的高度，也没有一种学说能像马克思主义那样对世界产生如此巨大的影响。科学回答什么是马克思主义，坚持以完整准确的马克思主义为指导是科学把握马克思主义的首要基本问题。

以完整准确的马克思主义为指导必须坚持马克思主义的本质规定性。马克思主义的本质规定性直接体现了马克思主义的实质。坚持马克思主义，最根本的就是要坚持马克思主义的本质规定性。一是坚持辩证唯物主义和历史唯物主义的世界观和方法论，这是马克思主义最根本的理论特征；二是坚持为建设社会主义和实现共产主义而奋斗，这是马克思主义最崇高的社会理想；三是坚持为无产阶级和广大人民群众谋利益，这是马克思主义最鲜明的政治立场；四是坚持一切从实际出发，理论联系实际，实事求是，在实践中检验真理和发展真理，这是马克思主义最重要的理论品质。① 这四点是马克思主义的内在本质规定性，是区分真假马克思主义的分水岭和试金石，也是揭示马克思主义中国化不断实现理论创新的客观规律的关键所在。我们通常所说的"一脉相承"的"脉"主要就体现在这几方面，"不丢老祖宗"主要也是指不能丢掉这几条根本原理。

以完整准确的马克思主义为指导必须坚持马克思主义的基本原理。一切划时代的体系的真正的内容都是由于产生这些体系的那个时期的需要而形成起来的。任何一种思想体系或是学科，都有属于自己的基本原理或者说是基本思想。它决定该学说的本质和学科的性质。马克思主义作为一个科学体系，它当然包括自己的基本概念、范畴、命题和基本原理。马克思主义基本原理是马克思主义作为科学体系的理论支撑。马克思主义基本原理分属于马克思主义哲学、马克思主义

---

① 中共中央文献研究室编：《十六大以来重要文献选编（上）》，中央文献出版社 2001 年版，第 362—365 页。

政治经济学和科学社会主义理论，又从属于马克思主义学说整体，彼此从理论上相互支撑、相互渗透。马克思主义哲学原理，揭示的自然、社会和人类思维的普遍规律，构成了马克思主义中具有最大普遍性的规律。马克思主义的经济学说，从广义上揭示了人类社会经济发展的普遍规律，从狭义上揭示了资本主义运行的特殊规律。马克思主义的科学社会主义学说，是关于无产阶级的解放条件和规律的学说，为人类指明了从必然王国向自由王国飞跃的途径，为人民指明了实现自由和解放的道路。对这些基本原理，要结合不断发展的社会生活作出科学阐释，在发展中坚持马克思主义基本原理。

以完整准确的马克思主义为指导必须坚持马克思主义的基本特征。马克思主义的基本特征是马克思主义的本质规定和基本原理的外在表现，是马克思主义与其他思想体系根本区别的标志。习近平总书记在纪念马克思诞辰 200 周年大会上的讲话中指出：马克思创建了唯物史观和剩余价值学说，揭示了人类社会发展的一般规律，揭示了资本主义运行的特殊规律，为人类指明了从必然王国向自由王国飞跃的途径，为人民指明了实现自由和解放的道路。马克思主义是科学的理论，创造性地揭示了人类社会发展规律。马克思主义是人民的理论，第一次创立了人民实现自身解放的思想体系。马克思主义是实践的理论，指引着人民改造世界的行动。

马克思主义的本质规定性、基本原理和基本特征相辅相成、内在统一。只有坚持马克思主义的本质规定性，坚持马克思主义的基本原理和基本特征，才能完整准确地理解和把握马克思主义的科学体系。

（二）科学对待马克思主义是坚持以马克思主义为指导的核心问题

要以系统观思维掌握马克思主义的整体性。要科学对待马克思主义基本原理，不仅要分别掌握其原理，而且要把马克思主义作为一个不可分割的整体，懂得它们如何在理论上、在逻辑上相互支撑。马克思主义哲学作为世界观和方法论，为整体的马克思主义提供世界观和方法论基础。如果不能充分认识马克思主义哲学的世界观和方法论，拒斥历史唯物主义和辩证唯物主义，就会在一定程度上使马克思主义的经济学说失去它的历史宏阔视野和辩证分析认识的根据，沦为非马克思主义的学说，而社会主义学说也不会是科学社会主义学说。无产阶级和人类解放学说是马克思主义社会主义学说追求的最终目标，也是贯穿马克思主义哲学和经济学说的主题和使命。如果马克思主义哲学和马克思主义政治经济学不为人类解放事业服务，丧失了人民立场，那它就不再是马克思主义哲学和马克思主义政治经济学，而成为经院哲学、新自由主义经济学的附庸。正如列宁所说，马克思主义是"一块整钢"。

要坚持和巩固马克思主义在意识形态领域的指导地位。意识形态工作是为国家立心、为民族立魂的工作，事关党的前途命运，事关国家长治久安，事关民族凝聚力和向心力。马克思主义是我们立党立国、兴党兴国的根本指导思想，是社会主义意识形态的旗帜和灵魂。要把马克思主义在意识形态领域指导地位的根本制度贯穿到文化建设各方面，体现到坚持正确的政治方向、舆论导向、价值取向上。习近平新时代中国特色社会主义思想是当代中国马克思主义、二十一世纪马克思主义，是中华文化和中国精神的时代精华，是新时代坚持和发展中国特色社会主义的行动指南。要持续加强理论武装工作，健全用党的创新理论武装全党、教育人民、指导实践工作体系，推动习近平新时代中国特色社会主义思想深入人心，转化为认识世界、改造世界的强大力量。

要不断丰富发展马克思主义。坚持和发展马克思主义是辩证统一的，应在坚持中发展，在发展中更好地坚持。回顾党的百年奋斗历程可以发现，中国共产党之所以能够历经艰难困苦而不断发展壮大，很重要的一个原因就是我们党始终重视思想建党、理论强党，使全党始终保持统一思想、坚定意志、协调行动、强大战斗力。恩格斯深刻指出："马克思的整个世界观不是教义，而是方法。它提供的不是现成的教条，而是进一步研究的出发点和供这种研究使用的方法。"恩格斯还指出，我们的理论"是一种历史的产物，它在不同的时代具有完全不同的形式，同时具有完全不同的内容"。科学社会主义基本原则不能丢，丢了就不是社会主义。同时，科学社会主义也绝不是一成不变的教条。理论的生命力在于不断创新，推动马克思主义不断发展是中国共产党人的神圣职责。要坚持用马克思主义观察时代、解读时代、引领时代，用鲜活丰富的当代中国实践来推动马克思主义发展。

（三）科学运用马克思主义是坚持以马克思主义为指导的关键问题

马克思明确说："理论在一个国家的实现程度，总是决定于理论满足这个国家的需要的程度。"①恩格斯也说道，马克思主义的基本原理"整个来说直到现在还是完全正确的"，但是"基本原理的实际运用"，"随时随地都要以当时的历史条件为转移"。②只要"把它运用于现时代，一个强大的、一切时代中最强大的革命远景就会立即展现在我们面前"。

坚持以马克思主义为指导，就是要学习和运用辩证唯物主义和历史唯物主义。只有坚持辩证唯物主义和历史唯物主义，才能不断把对中国特色社会主义规律的认识提高到新的水平。学习和运用辩证唯物主义，就要掌握世界统一于物质、物质决定意识的原理，坚持从客观实际出发制定政策、推动工作；掌握事物矛盾运动的基本原理，不断强化问题意识，积极面对和化解前进中遇到的矛盾；掌握唯物辩证法的根本方法，不断增强辩证思维能力，提高驾驭复杂局面、处理复杂问题的本领；掌握认识和实践辩证关系的原理，坚持实践第一的观点，不断推进实践基础上的理论创新。学习和运用历史唯物主义，就要掌握社会基本矛盾分析法，把生产力和生产关系的矛盾运动同经济基础和上层建筑的矛盾运动结合起来观察，把社会基本矛盾作为一个整体来观察，全面把握整个社会的基本面貌和发展方向；掌握物质生产是社会生活的基础的观点，推动我国社会生产力不断向前发展，实现物的不断丰富和人的全面发展的统一；掌握人民是历史创造者的观点，坚持以人民为中心，做到发展为了人民、发展依靠人民、发展成果由

①《马克思恩格斯选集》第一卷，人民出版社1995年版，第11页。
②《马克思恩格斯文集》第七卷，人民出版社2009年版，第5页。

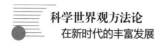

人民共享。

坚持解放思想、实事求是、与时俱进、求真务实。实事求是，是对党的思想路线的集中概括，是党的基本思想方法、工作方法、领导方法。习近平总书记强调："坚持实事求是，就是坚持一切从实际出发来研究和解决问题，坚持理论联系实际来制定和形成指导实践发展的正确路线方针政策，坚持在实践中检验真理和发展真理。"坚持实事求是，基础在于搞清楚"实事"，就是了解实际、掌握实情；关键在于"求是"，就是探求和掌握事物发展的规律。实践反复证明，能不能做到实事求是，是党和国家各项工作成败的关键。一百多年来，我们党坚持解放思想和实事求是相统一、培元固本和守正创新相统一，不断开辟马克思主义新境界，创立和形成了毛泽东思想、邓小平理论、"三个代表"重要思想、科学发展观，创立了习近平新时代中国特色社会主义思想，为党和人民事业发展提供了科学理论指导。我们党的历史，就是一部不断推进马克思主义中国化的历史，就是一部不断推进理论创新、进行理论创造的历史。实践没有止境，理论创新也没有止境。不断谱写马克思主义中国化时代化新篇章，是当代中国共产党人的庄严历史责任。我们坚持以马克思主义为指导，是要运用其科学的世界观和方法论解决中国的问题，而不是要背诵和重复其具体结论和词句，更不能把马克思主义当成一成不变的教条。要一切从实际出发，着眼解决新时代改革开放和社会主义现代化建设的实际问题，不断回答中国之问、世界之问、人民之问、时代之问，作出符合中国实际和时代要求的正确回答，得出符合客观规律的科学认识，形成与时俱进的理论成果，更好指导中国实践。

继续推进实践基础上的理论创新，要把握好习近平新时代中国特色社会主义思想的世界观和方法论，坚持好、运用好贯穿其中的立场观点方法。习近平新时代中国特色社会主义思想坚持辩证唯物主义和历史唯物主义，进一步深化了对共产党执政规律、社会主义建设规律、人类社会发展规律的认识，为我们改造主观世界和客观世界提供了锐利武器。要把握好习近平新时代中国特色社会主义思想的世界观和方法论，坚持好、运用好贯穿其中的立场观点方法，更好领会党的创新理论的精髓要义，使自己的思维方式和精神世界更好适应事业发展需要，使各项工作朝着正确方向、按照客观规律推进。对此，党的二十大报告从6个方面进行了概括和阐述，强调必须坚持人民至上、必须坚持自信自立、必须坚持守正创新、必须坚持问题导向、必须坚持系统观念、必须坚持胸怀天下。这"六个必须坚持"体现了习近平新时代中国特色社会主义思想的核心要求。要增强政治自觉、思想自觉和行动自觉，坚持不懈用习近平新时代中国特色社会主义思想武装头脑、指导实践、推动工作，全面准确领会其丰富内涵、思想体系和实践要求，把这一思想贯彻落实到党和国家工作各方面全过程。

二、科学把握中国的具体实际

把马克思主义基本原理同中国具体实际相结合，就是坚持以马克思主义为指导，从中国实际出发，求出事物固有的本质和规律，作为我们行动的向导。这就是对党的实事求是思想路线的坚持，是对马克思主义理论联系实际优良学风的坚持，是坚持以我们正在做的事情为中心，着眼于马克思主义理论的运用，着眼于对实际问题的理论思考，着眼于新的实践和新的发展。为此，我们要反对实践脱离科学理论的经验主义，还要反对理论脱离实际的教条主义，科学把握中国的具体实际。只有这样，才能达到主观和客观、理论和实践、知和行的具体的历史的统一。

（一）尊重和学习中国的历史实际是科学把握中国具体实际的历史起点

一切向前走，都不能忘记走过的路，走得再远、走到再光辉的未来，也不能忘记走过的过去，不能忘记为什么出发。中国实际是马克思主义在中国生根开花结果的沃土。脱离了中国实际，马克思主义中国化就成了无本之木。如果没有对中国具体历史实际的准确判断和科学把握，同样不能实现马克思主义基本原理与中国具体实际的科学结合。

中华文明源远流长、博大精深，是中华民族独特的精神标识，是当代中国文化的根基，是维系全世界华人的精神纽带，也是中国文化创新的宝藏。马克思说："凡是民族作为民族所做的事情，都是他们为人类社会而做的事情。"在漫长的历史进程中，中华民族以自强不息的决心和意志，筚路蓝缕，跋山涉水，走过了不同于世界其他文明体的发展历程。中华民族具有尊史、学史、用史的优良传统，是以史育人资政、以史治国安邦的民族。对具有五千多年悠长历史和灿烂文明的中华民族而言，历史自然是信仰和精神的家园。

出乎史，入乎道。欲知大道，必先为史。中国共产党历来用历史唯物主义的立场观点方法看待中华民族历史。毛泽东指出："我们这个伟大民族数千年的历史，有它的发展法则，有它的民族特点，有它的许多珍贵品。"它是维系中华民族团结奋斗的强大精神力量。"继承遗产，转过来就变为方法，对于指导当前的伟大运动，是有着重要的帮助的。"①针对党内脱离中国历史实际来学习运用马克思主义的教条主义倾向，毛泽东明确强调："必须将马克思主义的普遍真理"，"和民族的特点相结合，经过一定的民族形式，才有用处，决不能主观地公式地应用它"。"公式的马克思主义者"，"在中国革命队伍中是没有他们的位置的"。②历史是最好的教科书。我们党历来重视党史学习教育，注重用党的奋斗历程和伟大成就鼓舞斗志、明确方向，用党的光荣传统和优良作风坚定信念、凝聚力量，用党的实践创造和历史经验启迪智慧、砥砺品格。

认真学习历史，善于总结历史经验，弘扬民族精神和时代精神，是增强文化自信的重要途径。只有透过历史的表象，探寻历史长河中的规律性认识，才能真正揭示中华民族能够迎来从站起来、富起来到强起来伟大飞跃的根本原因，才能使文化自信具有深厚根基。党的十八大以来，以习近平同志为核心的党中央高度重视历史的学习，多次强调要学习党史、新中国史，并对世界社会主义五百年的历史作出深刻阐述、对改革开放的历史进行了系统总结。"四史"学习过程中，

---

① 《中共中央文件选集》第十一册，中共中央党校出版社1991年版，第658页。
② 《毛泽东选集》第二卷，人民出版社1991年版，第707页。

我们积累了丰富的经验，这是我们增强文化自信的有力保障。对历史进程的认识越全面，对历史规律的把握越深刻，党的历史智慧越丰富，对前途的掌握就越主动。

（二）正确认识社会的主要矛盾是科学把握中国具体实际的逻辑起点

在马克思主义唯物史观视野中，人类社会发展规律从根本上讲即是社会基本矛盾运动规律，而社会基本矛盾运动往往表现为一定社会发展阶段的社会主要矛盾。习近平指出："党的百年奋斗历程告诉我们，党和人民事业能不能沿着正确方向前进，取决于我们能否正确认识和把握社会主要矛盾、确定中心任务。什么时候社会主要矛盾和中心任务判断准确，党和人民事业就顺利发展，否则党和人民事业就会遭受挫折。"[1] 准确判断和把握社会主要矛盾，体现着中国共产党对辩证唯物主义和历史唯物主义的立场观点方法，特别是对马克思主义矛盾学说的自觉运用，是事关党和国家各项事业和工作顺利开展的重大政治判断，是百年来中国共产党的一项重大理论贡献，是科学把握中国具体实际的逻辑起点。

我们党在革命、建设、改革的历史进程中，坚持从我国实际出发，在社会各种矛盾中抓住主要矛盾，并围绕主要矛盾制定正确的方针政策，部署党的中心工作，积累了运用马克思主义矛盾学说解决中国具体问题的成功经验。新民主主义革命时期，中国对外的民族革命的主要任务是推翻帝国主义侵略，对内的民主革命的主要任务是推翻封建

---

[1]《习近平谈治国理政》第四卷，外文出版社 2022 年版，第 30 页。

地主阶级的压迫。我国社会主要矛盾成为帝国主义和中华民族的矛盾、封建主义和人民大众的矛盾。社会主义革命和建设时期，我国社会主要矛盾是人民对于建立先进的工业国的要求同落后的农业国的现实之间的矛盾，是人民对于经济文化迅速发展的需要同当前经济文化不能满足人民需要的状况之间的矛盾。这一矛盾的实质，是在我国社会主义制度已经建立的情况下，先进的社会主义制度同落后的社会生产力之间的矛盾。改革开放和社会主义现代化建设新时期，我们党重新肯定了党的八大对社会主要矛盾的提法，并经过精练，提出我国社会主要矛盾是人民日益增长的物质文化需要同落后的社会生产之间的矛盾。

党的十八大以来，为实现"两个一百年"奋斗目标和中华民族伟大复兴，我们党统筹推进"五位一体"总体布局、协调推进"四个全面"战略布局，带领中国人民持续奋斗，正在信心百倍推进中华民族从站起来、富起来到强起来的伟大飞跃。我国社会生产力水平总体上显著提高，人民生活水平显著提高，需求日益广泛。我国已经从全面短缺时代走到结构性过剩时代，再讲"落后的社会生产"已不符合实际，人民的需要也已经超出了"物质文化"的范畴，只讲"物质文化需要"已不能真实全面反映人民意愿。基于此，党的十九大作出了"我国社会主要矛盾已经转化为人民日益增长的美好生活需要和不平衡不充分的发展之间的矛盾"的重大论断。这个判断集中回应了当前我国所面临的主要问题，是党对社会主要矛盾理论认识上的重大创新，深化了党对社会主义矛盾运动规律的认识。正确认识我国社会主要矛盾，是中国特色社会主义进入新时代最根本的依据。这一矛盾转化对党和国家工作提出了全新要求，也成为制定新时代战略规划的基本遵循。

（三）准确判断世界的时代特征是科学把握中国具体实际的客观要求

时代特征是时代精神状态的最实际的表现，是反映时代发展现状和发展趋势最客观的存在。中国是世界的有机组成部分，新时代新征程中国特色社会主义现代化建设离不开时代背景和世界形势的影响。因此，科学把握国际形势特征和时代主题，对世界发展趋势和发展规律作出正确研判，是马克思主义同中国实际科学结合的客观要求。

当前，全球经济政治格局正在发生显著而深刻的变化，世界正在经历新一轮大发展、大变革、大调整。党中央强调，我们要"统筹把握中华民族伟大复兴战略全局和世界百年未有之大变局"。从总体来看，"两个大局"是辩证统一的，中华民族伟大复兴是世界百年未有之大变局的一部分，是世界百年未有之大变局的关键性变量。在大变局的时代背景下，大国之间的竞争与博弈进入新阶段，西方国家内部出现明显分化，世界多极化步伐不可阻挡。世界百年未有之大变局，主要是指今日之世界体系和国际格局正在发生深刻的调整与变革，这是世界之变、时代之变、历史之变。大变局意味着全局性和根本性的转变。国际规则在合作与斗争中被不断重塑。在此过程中，世界地缘经济与地缘政治重心"东升西降"，"东西矛盾"由过去的"西强东弱"在"东升西降"的过程中转向如今的"东西平视"。

新一轮科技革命和产业变革深入发展。从历史上看，18世纪至今，人类社会先后完成了三次工业（科技）革命，每一次都带来了世界产业链的大转移、国际格局的大调整和生活方式的大变革。第四次科技革命表现为多种重大颠覆性技术持续涌现、科技成果转化高速增长、产业组织形式和利益结构更具垄断性，科技的突破随之带给世界的是不确定性的增加。

同时，世纪疫情影响深远，逆全球化思潮抬头，单边主义、保护主义明显上升，世界经济复苏乏力，局部冲突和动荡频发，全球性问题加剧。世界进入新的动荡变革期的同时，全球治理体系变革也在加速推进。由帝国主义国家按照自己的意志建立起来的以霸权主义、强权政治、压榨掠夺为特征的国际政治经济旧秩序正在日益受到质疑和挑战，解决国际争端的乏力日益呼唤国际政治经济新秩序，中国提出的共商、共建、共享的全球治理观正为越来越多的国家所认同。

我们要准确把握时代大势，勇于站在人类发展前沿，回应现实需要，更好把坚持马克思主义和发展马克思主义统一起来，坚持用马克思主义之"矢"去射新时代中国之"的"，继续推进马克思主义基本原理同中国具体实际相结合、同中华优秀传统文化相结合，使马克思主义呈现出更多中国特色、中国风格、中国气派。

三、不断推进马克思主义基本原理同中国具体实际相结合

当代中国正在经历人类历史上最为宏大而独特的实践创新，改革发展稳定任务之重、矛盾风险挑战之多、治国理政考验之大都前所未

有，世界百年未有之大变局深刻变化前所未有，提出了大量亟待回答的理论和实践课题。推进马克思主义中国化时代化的任务不是轻了，而是更重了。不断推进马克思主义基本原理同中国具体实际相结合，更要准确把握结合方式、找准正确结合点、推进结合的理论成果从而实现结合的根本目的。"结合"本身就是一个不断发展的历史过程，要通过总结历史经验、研究"结合"的过程去探讨"结合"的规律，从而掌握历史主动。

（一）准确把握结合的方式

"结合"的方式不同，所产生的结果自然不同。如果在"结合"的方式上出现问题，就会表现为两种错误倾向：一种是教条主义的错误。简单背诵、重复或运用马克思主义基本原理的具体结论和词句，把马克思主义当成一成不变的教条，只"唯书"不"唯实"，对现实缺乏具体深入的分析，而只是从"本本"中寻求解释。另一种是经验主义的错误。经验主义者片面夸大感性经验的作用，轻视马克思主义理论的指导作用，把对理论的经验化理解和自身已有的感性经验相结合，把局部经验当作普遍真理，在这种情况下，都会使人感到似乎既不拒绝理论又不脱离实际。然而，恰恰都是从被曲解了的主观认识出发，处理一切问题都超不出自己狭隘经验的眼光。这两种认识论上的错误都在"结合"的过程中违背了感性认识与理性认识、实践与理论、矛盾的普遍性与矛盾的特殊性的辩证统一，都会给实际工作带来危害。

纵观一百多年的发展历程，中国共产党带领全国各族人民实现马克思主义基本原理同中国具体实际相结合的过程，就是从理论自觉到实践探索到成功实现的发展过程，就是理论指导实践、推动实践前进和实践检验理论、推动理论发展相统一的过程，就是坚持马克思主义为指导同推进马克思主义中国化相统一的过程。这一成功"结合"的结果是互相成就，同时打开了创新空间，让我们掌握了思想和文化的主动。

（二）找准正确的结合点

问题是时代的声音。坚持问题导向是马克思主义的鲜明特点，回答并指导解决问题是理论的根本任务。这就要求我们必须以现在正在做的事情为中心，要从历史与现实相贯通、理论与实际相结合、国际与国内相关联的宽阔视角，聚焦新时代我国发展面临的重大理论和实践问题、改革发展稳定存在的深层次问题，以实现马克思主义基本原理同中国实际新的结合。

要深入群众发现真问题。新时代新征程，尽管世情国情党情民情一直在变化，但我们党走群众路线的初心没有变。要坚持从群众来、到群众中去，真诚倾听群众所想所盼、真心对群众负责、诚心接受群众监督，真正发现群众的烦心事操心事揪心事、反映群众的意见建议、总结群众的成功经验。"民生无小事，枝叶总关情"，群众的事情再小也是大事。党员干部想问题、做决策、办事情要从一件件"小事"抓起，关心群众急难愁盼问题，从中发现和查找工作中的差距不足，创造更多经得起实践、人民、历史检验的实干业绩，提升群众获得感、幸福感、安全感。

要坚持系统观念发现大问题。系统观念是马克思主义认识论和方法论的基本观点，是决定调查研究能否扎实有效推进、取得高质量成果的关键所在。经济社会发展是一个系统工程，调查研究涉及方方面面的工作。要把系统观念贯穿始终，突出系统性、整体性、协同性。坚持用普遍联系、全面系统、发展变化的观点观察事物、看待问题，增强大局观念，从而把整体与部分、系统与要素结合好，做到统筹兼顾、主次分明，真正把情况摸清楚、把问题解决好、把群众服务好。

把调查研究成果转化为治国理政的智慧。调研成果是促进调查研究持续深入的一项重要因素。对调查研究得来的大量和零散的材料，通过去粗取精、去伪存真、由此及彼、由表及里的思考、分析、综合，使之系统化、条理化，保证调查成果的真实性、准确性、实用性。对经过实践证明行之有效的调查成果及时总结提炼，加以宣传推广；对经过充分研究、比较成熟的调查成果，及时上升为决策部署，转化为具体措施，在政策制度层面明确下来；对尚未研究透彻的调查成果，经过更深入的集思广益，找准根源和症结，最后付诸行动。

（三）推进结合的理论成果

推进马克思主义中国化时代化是一个追求真理、揭示真理、笃行真理的过程。在革命斗争中，以毛泽东同志为主要代表的中国共产党人，把马克思列宁主义基本原理同中国革命的具体实践相结合，对经过艰苦探索、付出巨大牺牲积累的一系列独创性经验做了理论概括，创立了毛泽东思想。在社会主义革命和建设时期，毛泽东同志提出把马克思列宁主义基本原理同当代中国具体实践进行"第二次结合"，结合新的实际丰富和发展了毛泽东思想，实现了马克思主义中国化的第一次历史性飞跃。在改革开放和社会主义现代化建设新时期，党深刻认识到，开创改革开放和社会主义现代化建设新局面，必须以理论创新引领事业发展。中国特色社会主义理论体系的形成，实现了马克思主义中国化新的飞跃。

中国特色社会主义进入新时代，习近平同志对关系新时代党和国家事业发展的一系列重大理论和实践问题进行了深邃思考和科学判断，就新时代坚持和发展什么样的中国特色社会主义、怎样坚持和发展中国特色社会主义，建设什么样的社会主义现代化强国、怎样建设社会主义现代化强国，建设什么样的长期执政的马克思主义政党、怎样建设长期执政的马克思主义政党等重大时代课题，提出一系列原创性的治国理政新理念新思想新战略。以习近平同志为主要代表的中国共产党人，坚持把马克思主义基本原理同中国具体实际相结合、同中华优秀传统文化相结合，创立了习近平新时代中国特色社会主义思想。习近平新时代中国特色社会主义思想是当代中国马克思主义、21 世纪马克思主义，是中华文化和中国精神的时代精华，实现了马克思主义中国化新的飞跃。

"实践告诉我们，中国共产党为什么能，中国特色社会主义为什么好，归根到底是马克思主义行，是中国化时代化的马克思主义行。"[1]党的二十大作出的这一重大判断，向我们深刻揭示了中国共产党"能"、

---

[1] 习近平：《高举中国特色社会主义伟大旗帜　为全面建设社会主义现代化国家而团结奋斗——在中国共产党第二十次全国代表大会上的报告》，人民出版社 2022 年版，第 16 页。

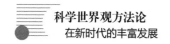

中国特色社会主义"好"、马克思主义"行"的逻辑关系。这一重大判断带领我们迈进历史长河，走进理论深处，揭示了中国化时代化的马克思主义"行"的历史地位和时代价值，展现了中国共产党人对中国化时代化的马克思主义的高度理论自信和理论自觉。亦对我们提出了坚持"两个结合"、以中国式现代化全面推进中华民族伟大复兴的理论指引和实践要求。

（四）实现结合的根本目的

坚持以人民为中心是新时代坚持和发展中国特色社会主义的根本立场。为民造福是立党为公、执政为民的本质要求，人民对美好生活的向往就是我们的奋斗目标。马克思主义基本原理同中国具体实际相结合，结合的效果要由人民来评判。最终都要看人民是否真正得到了实惠，人民生活是否真正得到了改善，人民权益是否真正得到了保障。

群众路线是我们党始终坚持的根本工作方法。马克思主义基本原理同中国具体实际相结合的过程中，要坚持走群众路线，不论过去、现在和将来，都要坚持一切为了群众，一切依靠群众，从群众中来，到群众中去，把党的正确主张变为群众的自觉行动，把群众路线贯彻到治国理政全部工作之中。要充分调动人民积极性，充分尊重人民所表达的意愿、所创造的经验、所拥有的权利、所发挥的作用，自觉拜人民为师，向能者求教，向智者问策。

现在，已经到了推动共同富裕取得更为明显的实质性进展的历史阶段。要在"结合"的过程中把握新发展阶段的新变化，要通过全国人民共同努力把"蛋糕"做大做好，然后通过合理的制度安排正确处理增长和分配关系，把"蛋糕"切好分好，让人民群众真真切切感受到共同富裕不仅仅是一个口号，而是看得见、摸得着、真实可感的事实。在高质量发展中促进共同富裕，促进社会公平正义，促进人的全面发展，使全体人民朝着共同富裕目标扎实推进，始终把满足人民对美好生活的新期待作为发展的出发点和落脚点，在实现现代化过程中不断满足人民对美好生活的新期待，真正实现"结合"的目的。

第四章
坚持和发展马克思主义
必须同中华优秀传统文化相结合

再好的种子，想要成长壮大，也离不开良田沃土。马克思主义只有植根本国、本民族历史文化沃土，真理之树才能根深叶茂。马克思主义基本原理同中华优秀传统文化高度契合，可以有机"结合"，达到相互成就。佛教产生在印度但却在中国被发扬光大，马克思主义也因为这片文化沃土的滋养，得以在中国呈现为不断发展的当代社会主义新形态。古老的中华文明也因马克思主义的激活，焕发出新的勃勃生机，走向现代文明。中国共产党人勇担历史重任，把马克思主义同中华优秀传统文化贯通交融，不断开辟马克思主义中国化时代化新境界。

一、马克思主义同中华优秀传统文化相结合的理论基础

（一）马克思主义发展壮大的过程也是与具体民族历史文化相结合的过程

马克思主义的创立犹如壮丽的日出，照亮了人类探索历史规律和寻求自身解放的道路，自此风起云涌的社会主义运动对全球历史的进程产生了持续而深远的影响，马克思主义也在这一进程中不断同具体民族的历史文化相结合，并在实践中不断得到丰富、发展和完善。但是，各国的社会主义运动都有各自特定的社会历史条件，为了实现社会主义的共同目标，完全可以，也切实需要采取不同的形式，马克思主义发展壮大的过程也是与具体民族历史文化相结合的过程。

"十月革命是俄国革命的民族形式。"俄国是作为后起者步入帝国主义国家行列的，它以沙皇专制制度为基础，保留了许多封建残余。在俄国资本主义的发展过程中，不仅国内矛盾尖锐，对外扩张也激起了落后国家和民族的强烈反抗，使俄国成为帝国主义所有矛盾的交汇点，成为世界帝国主义统治链条中最为薄弱的一环。马克思恩格斯曾在《共产党宣言》1882年俄文第二版序言中说，曾几何时，沙皇俄国还被视为阻碍欧洲前进的反革命堡垒，而现在"俄国已是欧洲革命运动的先进部队了"。在阐述俄国应如何根据《共产党宣言》的基本原理来解决所面临的历史任务时，恩格斯还提到俄国农村公社问题："俄国公社，这一固然已经大遭破坏的原始土地公共占有形式，是能够直接过渡到高级的共产主义的公共占有形式呢？或者相反，它还必须先

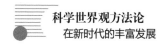

经历西方的历史发展所经历的那个瓦解过程呢？"他回答说："假如俄国革命将成为西方无产阶级革命的信号而双方互相补充的话，那么现今的俄国土地公有制便能成为共产主义发展的起点"。恩格斯在这里所补充进《共产党宣言》的这一论断后来被十月革命完全证实。

列宁把马克思主义原理和俄国的历史文化传统相结合，用科学的帝国主义理论回答时代之变，用建立新型无产阶级政党的理论回答工人阶级"怎么办"，用一国或数国首先胜利的理论指明俄国社会主义革命道路，用间接过渡的方式表明经济文化相对落后国家向社会主义过渡的办法，用关于殖民地和民族解放运动的理论回答了帝国主义时代经济文化相对落后国家的出路问题，将马克思主义整体推进到马克思列宁主义阶段。

马克思主义经典作家也关注过中国的情况，他们强烈谴责帝国主义对中国的侵略，同情中国人民所作的坚决抗争，而且对中国社会的未来寄予极大希望。马克思认为资本主义征服中国的同时，也将促进欧洲和美洲资本主义的崩溃。恩格斯在 1857 年 5 月发表的《波斯和中国》中也提道，"中国人发起全民战争"定会创造奇迹，并预言"过不了多少年，我们就会亲眼看到世界上最古老的帝国的垂死挣扎，看到整个亚洲新纪元的曙光"。

显然，中国的历史文化传统既不同于马克思主义诞生地西欧，也不同于十月革命的诞生地俄国。作为一个有着独特历史文化传统的东方大国，马克思主义同中国革命实践以及中华优秀传统文化结合的过程不是一蹴而就的，而是经历了一个复杂的认识和长期的探索过程。

毛泽东思想正是中国革命思想的民族表达，是马克思主义同中华优秀传统文化相结合的第一个伟大成果。中国共产党成立之初，曾出现过陈独秀右倾机会主义路线，后来又发生了以王明为代表的"左"倾教条主义错误，脱离中国实际，照搬国外现成经验，使中国革命遭到严重挫折。毛泽东思想是在与各种错误路线的斗争中，在坚持把马克思主义基本原理同中国革命具体实践、同中华优秀传统文化相结合的过程中，深刻总结历史经验形成和发展起来的。

马克思主义与不同民族历史文化结合的进程没有止境。马克思主义从来不是一成不变的教条，而是提供进一步研究的出发点和供这种研究使用的方法。恩格斯晚年强调，马克思主义是"不断发展论者"。脱离开具体民族的历史文化背景的社会主义运动，不仅会让马克思主义失去生命力和吸引力，而且会败坏马克思主义的声誉，大话、空话和谎言盛行，只会使正义蒙羞。正如习近平总书记强调的，在坚持马克思主义指导地位这一根本问题上，我们必须坚定不移，任何时候任何情况下都不能有丝毫动摇。同时，"马克思主义并没有结束真理，而是开辟了通向真理的道路"。[①]世界社会主义运动的实践也充分证明，只有植根本国本民族历史文化沃土，马克思主义才能不断发展壮大。

（二）中华优秀传统文化与科学社会主义的价值主张高度契合，是马克思主义植根、成长的文化沃土

马克思主义和中华优秀传统文化的价值主张高度契合，这是马克思主义之所以能够在中国生根发芽成长壮大的基础条件，是马克思主

---

① 习近平：《论中国共产党历史》，中央文献出版社2021年版，第122页。

义和中华优秀传统文化能够有机结合的前提。就有机结合的意义而言，马克思主义在中国所呈现的民族形式和发展态势与中华文明具备的独特性密不可分。

尽管马克思主义和中华优秀传统文化形成的社会历史背景不同，但二者的很多主张具有高度一致性，完全可以做到殊途而同归。中华优秀传统文化是中国人民在长期生产生活中积累形成的，马克思主义是在西方近代文明的基础上，通过创造性地吸收和借鉴人类文明的成果形成的。马克思主义起源于欧洲，通过对近代资本主义的批判完成了对西方传统文明的超越。马克思主义弥补了中国传统文化所缺乏的部分，中国文化作为一种早熟的文化也为马克思主义的植根和成长提供了一片独特的沃土，二者相互成就。马克思主义在这片沃土上不断取得突破性进展并获得了"二十一世纪马克思主义"新形态，中国传统文化也经由这种"结合"展现出新的时代面貌，成为中华现代文明的新形态。

对世界本质和人类社会发展的科学认识，并不存在东西之别，人同此心，心同此理，有的更多的只是民族和古今之间表现形式的差异。1956年，毛泽东在《同音乐工作者的谈话》中提到"中学为体，西学为用"时指出："学"是指基本理论，这是中外一致的，不应该分东西。"民族文化"经常作为幌子被统治阶层利用为欺骗和剥削人民的工具，资产阶级常用它腐蚀和削弱作为整体的无产阶级的革命事业。列宁曾经就此专门提出"两种民族文化"的理论，认为阶级社会中不存在整体的统一的民族文化。他还在《关于民族问题的批评意见》一文中进一步提出："每个民族的文化里面，都有一些哪怕是还不发达的民主主义和社会主义的文化成分，因为每个民族里面都有劳动群众和被剥削群众，他们的生活条件必然会产生民主主义的和社会主义的思想体系。"这一理论对批判性继承民族文化遗产具有重要的指导意义。无产阶级的先进文化不是无花之果，不可能凭空出现。列宁说，刚刚被迫离开农村公社成为城市工人的农民，不可能只凭无产阶级的身份就一下子拥有先进文化。无产阶级只有在确切地了解人类全部发展过程所创造的优秀文化成果的基础上，才可能做好社会主义先进文化的建设工作，这个过程的第一步就是对本民族优秀传统文化的继承。

马克思和恩格斯都不是无产阶级出身，但作为革命者，他们都在所处的时代完成了对自己出身阶级的超越。各民族历史进程中各个阶层创造的优秀文化，都包含对自身局限的部分超越，也都同样需要得到创造性转化和创新性发展。就像不能因为海顿富有、门德尔松是富二代而鄙视他们的音乐一样，也不应有人单纯因为亚里士多德是奴隶主、庄子当过漆园吏就否认他们的思想成就。这一点对落后地区取得革命胜利的国家尤其重要。马克思所设想的社会主义是建立在资本主义的社会生产力高度发达基础上的，无产阶级文化的先进性也是建立在高度发达的社会化大生产的基础上的。俄国和中国的革命都发生在工业化任务完成之前，资本主义的不发达，同时意味着无产阶级的不发达。显然，此时进入"社会主义社会"的文化，既不能简单地抛弃曾经"在不太长的时间内，创造出比过去一切世代的全部生产力还要多得多的生产力"的发达资本主义社会的文化，也不能简单抛弃本民族历史上各个时期积累的优秀文化成果。

作为一种民族文化，中华文明悠久而深厚。在人类发展的历史长河中，许多文明都已经中断或消逝，唯有中华文明作为一个统一的文明绵延至今，从未中断。中华文明之所以能够生生不息，挫而复起，枯而复荣，归根结底就是因为中华文明的突出特性。党的二十大报告提到的天下为公、民为邦本、为政以德、革故鼎新、任人唯贤、天人合一、自强不息、厚德载物、讲信修睦、亲仁善邻等中华文明的智慧结晶，都同科学社会主义价值观主张具有高度契合性。这些传统智慧是马克思主义充满活力的民族表达，其中蕴含的宇宙观、天下观、社会观、道德观，构成了中国这片独特的文化沃土，为马克思主义在中国不断开拓 21 世纪的新辉煌提供了广阔的思想空间。

（三）马克思主义同中华优秀传统文化相结合与同中国具体实际相结合统一于马克思主义中国化的理论和实践之中

马克思主义基本原理同"中华优秀传统文化相结合"与同"中国具体实际相结合"，绝非两个互不相关的过程，而是同一过程的两个方面，它们相互协调地统一于马克思主义中国化的理论和实践之中。

1945 年党的六届七中全会通过的《关于若干历史问题的决议》开篇就指出："中国共产党自一九二一年产生以来，就以马克思列宁主义的普遍真理和中国革命的具体实践相结合为自己一切工作的指针，毛泽东同志关于中国革命的理论和实践便是此种结合的代表。"[①]党的十九届六中全会通过的《中共中央关于党的百年奋斗重大成就和历

[①]《建党以来重要文献选编（一九二一——一九四九）》第十二册，中央文献出版社 2011 年版，第 73 页。

史经验的决议》在回顾百年奋斗历程时就是以中华民族伟大复兴作为主题线索展开的。习近平总书记指出，"中国共产党一经诞生，就把为中国人民谋幸福、为中华民族谋复兴确立为自己的初心使命。一百年来，中国共产党团结带领中国人民进行的一切奋斗、一切牺牲、一切创造，归结起来就是一个主题：实现中华民族伟大复兴"[①]。

十九届六中全会《决议》对党的百年奋斗史进行了系统总结：新民主主义革命时期，党面临的主要任务是反对帝国主义、封建主义、官僚资本主义，争取民族独立、人民解放，为实现中华民族伟大复兴创造根本社会条件。在社会主义革命和建设时期，党面临的主要任务是实现从新民主主义到社会主义的转变，进行社会主义革命，推进社会主义建设，为实现中华民族伟大复兴奠定根本政治前提和制度基础。在改革开放和社会主义现代化建设新时期，党面临的主要任务是继续探索中国建设社会主义的正确道路，解放和发展社会生产力，使人民摆脱贫困、尽快富裕起来，为实现中华民族伟大复兴提供充满新的活力的体制保证和快速发展的物质条件。党的十八大以来，中国特色社会主义进入新时代，党面临的主要任务是实现第一个百年奋斗目标，开启实现第二个百年奋斗目标新征程，朝着实现中华民族伟大复兴的宏伟目标继续前进。

党的百年奋斗史，伟大复兴的主题，贯穿始终。我们继承和弘扬了中华优秀传统文化，坚持中华文明创造性转化和创新性发展，与时俱进、推陈出新，把"自立自强""革故鼎新""民惟邦本，本固邦宁"的传统思想融入社会发展，培育了心怀天下、舍身为公的家国情怀；

---

① 《习近平谈治国理政》第四卷，外文出版社 2022 年版，第 4 页。

在浴血奋斗中形成了可歌可泣的革命精神；伴随着社会主义现代化不断深入，坚定不移地把牢社会主义先进文化的前进方向，拓展了中国特色社会主义道路的文化根基，在同中华优秀传统文化的结合中造就新的文化生命体，形成中国式现代化的文化形态。

二、马克思主义同中华优秀传统文化相结合的原则途径

（一）必须坚定历史自信、文化自信，坚持古为今用、推陈出新

历史自信和文化自信将"党的百年奋斗史"和中华文明的主脉进行了有机连接。历史自信不是凭空产生，它首先建立在百年来党团结带领人民取得重大成就的基础上。1921 年中国共产党成立后，团结带领人民探索出了适合中国国情的正确道路，经过百年的艰苦奋斗中华民族实现了从站起来、富起来到强起来的伟大飞跃。历史的发展脉络清晰地展示了我们从"历史不自信"到"历史自信"的演变过程。在中国共产党成立 95 周年时，习近平总书记无比自豪地宣示："当今世界，要说哪个政党、哪个国家、哪个民族能够自信的话，那中国共产党、中华人民共和国、中华民族是最有理由自信的。"①

文化自信是一个国家和民族的元气所本，是一个国家、一个民族发展中最基本、最深沉、最持久的力量。历史自觉与历史自信并提，是我们党历史自觉的具体体现。进入新时代以来，习近平总书记不仅把党的十八大提出的中国特色社会主义"三个自信"丰富为"四个自

---

① 习近平：《论中国共产党历史》，中央文献出版社 2021 年版，第 125 页。

信"，指出"文化自信，是更基础、更广泛、更深厚的自信"①，而且还在 2015 年 11 月 3 日会见第二届"读懂中国"国际会议外方代表时特意强调"中国有坚定的道路自信、理论自信、制度自信，其本质是建立在 5000 多年文明传承基础上的文化自信"。

古为今用、推陈出新，才能继承和弘扬好中华文化传统中的优秀部分，剔除和抛弃其中的糟粕。"第二个结合"是又一次伟大的思想解放，这样一个重大理论突破来之不易，一定要警惕传统文化中的糟粕部分打着弘扬中华优秀传统文化的名义借尸还魂。要不断从过去的历史教训中汲取正反两方面的经验教训。比如上个世纪 30 年代，国民党蒋介石政府就曾以"礼义廉耻"等传统观念为口号，尊孔读经，发起"社会风气革新运动"。1937 年日本全面侵华后利用中国传统文化资源进行"奴化教育"，汪精卫的傀儡政府在其"政纲"的"教育部分"就有宣扬"保持并发扬民族固有之文化及道德"的规定，竭力将殖民理论与中国传统思想文化中的糟粕进行结合。当时在延安的毛泽东明确强调不宜高扬传统，反对复古读经，主张以马克思主义清算经学。毛泽东在看了 1940 年范文澜在延安新哲学年会上关于中国经学简史的讲演提纲后，致信范文澜说："用马克思主义清算经学这是头一次，因为目前大地主大资产阶级的复古反动十分猖獗，目前思想斗争的第一任务就是反对这种反动"。② 由此可见，中国共产党此时对传统文化的态度和政策不仅强调批判性继承，而且与特殊历史语境

---

① 习近平：《论中国共产党历史》，中央文献出版社 2021 年版，第 126 页。
②《毛泽东文集》第二卷，人民出版社 1993 年版，第 296 页。

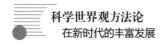
和具体的策略因素息息相关。

五千年的文化积淀使中国传统文化具有鲜明的两重性与矛盾性，其中，既有民主性的精华，又有封建性的糟粕，甚至有时精华与糟粕混杂纠缠，良莠杂陈，瑕瑜互见。封建统治阶级的御民之术，经过创造性转化也许可以促进社会稳定，但经过"糟粕式"发展却可以让社会窒息为一种高科技奴隶制。对中国的文化遗产，既不能简单抛弃也不能简单接受，必须进行批判性利用，始终坚持古为今用、推陈出新。

（二）必须把马克思主义思想精华和中华优秀传统文化精华贯通起来

把马克思主义和中华优秀传统文化贯通起来，必须要在二者高度契合点上做深文章、做好文章。中华优秀传统文化是中华文明的智慧结晶，它们是中国人民在长期生产生活中积累的宇宙观、天下观、社会观、道德观的重要体现，同科学社会主义价值观主张具有高度契合性。贯通马克思主义和中华优秀传统文化的思想精华，必须要把二者之间贯通的理论逻辑、历史逻辑和实践逻辑都讲清楚，必须在二者之间进行东西贯通、古今贯通。

做深做好二者贯通的文章，一个重要的突破口是要以中华文明特性为抓手。在文化传承发展座谈会上，习近平总书记总结提炼了中华文明五个方面的突出特性，即突出的连续性、突出的创新性、突出的统一性、突出的包容性、突出的和平性。马克思主义之所以能够在中国生根发芽，成长为参天大树，其根本原因还是在于中华文明所存在的突出特性。中华文明不是小国寡民式的小共同体，而是以广袤地域、超大规模人口、多元民族和多样性文化为基础的"大一统"的共同体。没有包容性就不可能有这种"统一性",进而因包容而体现出不偏不倚、不走极端的平和性。为而不争、利而不害。习近平总书记指出:"中华文明绵延传承至今从未中断,从不具有排他性,而是在包容并蓄中不断衍生发展。通过古丝绸之路的交流,古希腊文明、古罗马文明、地中海文明以及佛教、伊斯兰教、基督教都相继进入中国,与中华文明融合共生,实现本土化,从来没有产生过文明冲突和宗教战争。"①这种独有的包容性本身就是一种创新,中华文明也是通过这种包容性和创新性才走向现代文明的。

中国共产党"自我革命"的理论是一种典型的贯通中西、贯通古今的重要理论成果。马克思主义的革命传统和儒家的革命传统是相通的。儒家向来就有主张"革命"的传统,蒙文通先生就把是否坚守"汤武革命"看成是区分儒学真伪的标尺。《尚书·多士》:"成汤革夏,俊民甸四方。"《易·革卦·象传》:"汤武革命,顺乎天而应乎人。"汉初黄老之术的黄生就"汤武革命"向儒家发难,说成汤和武王作为臣子伐桀纣是谋反。辕固生回应说,夏桀和商纣暴虐而使得天下大乱,成汤和武王是顺应民心而诛杀桀纣,正如《孟子·梁惠王下》:"贼仁者谓之贼,贼义者谓之残,残贼之人谓之一夫。闻诛一夫纣矣,未闻弑君也。"因此,汤武是得天命、顺人心,还列举汉高祖的例子。尽管"汤武革命"由此一定程度上变为一个历史上的理论禁区,但民之所好好之,民之所恶恶之,所谓天命在某种程度上指的就是民心,

---

① 《习近平同希腊总统帕夫洛普洛斯会谈》,《人民日报》2019 年 5 月 15 日。

如果统治者失去了民心，没有能力做到对百姓令行禁止，那么自然会有新的受命者取而代之。"天之无常予，无常夺也"，这种观念可以说已经深入中国人的内心。党的二十大报告提出了党的自我革命理论，这是习近平新时代中国特色社会主义思想对马克思主义党建学说的一个重大贡献。它既是对马克思主义革命理论的继承和发扬，也与儒家"革命"思想及对"苟日新，日日新，又日新"的自励自新精神完美贯通。

（三）必须把马克思主义思想精华和群众日用而不觉的共同价值观念融通起来

把马克思主义思想精华转变为群众日用而不觉的价值观念需要大力改进传统马克思主义的话语体系。马克思主义理论产生于西方，从形式上首先表现为用西方语言呈现的思想体系。马克思主义与中国文化的结合，首先就需要在表达方式上让马克思主义具有鲜明的民族特色，为中国人民所喜闻乐见，具有中国作风和中国气派。马克思主义是人民的理论，必须通过大众化的方式为人民群众普遍接受，只有这样才能真正转化成为改变世界的现实力量。要使马克思主义为人民大众所掌握，必须对马克思主义进行通俗化解读。

大众化需要通俗化，通俗化不是庸俗化。马克思主义大众化既要使高深的理论变得简单具体，又要避免庸俗化带来的误差与扭曲。毛泽东思想的话语表达方式是马克思主义大众化、通俗化的典范，如"枪杆子里面出政权""星星之火，可以燎原""不到长城非好汉""长征是宣言书，长征是宣传队，长征是播种机""帝国主义和一切反动派都是纸老虎"，通俗直白、言简意赅，而且字字千钧，散发着智慧的魅力。邓小平在谈到恢复农业生产的措施时，形象引用四川俗语："黄猫、黑猫，只要捉住老鼠就是好猫。"在重新确立党的实事求是思想路线过程中说："如果一切从本本出发，思想僵化，迷信盛行，那它就不能前进，它的生机就停止了，就要亡党亡国"①。直击要害，不作繁冗之谈。习近平在讲惩治腐败时说"要坚持老虎、苍蝇一起打"，讲到生态文明建设时说"绿水青山就是金山银山"，生动朴素、幽默睿智。

"日用而不觉"意味着价值观念具有长期性、渐进性、习惯性，要经过较长时间的积淀渗透、潜移默化，形成人们的内心认同并自觉践行。一言一行，都既体现个人的素养，也体现并塑造着全社会共同价值观念，一点一滴垒成文明之山。贯通的工作要从细节抓起，从娃娃抓起，让孩子们从小积极培育和践行社会主义核心价值观。2014年5月30日，习近平在北京市海淀区民族小学主持召开座谈会时的讲话，在讲到如何培育和践行社会主义核心价值观时说："要把社会主义核心价值观的基本内容熟记熟背，让它们融化在心灵里、铭刻在脑子中。由于大家还在学习阶段，社会阅历不多，对社会主义核心价值观的涵义不一定能理解得很深，但只要牢记在心，随着自己年龄、知识、阅历不断增长，会明白得更多、更深、更透。在成长过程中，要结合学习和生活等实践，不断想想所记住的这些要求，不断加深理解"。

2020年1月19日，习近平总书记在云南和顺古镇参观艾思奇纪念馆时指出，新时代坚持和发展中国特色社会主义，需要大批能把马

——————————
①《邓小平文选》第二卷，人民出版社1994年版，第143页。

克思主义中国化讲好的人才，讲人民群众听得懂、听得进的话语，让党的创新理论"飞入寻常百姓家"。党的理论工作者也常常需要主动放弃"专门研究者"的姿态，转而从人们熟悉的生活事例出发，用比喻、类比和讲故事的方式，向广大人民群众说明马克思主义的基本范畴、思想和观点，宣传党的路线方针政策，消除普通大众对马克思主义的神秘感，使马克思主义成为一种可亲可爱的理论，从而极大地激发普通大众的情感共鸣与学习兴趣，让马克思主义思想精华转变为群众日用而不觉的价值观念。

三、马克思主义同中华优秀传统文化相结合的呈现形态

（一）在同中华优秀传统文化的结合中不断赋予马克思主义鲜明的中国特色

中国共产党人始终是中华优秀传统文化的忠实继承者和弘扬者。马克思主义中国化的理论成果是马克思主义同中华优秀传统文化相结合的系统体现，是被赋予民族形式、充满时代特征的马克思主义。马克思主义中国化的历史进程中，出现了三次历史性飞跃，产生了毛泽东思想、邓小平理论、"三个代表"重要思想、科学发展观和习近平新时代中国特色社会主义思想五大重要理论成果。这些重要理论成果都是具有鲜明中国特色的当代马克思主义新形态。

毛泽东思想是马克思主义基本原理同中国革命的具体实践相结合的产物，同时也是马克思主义基本原理同中华优秀传统文化相结合的

产物。"实事求是"是毛泽东确立的党的思想路线，也是毛泽东思想活的灵魂。"实事求是"本来是一个典型的中国词汇，最早见于班固《汉书》："河间献王德以孝景前二年立，修学好古，实事求是。"原指根据实证，求索真知，照实际情况办事，不夸大不缩小，后成为儒家治学的重要原则。1941 年，毛泽东在延安干部会上所作的《改造我们的学习》的报告中，第一次对"实事求是"给出了新的马克思主义的解释："'实事'就是客观存在着的一切事物，'是'就是客观事物的内部联系，即规律性，'求'就是我们去研究。"[①]经此解释，实事求是这个传统中国词汇就与马克思主义的唯物辩证法、认识论有机融合，让马克思主义的方法论呈现出鲜明的中国特色。

中国特色社会主义理论体系实现了马克思主义中国化新的飞跃，是马克思主义基本原理同中华优秀传统文化进一步结合的产物。邓小平同志在中国式现代化的建设过程中第一次提出了"小康社会"这一体现民族特色的建设目标。江泽民同志在依法治国的基础上，提出"德治"，强调："法治以其权威性和强制手段规范社会成员的行为，德治以其说服力和劝导力提高社会成员的思想认识和道德觉悟。"[②]胡锦涛同志提出"和谐"是社会主义社会的本质属性，构建社会主义"和谐社会"极具中华民族特色。

习近平新时代中国特色社会主义思想是当代中国马克思主义、二十一世纪马克思主义，是中华文化和中国精神的时代精华，实现了

---

① 《毛泽东选集》第三卷，人民出版社 1991 年版，第 801 页。
② 《江泽民文选》第三卷，人民出版社 2006 年版，第 91 页。

马克思主义中国化新的飞跃。党的十八大以来，习近平总书记站在坚持和发展马克思主义的战略和全局高度指出"中国有坚定的道路自信、理论自信、制度自信，其本质是建立在5000多年文明传承基础上的文化自信"；提出以人民为中心的发展理念，强调江山就是人民，人民就是江山，中国共产党领导人民打江山、守江山，守的是人民的心，人民对美好生活的向往，就是我们的奋斗目标；创造性提出"两个结合"的重大论断并作出一系列重要论述，为我们党不断推进实践基础上的理论创新、在新的时代条件下更好坚持和发展马克思主义，指明了方向、提供了遵循。习近平新时代中国特色社会主义思想是马克思主义基本原理同中华优秀传统文化相结合的光辉典范。

中国共产党的奋斗史就是一部马克思主义同中华优秀传统文化相结合的历史，中国共产党在此过程中取得的重大理论进展无一不赋予马克思主义以鲜明的民族特色。"应该越搞越中国化，而不是越搞越洋化。"[1]马克思主义也在中国民族形态中得到了创造性转化和创新性发展。

（二）在同中华优秀传统文化的结合中夯实马克思主义中国化时代化的历史基础，让中国特色社会主义道路有了更加宏阔深远的历史纵深

只有把马克思主义同中华民族的历史有机连接起来才能夯实马克思主义中国化时代化的历史基础，"第二个结合"把中国共产党的百年奋斗史接续中国近代"三千年未有之大变局"，将新中国的历史与

---

[1]《毛泽东文集》第七卷，人民出版社1999年版，第82页。

五千年的中华文明史做了有机的结合。

整个中国近代史也可以视为一个应对"三千年未有之大变局"的过程。1874年5月，李鸿章在复议制造轮船未可裁撤折中称："臣窃惟欧洲诸国，百十年来，由印度而南洋，由南洋而中国，闯入边界腹地，凡前史所未载，亘古所未通，无不款关而求互市。我皇上如天之度，概与立约通商，以牢笼之，合地球东西南朔九万里之遥，胥聚于中国，此三千余年一大变局也。"正是在这一历史背景下，马克思主义从各种思潮和救国运动中脱颖而出，成为历史和人民的选择。中国由此摆脱了半殖民地半封建社会的命运，中华民族得以浴火重生，中华优秀传统文化得到延续和传承。习近平总书记提出中华民族伟大复兴的中国梦，这不仅为党的百年奋斗史提供了明晰的主题思路，也把党的百年奋斗历程和"三千年未有之大变局"进行了有机的结合，和中华民族悠久灿烂的历史和文明进行了根源性的连接。

中国共产党是彻底的革命者，但从来不是传统文化的简单对立面。中国共产党人身上从始至终都既体现着与旧传统中腐朽没落部分的决裂一面，又体现着对优秀传统的创造性转化和创新性发展的一面。正是要同旧的腐朽传统决裂的中国共产党人，用自己的实际行动承担起了赓续中华民族血脉的历史使命，成功地以"百年奋斗史"应对"三千年未有之大变局"。中华优秀传统文化和马克思主义在习近平新时代中国特色社会主义思想的科学体系中有机地融为一体。从中华民族伟大复兴的中国梦到建设中华民族现代文明，完成了马克思主义与中华优秀传统文化的理论连接，让中国特色社会主义道路有了更加宏阔深远的历史纵深，让我们得以在更广阔的文化空间中探索面向未来的理论和制度创新。

（三）在同中华优秀传统文化的结合中造就新的文化生命体，形成中国式现代化的文化形态

马克思主义与中华优秀传统文化的结合，其结果是互相成就。一方面，马克思主义在同中华优秀传统文化的结合中不断被赋予鲜明的中国特色；另一方面，中华优秀传统文化因马克思主义的激活得以浴火重生为现代文明。习近平总书记 2023 年 6 月 2 日在文化传承发展座谈会上总结说，马克思主义同中华优秀传统文化的结合"造就了一个有机统一的新的文化生命体……让马克思主义成为中国的，中华优秀传统文化成为现代的，让经由'结合'而形成的新文化成为中国式现代化的文化形态"。

中国式现代化是赓续古老文明的现代化，是从中华大地长出来的现代化，不是照搬照抄其他国家的现代化；是文明更新的结果，而不是文明断裂的产物。因此，要从五千年文明史的延续而非断裂的角度，看待马克思主义同中华优秀传统文化的结合。近代以来，面对西方主导的国际体系以及西方文明前所未有的冲击和挑战，几乎所有非欧洲的国家和文明都要被迫作出痛苦的蜕变。不幸的是，很多国家和文明（如非洲、美洲大陆等）没有能够逃过这场劫难，最终在西方文明的冲击下日渐衰落、灭亡，勉强度过这场劫难的国家和文明，也大多没能找到真正适合自身的现代化发展道路。中国共产党用自己的实际行动承担起了赓续中华民族血脉的历史使命，经过几代中国共产党人和中华民族优秀分子的浴血奋斗和艰辛探索，中华民族得以再次度过危机，并且凤凰涅槃、浴火重生，不仅承接了中华文明的守护者的角色，而且在新时代把中国推向近代以来最好的发展时期。

在近代，中国一直扮演的是落后者、挨打者的角色，而且一度面临亡国灭种的危险，愚昧、木讷、胆怯、困顿成为西方人贴在中国人身上的标签。正是因为马克思主义与中华优秀传统文化的结合，中华民族和中华文明整体的精神面貌才得以焕发新生。中国人挺直脊梁，不畏强权，自力更生、积极进取，中华民族迎来了从站起来、富起来到强起来的伟大飞跃，用短短几十年的时间，完了西方国家几百年走过的工业化路程。在马克思主义同中华优秀传统文化相结合的过程中，形成了以伟大建党精神、井冈山精神、雷锋精神、焦裕禄精神、"两弹一星"精神等为代表的中国共产党人精神谱系，彰显了百年大党薪火相传、波澜壮阔的精神力量，也成为伟大民族精神作为文化主体性的最有力体现。在中国共产党领导下成立的中华人民共和国，既是一个现代国家，又是古老中国和灿烂中华文明的延续。中华民族在中国共产党领导下守正创新，中华优秀传统文化迈向现代文明，马克思主义同中华优秀传统文化有机结合，二者共同造就新的文化生命体，形成中国式现代化的文化形态。

第五章　坚持人民至上

　　党的二十大报告明确把坚持人民至上作为习近平新时代中国特色社会主义思想的世界观和方法论之首要内容，强调："我们要站稳人民立场、把握人民愿望、尊重人民创造、集中人民智慧，形成为人民所喜爱、所认同、所拥有的理论，使之成为指导人民认识世界和改造世界的强大思想武器。"[①] 坚持人民至上是新时代新征程党带领人民以中国式现代化实现中华民族伟大复兴的价值引领，体现了习近平新时代中国特色社会主义思想的核心价值立场。坚持人民至上的生成有着充分的理论基础、历史依据、文化根基和现实条件，其核心要义在于，坚持人民生命至上，坚持人民立场至上，坚持人民地位至上，坚持人民利益至上，坚持人民权力至上。其践行路径包括，深入贯彻党的群众路线，保持与人民的血肉联系；完善收入分配体系，实现人民直接利益；健全民生保障体系，增进人民民生福祉；着力推进城乡一体化

---

① 习近平：《高举中国特色社会主义伟大旗帜　为全面建设社会主义现代化国家而团结奋斗——在中国共产党第二十次全国代表大会上的报告》，人民出版社 2022 年版，第 19 页。

和区域协调发展，推动人民实现共同富裕；大力发展全过程人民民主，保障人民当家作主。

一、坚持人民至上的生成逻辑

坚持人民至上不是凭空产生的，而是有着充分的理论基础、历史依据、文化根基和现实条件，是理论与实践、历史与现实、主观与客观等各种因素共同作用的结果，其生成有着深刻的内在逻辑。

（一）理论逻辑：对马克思主义人民主体思想的承继与发展

习近平总书记指出："马克思主义是人民的理论，……马克思主义第一次站在人民的立场探求人类自由解放的道路，以科学的理论为最终建立一个没有压迫、没有剥削、人人平等、人人自由的理想社会指明了方向。"[①] 马克思主义理论具有鲜明的人民性特质，"人民性是马克思主义的本质属性"[②]。马克思主义人民主体思想是马克思主义理论的重要组成部分，也是其人民性特质的最鲜明体现。不同于宗教从独立于世俗世界之外的"天国人"出发来关照人的幸福、价值和意义，也不同于唯心主义从"观念人"出发来探讨人的地位与价值，把人类社会发展和历史变迁归结于某种绝对精神观念或抽象思想原则，马克思主义是从"现实的人"出发来分析人的主体地位和价值意

①《十九大以来重要文献选编（上）》，中央文献出版社 2019 年版，第 424 页。
② 习近平：《高举中国特色社会主义伟大旗帜　为全面建设社会主义现代化国家而团结奋斗——在中国共产党第二十次全国代表大会上的报告》，人民出版社 2022 年版，第 19 页。

义的。"现实的人"是马克思主义人民主体思想的逻辑前提。所谓"现实的人"是指处在一定社会关系之中，从事社会实践活动的人，这样的人被赋予了社会性和实践性特质。"现实的人"及其需要，为满足这些需要而进行的社会实践活动，以及由此产生的新的需要，如此往复以至无穷，构成了人类社会历史发展的核心线索。在这个过程中，人民既是实践的主体，也是社会历史的主体。人民群众通过实践活动，不仅创造了物质生活资料等物质财富，这构成了人类社会存在与发展的基础与前提；同时也创造了丰硕的精神财富，还是推动社会发展和历史进步的根本决定力量。正如马克思指出："历史活动是群众的活动，随着历史活动的深入，必将是群众队伍的扩大"①。列宁在领导无产阶级革命和社会主义建设过程中，进一步深化了这一认识，强调"共产党员不过是沧海一粟，不过是人民大海中的一粟而已"②，号召党员干部"投入生气勃勃的人民创造力泉源中去"③。既然是人民创造了历史，并推动了社会的发展进步，那人民创造的各种社会财富也理应由人民共享，人民也是价值的主体，人民既是价值的创造者，也是价值的享有者，人民群众及其实践活动的最终价值目标是为了实现人的解放和自由全面发展，即通过马克思主义政党的引领，充分发挥人民的主体力量和首创精神，在推动历史发展和社会进步过程中，把人从自然的束缚中、从社会的束缚中、从人的自我意识的束缚中解

---

① 《马克思恩格斯文集》第一卷，人民出版社 2009 年版，第 287 页。
② 《列宁全集》第四十三卷，人民出版社 2017 年版，第 100 页。
③ 《列宁全集》第三十三卷，人民出版社 2017 年版，第 61 页。

放出来，最终实现"自由人联合体"的价值理想，"在那里，每个人的自由发展是一切人的自由发展的条件"①，人将获得自由而全面的发展，并充分展现其自由个性。总之，马克思主义人民主体思想为坚持人民至上提供了基本理论原则和根本价值底色，坚持人民至上是马克思主义人民主体思想在新时代的进一步阐发。

（二）历史逻辑：对中国共产党百年人民观及其践行的历史总结和理论升华

中国共产党是以马克思主义为指导、以实现人民解放和人民幸福为价值追求的马克思主义政党，人民在中国共产党的价值排序中始终处于最高位置，我们党是应人民而生，也是应人民而强的。党在领导人民进行革命、建设和改革的实践中，始终高扬人民旗帜，紧紧依靠人民，增进人民福祉，在这个过程中不断深化和丰富了对人民的认识。

早在建党之初，我们党就作出了永远"不负人民"②的庄严承诺，并明确了"党的一切运动都必须深入到广大的群众里面去"③的基本原则。在革命战争年代，为充分发动群众，紧紧依靠群众，并最终解放群众，毛泽东明确指出："人民，只有人民，才是创造世界历史的动力。"④要求全体党员必须全心全意为人民服务，并把其作为党的根本宗旨，党的七大正式将其写入党章。同时，为了更好地贯彻落实

---

①《马克思恩格斯文集》第二卷，人民出版社 2009 年版，第 53 页。
② 习近平：《在庆祝中国共产党成立 100 周年大会上的讲话》，《求是》2021 年第 14 期。
③《建党以来重要文献选编（一九二一——一九四九）》第一册，中央文献出版社 2011 年版，第 162 页。
④《毛泽东选集》第三卷，人民出版社 1991 年版，第 1031 页。

全心全意为人民服务的根本宗旨，毛泽东在总结党的群众工作经验的基础上，提出了党的群众路线，即一切为了群众，一切依靠群众，从群众中来，到群众中去。并强调群众路线是党的根本工作路线，是党的生命线，进一步拓展了党的人民观的践行路径，有利于保持党与人民的血肉联系，有利于把党的正确领导与发挥人民主体作用有机结合起来。由此，党带领人民取得了新民主主义革命的胜利，彻底推翻了压在人民头上的"三座大山"。新中国成立后，我们党继续坚持为人民服务的执政理念，带领人民完成了社会主义改造，建立了社会主义基本制度，保证人民真正实现当家作主，同时也不断改善人民生活，从而有效巩固了党的执政基础。

改革开放以来，我们党在开创和发展中国特色社会主义过程中，进一步深化和拓展了对人民的认识。在改革开放之初，针对人们思想僵化、改革推进缓慢等问题，邓小平明确提出了判断改革是非成败的"三个有利于"标准，并特别强调"是否有利于提高人民的生活水平"[1]是"三个有利于"标准的核心，是根本出发点和落脚点。世纪之交，伴随着社会主义市场经济体制改革的深入，以及苏东剧变等国际局势的深刻变化，这对我们党长期执政带来了诸多挑战，如何保持党的先进性与纯洁性，进一步巩固党的执政根基，成为亟须解决的核心问题，由此，江泽民提出了"三个代表"重要思想，强调始终代表最广大人民的根本利益是"三个代表"的核心和关键，并指出："在整个社会生产和建设发展的基础上，不断使全体人民得到并日益增加看得见的

---

[1]《邓小平文选》第三卷，人民出版社1993年版，第372页。

利益，始终是我们中国共产党人的神圣职责。"① 进入新世纪，面对我国在发展中出现的唯 GDP 论英雄、生态环境污染、资源消耗过大等问题，胡锦涛提出了科学发展观，并强调以人为本是科学发展观的核心，要求"坚持发展为了人民、发展依靠人民、发展成果由人民共享"②。

　　进入新时代，以习近平同志为核心的党中央带领人民在决胜脱贫攻坚、全面建成小康社会、全面推进中国式现代化等伟大实践中，进一步深化了对人民的认识。一方面，习近平总书记立足于新时代我国社会主要矛盾的转化，更加注重满足人民对美好生活的需要，他反复强调："人民对美好生活的向往，就是我们的奋斗目标。"③ "中国梦归根到底是人民的梦，必须紧紧依靠人民来实现，必须不断为人民造福。"④ "让人民生活幸福是'国之大者'"⑤。在全面建设社会主义现代化国家新征程中，要不断"增进民生福祉，提高人民生活品质"⑥，等等。另一方面，他也指出要充分尊重人民的主体地位和发挥人民的创造伟力，要保持与人民的血肉联系，紧紧依靠人民创造伟

---

①《江泽民文选》第三卷，人民出版社 2006 年版，第 122 页。

②《胡锦涛文选》第三卷，人民出版社 2016 年版，第 4 页。

③《习近平谈治国理政》第一卷，外文出版社 2018 年版，第 4 页。

④《习近平谈治国理政》第一卷，外文出版社 2018 年版，第 40 页。

⑤《习近平在广西考察时强调 解放思想 深化改革 凝心聚力 担当实干 建设新时代中国特色社会主义壮美广西》，《人民日报》2021 年 4 月 28 日。

⑥ 习近平：《高举中国特色社会主义伟大旗帜 为全面建设社会主义现代化国家而团结奋斗——在中国共产党第二十次全国代表大会上的报告》，人民出版社 2022 年版，第 46 页。

业，他反复强调："老百姓是天，老百姓是地。"[1]"在人民面前，我们永远是小学生，必须自觉拜人民为师"[2]。"对人民，要爱得真挚、爱得彻底、爱得持久，就要深深懂得人民是历史创造者的道理"[3]。

以上所有这些论述和话语集中到一点，就是要始终坚持人民至上。正是有了这样的坚守，我们党才能坚定站稳人民立场，始终代表人民利益，持续为民造福，由此才得到人民的真心拥护和坚定支持，我们党才能带领人民在革命、建设和改革中取得一个又一个丰功伟绩。综上可见，习近平总书记提出坚持人民至上，既是对中国共产党百年人民观的赓续与升华，也包含着对我们党在实践中不断为民造福历史经验的深刻总结。

（三）文化逻辑：对中国传统民本思想的借鉴与超越

中国传统民本思想源远流长，是中国优秀传统文化的重要组成部分。早在上古社会时期，一些思想家如比干、微子等就已初步认识到民力的重要性，提出了"民惟邦本，本固邦宁"（《尚书·五子之歌》）、"敬天保民"等思想观念，对民力的重要性有着初步的体认。先秦时期是一个百家争鸣的时代，也是一个诸侯争霸、战乱不断、民不聊生的时代，各家学派对于民本、民生等，都提出了自身独特的见解。儒家代表人物孔子和孟子都强调，民本、民生是治国理政的核心问题，主张采取一系列的惠民和富民政策措施，以巩固君王的统治根基。孔子提出"节

---

[1]《习近平谈治国理政》第二卷，外文出版社 2017 年版，第 53 页。
[2]《习近平谈治国理政》第一卷，外文出版社 2018 年版，第 27 页。
[3]《习近平谈治国理政》第二卷，外文出版社 2017 年版，第 318 页。

用而爱人，使民以时"①，"民之所利而利之"②。孟子提出"恒产论"和"制民之产"，提升人们的生产生活条件，"是故明君制民之产，必使仰足以事父母，俯足以畜妻子，乐岁终身饱，凶年免于死亡"③。道家代表人物老子主张"慎刑薄赋"和"以正治国"，强调刑罚不宜滥用，主要是为了维护社会合理秩序而不能损害民生，建议君王要减轻赋税，藏富于民，以此获取民心，"取天下常以无事，及其有事，不足以取天下"④。墨家代表人物墨子提出了著名的"兼相爱"和"交相利"的民生伦理和民生经济原则，强调"兼相爱"可以减少社会动乱，保障民生，"凡天下祸篡怨恨，其所以起者，以不相爱生也，是以仁者非之"⑤。在此基础上他主张大力发展生产和交换活动，促进经济发展和改善民生。同时，墨子还提出了"非攻"和"节用"以保障和改善民生，认为攻伐战争会对民生造成极大损害，制止战争就是保障民生。"节用""节葬"主张直指统治阶级骄奢淫逸的生活方式，强调要节约以发展生产，改善民生。法家代表人物商鞅主张利用人之"好利"本性来推动生产生活发展，以达到国富兵强的目的。总之，先秦诸子百家从不同角度，对民本和民生进行了系统的阐释，为我们留下了宝贵的思想资源。这些思想资源对后来中国传统民本思想的发展产生了深远影响，由此形成了更加丰硕的民本思想源流，如汉朝贾谊主

---

① 朱熹：《四书集注》，岳麓书社 1987 年版，第 223 页。
② 朱熹：《四书集注》，岳麓书社 1987 年版，第 285 页。
③ 杨伯峻，杨逢彬注：《孟子》，岳麓书社 2000 年版，第 23 页。
④ 陈鼓应：《老子今注今译》，商务印书馆 2003 年版，第 184 页。
⑤ 许嘉璐：《诸子集成》墨家卷五《墨子·兼爱》，广东教育出版社 2010 年版，第 44 页。

张要以民为本，在此基础上强调君主要爱民和富民，让民众民生富足，"为人君者敬士爱民"（《修政语下》），"与民以福""与民以财"（《大政上》）。唐太宗李世民形象地把君与民的关系比喻为舟与水的关系，认识到水可载舟，也可覆舟，由此，他十分注重采取政策措施改善民生，获取民心，开创了著名的"贞观之治"。

综上可见，古代许多著名的思想家和政治家都充分肯定民众在社会发展中的作用，主张要采取有效政策措施改善民生。这些思想认识对于缓和各种社会矛盾，维护社会秩序稳定，推动传统社会发展进步具有一定的积极意义；但是，由于主客观条件的制约，传统民本思想仍具有明显的阶级和历史的局限性，即他们主张正确认识民力并着力改善民生，其根本目的是统治阶级维护政权统治的需要，并不是真正为了广大民众，只是一种治民、牧民、用民之术，其阶级实质在于以君为本、以统治阶级利益为本，正如毛泽东所指出："不论是中国还是外国，古代还是现在，剥削阶级的生活都离不了老百姓。他们讲'爱民'是为了剥削，为了从老百姓身上榨取东西，这同喂牛差不多。喂牛做什么？牛除耕田之外，还有一种用场，就是能挤奶。剥削阶级的'爱民'同爱牛差不多。"[①] 因此，中国传统民本思想大多都止于空谈，并不能真正得以实施，也没有完善的制度保障，民不聊生成为阶级社会的常态。习近平提出的坚持人民至上，充分吸吮了传统民本思想的精华，并结合新时代实践对其进行了创造性转化与创新性发展，从根本价值立场与价值取向看，它与传统民本思想有着本质的区别，可以

---

① 《毛泽东文集》第三卷，人民出版社1996年版，第57—58页。

说实现了"脱胎换骨"的升华。

（四）现实逻辑：对新时代满足人民美好生活需要的实践回应与价值表达

让每一个人都过上美好生活是马克思主义的重要价值目标，马克思主义理论就是为了让全人类过上美好生活的理论。作为马克思主义政党，"为民造福是立党为公、执政为民的本质要求"[①]。不断满足人民对美好生活的向往，是我们党矢志不渝的奋斗目标。在革命战争年代，毛泽东就特别强调要注意"解决群众的生产和生活的问题"[②]。新中国成立后，由于长期遭受战争创伤，我国生产力水平整体较低，各种基本生产生活物资较为匮乏，导致在很长一段时间我国都处于"短缺经济"状态，许多民生产品需定量供给、凭票购买，能够享有比较充分的物质生活条件成为人们最迫切的现实诉求。改革开放后，针对人民日益增长的物质文化生活需要与当时比较落后的社会生产之间的尖锐矛盾，我们党提出以经济建设为中心，大力发展生产力，着力改善人民生活的整体战略。此后经过四十多年的改革开放和快速发展，我国的生产力水平实现了历史性飞跃，人民的生活也得到了根本改善。中国特色社会主义进入新时代，我们在解决了温饱、总体实现小康的基础上，民众对于美好生活的需求更加迫切，人们在期望有更高质量、更丰硕的物质生活条件的同时，对民主、法治、公正、社会保障等权

---

① 习近平：《高举中国特色社会主义伟大旗帜 为全面建设社会主义现代化国家而团结奋斗——在中国共产党第二十次全国代表大会上的报告》，人民出版社2022年版，第46页。
②《毛泽东选集》第一卷，人民出版社1991年版，第138页。

利型民生的诉求也愈加强烈。基于此，习近平总书记立足我国社会主要矛盾的转化，以解决发展的不平衡不充分问题为抓手，在治国理政过程中积极回应人民对美好生活的向往，提出了坚持以人民为中心的发展思想，提升发展的质量与效益。在此基础上，决胜脱贫攻坚，全面建成小康社会。与此同时，不断推进全过程人民民主，保障人民当家作主，突出保障和改善民生，着力完善社会保障体系，推动实现基本公共服务均等化，扎实推动实现共同富裕等，使人民的生活实现了全方位改善，人民的获得感、幸福感和安全感得到历史性提升。尤其是在面对突如其来的新冠疫情时，习近平总书记强调坚持"人民至上、生命至上"，始终把人民的生命安全和身体健康放置于首位，当人民福祉与经济发展之间发生矛盾时，宁可暂时牺牲经济发展为代价也要保障人民民生福祉，坚持人民至上的价值理念在此得到了充分彰显。由上可见，习近平总书记提出坚持人民至上，既是源于新时代我们党治国理政中为民造福的丰富实践，也是满足人民对美好生活向往的一种价值表达。

二、坚持人民至上的内涵要义

坚持人民至上是习近平新时代中国特色社会主义思想的核心价值理念，是我们党治国理政始终遵循的根本价值原则，其内涵十分丰富，并随着新时代的实践而不断拓展深化。具体来看，坚持人民生命至上是前提，坚持人民立场至上是基础，坚持人民地位至上是本质，坚持人民利益至上是集中体现，坚持人民权力至上是保障，这五个方面相互依存、相互贯通，共同构成了坚持人民至上的内涵体系。

（一）前提：坚持人民生命至上

人的生命存在是人之一切活动的前提，现实的人是自然存在物、社会存在物和精神存在物的有机统一。人的生命存在是人的自然存在的基本表征，是人的社会存在和精神存在的基本前提，因此，人的生命权是最基本的人权，在人权权利位阶中是处于最高价值位阶的权利，是首要的基本人权。从现实人的需求来看，主要包括不断升级的三个层次内容，即生存型需求、享受型需求和发展型需求。在各种需求中，维系人之生命体征的吃喝住等生存型需求是人最为迫切的需求，满足这些需求，是促使人们进行实践创造活动的深层动因，离开了有生命的现实人，以及他们的需求，人类的一切社会活动也将终止，人类历史和人类文明也将就此终结，正如毛泽东指出的"世间一切事物中，人是第一个可宝贵的"①，而人之生命存在又是这个宝贵中的精髓。

具体到现实生活中，着力保障人民的基本生存权与生命权是我们党一以贯之的重要原则，即使在最为艰苦的革命战争年代，也是尽力去关注和解决人民的基本生活问题，使人民的基本生存得到了最大保障。2020 年初开始，面对一场猝不及防的新冠疫情，以习近平同志为核心的党中央迅速反应和应对，从党的性质和宗旨、根本立场、初心和使命等角度反复强调，把人民的生命安全和身体健康放置于最高位置，以不计经济成本和暂停非必要的生产生活活动为代价，采取严密

---

① 《毛泽东选集》第四卷，人民出版社 1991 年版，第 1512 页。

政策措施坚决遏制病毒蔓延传播。习近平指出："党中央采取的所有防控措施都首先考虑尽最大努力防止更多群众被感染，尽最大可能挽救更多患者生命"[①]。坚持人民至上、生命第一的价值理念应运而生。在疫情防控工作中，他强调要把保护人民生命安全和身体健康作为各级党委和政府"当前最重要的工作"，并从战略高度把防疫工作看作是一场"人民战争"，是一场"严峻斗争"，是"我们党治国理政的一项重大任务"，"是不可放松的大事"，明确把提高收治率和治愈率、降低感染率和病死率作为"突出任务"，把挽救更多患者生命作为"当务之急、重中之重"。这些论述、话语和举措鲜明地体现了党中央坚持人民至上、生命至上的人民情怀。

（二）基础：坚持人民立场至上

立场是人们认识和解决问题所处的角度以及所持的态度，最终反映的是我是谁、为了谁、维护谁的本源性问题。坚持人民至上首先需要坚持人民立场至上，只有与人民在一起，站在人民的角度，以一切为了人民为导向来认识和解决问题，才能真正做到坚持人民至上。坚持人民立场至上是坚持人民至上的本源与基础，也是中国共产党始终坚守的根本政治立场，从根本上明确了中国共产党是来自哪里、为了谁、依靠谁这一根本问题。中国共产党是来自于人民的，始终根植于人民，与人民血肉相连，"忘记了人民，脱离了人民，我们党就会成

[①]《毫不放松抓紧抓实抓细各项防控工作　坚决打赢湖北保卫战武汉保卫战》，《人民日报》2020年3月11日。

为无源之水、无本之木，就会一事无成"①。由此，我们党认识和解决任何问题，作出任何决策部署，都是从人民的角度出发，都是为了让人民生活更加幸福，中国共产党始终是人民利益的忠实代表者。

党的十八大以来，习近平总书记结合新时代治国理政的丰富实践，提出了一系列关于坚持人民立场至上的新论断新思想新观点，使我们对坚持人民立场至上有了更加深刻的认识。一是提出了中国共产党的初心和使命是为中国人民谋幸福、为中华民族谋复兴。这种初心使命论鲜明地体现了我们党的性质与宗旨，进一步明确了我们党"为了谁"的问题。二是提出了"江山就是人民，人民就是江山"②。人民江山论强调了人民与党的执政、与国家政权之间的有机联系。人民是我们党的执政根基，是人民政权的主体，进一步深化了我们党"为谁执政"的问题。三是提出了坚持以人民为中心的发展思想，强调在发展过程中不断增进民生福祉，扎实推动实现共同富裕，促进人的全面发展，人民中心论进一步明确了发展"为了谁"的问题。四是提出了民心是最大的政治，"中国共产党领导人民打江山、守江山，守的是人民的心"③。民心向背决定党的生死存亡，我们党要始终坚守以人民之心为心，始终代表并不断实现人民的利益，牢牢守住人民之心，民心论进一步明确了中国共产党兴衰存亡与人民之间的内在关联。总之，初心使命论、人民江山论、民心论等，集中体现了我们党始终坚持人民

①《十八大以来重要文献选编（下）》，中央文献出版社2018年版，第400页。
②③ 习近平：《高举中国特色社会主义伟大旗帜　为全面建设社会主义现代化国家而团结奋斗——在中国共产党第二十次全国代表大会上的报告》，人民出版社2022年版，第46页。

立场至上的根本政治立场，彰显了中国共产党是真正的人民性的马克思主义政党。

（三）本质：坚持人民地位至上

依据唯物史观的基本原理，社会历史活动的主体是人民，推动社会历史发展进步的决定性力量也是人民，人民才是历史的创造者。坚持人民至上的实质是坚持人民地位至上，也就是充分尊重人民在国家、社会和历史创造中享有至高无上的地位。具体到新时代语境下，人民既是中华人民共和国的主人，也是中国特色社会主义事业的主人，还是推进中国式现代化、最终实现中华民族伟大复兴中国梦的主体。坚持人民地位至上，首先需要尊重人民的历史主体和实践主体地位，充分发挥人民的主体力量和首创精神去创造历史伟业。习近平总书记反复强调："人民是历史的创造者，是决定党和国家前途命运的根本力量。"[1] 人民是通过实践活动去创造历史的，人民既是历史的主体，也是实践的主体。新时代我们党带领人民去创造历史伟业，需要在尊重客观规律的基础上，紧紧依靠人民，全面建成社会主义现代化强国，实现中华民族伟大复兴的中国梦，都需要充分发挥人民的主体力量，需要激发人民的积极性、主动性和创造性，真正把人民的智慧、力量、热情都释放出来，从而形成推动新时代中国特色社会主义前进的磅礴力量，这样才能创造无愧于时代的历史伟业。

坚持人民地位至上，也需要充分尊重人民的理论主体地位。任何理论都是来源于实践的，来自于人民的，"人民的创造性实践是理论

①《习近平谈治国理政》第三卷，外文出版社 2020 年版，第 16 页。

创新的不竭源泉。一切脱离人民的理论都是苍白无力的，一切不为人民造福的理论都是没有生命力的"①。习近平新时代中国特色社会主义思想是来源于人民实践，是为了人民的理论。在新时代中国特色社会主义伟大实践中，人民创造了丰富的实践经验，这些宝贵经验蕴含着对客观规律的初步认识，是习近平新时代中国特色社会主义思想的基本来源。与此同时，任何理论只有掌握于人民，才能发挥其应有的功用。习近平新时代中国特色社会主义思想以人民喜闻乐见的形式阐释了深刻的道理，为广大人民所喜爱、所接受、所认同，并逐渐掌握于人民，成为新时代人民认识和改造世界，不断创造历史伟业的强大思想武器。

坚持人民地位至上，还需要尊重人民的评判主体地位。在新时代中国特色社会主义发展的过程中，我们党制定了路线方针政策和许多有针对性的举措，这些路线方针政策举措是否有效，到底好不好，需要有一个标准来衡量，对此习近平指出："我们党的执政水平和执政成效都不是由自己说了算，必须而且只能由人民来评判。人民是我们党的工作的最高裁决者和最终评判者。"②也就是要始终坚持人民标准至上，而不能自说自话，搞自我评价。我们要善于倾听人民的声音，尊重人民的评价主体地位，真正落实人民才是党和政府一切工作的最高，也是最终的评判者，其核心标准主要应该看人民是否真的获得了

① 习近平：《高举中国特色社会主义伟大旗帜 为全面建设社会主义现代化国家而团结奋斗——在中国共产党第二十次全国代表大会上的报告》，人民出版社 2022 年版，第 19 页。
②《习近平谈治国理政》第一卷，外文出版社 2018 年版，第 28 页。

实惠，人民生活水平是否得到了改善和提高，人民各种权益是否得到了有效保障，人民的获得感、幸福感和安全感是否有所增强。

（四）集中体现：坚持人民利益至上

马克思指出："人们奋斗所争取的一切，都同他们的利益有关。"[①]列宁也指出，利益是"人民生活中最敏感的神经"[②]。利益需求是人民从事各种社会实践活动，推动人类社会历史发展的深层动因。人民利益原则是马克思主义的重要原则，马克思主义就是为人民谋取利益的理论。作为马克思主义政党，中国共产党始终关注人民的利益问题，把实现好、维护好、发展好广大人民的利益作为党的根本任务，把人民利益标准作为党的最高价值准则。在此基础上，习近平总书记提出了坚持"人民利益至上"[③]，并把其作为坚持人民至上的集中体现，强调中国共产党没有任何自身的特殊利益，人民的利益就是党的利益，党代表人民利益具有高度的纯洁性。始终坚持人民利益至上，既是由人民的主体地位所决定的，也是我们党的性质与宗旨、初心与使命的内在要求。

中国特色社会主义进入新时代，伴随着社会主要矛盾的转化，人民的利益诉求也发生了相应转化，人民除了有更高质量、更加丰硕的物质文化利益诉求外，对民主、公正、法治、安全等方面的利益需求也日益迫切，由此，习近平强调："治国有常，利民为本。"[④]新时

①《马克思恩格斯全集》第一卷，人民出版社1956年版，第82页。
②《列宁全集》第十六卷，人民出版社1988年版，第136页。
③《习近平谈治国理政》第一卷，外文出版社2018年版，第150页。
④习近平：《高举中国特色社会主义伟大旗帜　为全面建设社会主义现代化国家而团结奋斗——在中国共产党第二十次全国代表大会上的报告》，人民出版社2022年版，第46页。

代坚持人民利益至上，从党和政府的大政方针及其实施上，就是要体现和满足人民对美好生活的向往，与人民的根本利益与现实利益相契合，切实满足人民多层次、多领域、多样化和个性化的利益诉求，从而从更高的水平、更宽领域、更多方面切实维护和实现人民利益。从微观现实生活看，民生问题是人民最直接最现实最关切的利益问题，坚持人民利益至上，需要"从最困难的群众入手、从最突出的问题抓起、从最现实的利益出发"[①]，在发展中着力保障和改善民生，不断增进民生福祉，尽力满足人民在教育、医疗、就业、社保、住房、环境等方面的需求，逐步构建起完善的、保基本的、普惠的民生福利保障体系，从而让人民生活得更加幸福、更有尊严，真正体现坚持人民至上、坚持人民利益至上。

（五）保障：坚持人民权力至上

人民的生命、幸福、地位、利益等都需要相应的权力来进行保障，坚持人民至上需要确认坚持人民权力至上，以此来保障坚持人民至上能够落到实处。坚持人民权力至上，是马克思主义权力观的核心内涵，是其与资本主义权力观的本质差别，也是马克思主义政党执政的重要支撑。习近平指出："我国是工人阶级领导的、以工农联盟为基础的人民民主专政的社会主义国家，国家一切权力属于人民。"[②]中华人民共和国既是党领导的社会主义国家，也是人民当家作主的国

---

① 习近平：《在党史学习教育动员大会上的讲话》，《求是》2021 年第 7 期。
② 习近平：《高举中国特色社会主义伟大旗帜　为全面建设社会主义现代化国家而团结奋斗——在中国共产党第二十次全国代表大会上的报告》，人民出版社 2022 年版，第 37 页。

家，人民才是这个国家唯一的主人。在人民共和国这个共同体中，人民的权力是最高的，也是最终的权力，人民权力具有至高无上的地位，其他任何个人、群体、组织机构等都不能拥有与人民同等的权力。人民至高无上的权力通过我国宪法和中国特色社会主义制度予以充分的阐释、维护和保障，使人民在现实生活中拥有并行使选举权、参与权、监督权等广泛权力，使人民真正实现了当家作主。详言之，从权力来源的角度说，坚持权为民所赋，人民权力是一切权力之源，人民才是权力的所有者，党与国家的权力、领导干部的权力通通都是人民赋予的，这深刻表明了权力的根本来源与基础，正如习近平指出："我们的各级领导干部是人民的勤务员，我们的职权是人民赋予的，我们的责任就是向人民负责。"[①] 从权力使用的角度说，坚持权为民所用，既然权力来源于人民，也应当用之于民，党和政府、领导干部不能滥用手中权力谋取私利，而是应当运用权力为人民服务、为人民谋利，而且掌握的权力越大，责任就越大，就越应当做到为民掌权、用权为民，人民权力"只能用来……为民谋利"[②]。这深刻揭示了权力的根本性质与宗旨。从权力监督的角度说，坚持权为民所督，权力是属于人民的，使用人民的权力必然要接受人民监督，严格的人民监督是权力能够真正用于为人民谋利、为人民造福的重要保障，对于那些以权谋私、滥用权力者，必须接受人民的严惩，人民甚至有权收回所有让渡的权力，对此，习近平反复告诫道："任何人行使权力都必须为人民服务、

① 习近平：《之江新语》，浙江人民出版社2007年版，第50页。
②《习近平谈治国理政》第二卷，外文出版社2017年版，第147页。

对人民负责并自觉接受人民监督"①。各级领导干部要倍加珍惜人民赋予的权力,保证手中权力的人民性质永不变色。

三、坚持人民至上的践行路径

"党的根基在人民、血脉在人民、力量在人民,人民是党执政兴国的最大底气。"②坚持人民至上,绝不能停留于口头上,止步于思想环节,关键在于落实,将其贯彻于党的方针政策体系之中,体现于经济社会发展的各个方面,对此习近平总书记指出:"我们要始终坚持人民至上。全面建成社会主义现代化强国,人民是决定性力量。要积极发展全过程人民民主,……完善分配制度,健全社会保障体系,强化基本公共服务,兜牢民生底线,解决好人民群众急难愁盼问题,让现代化建设成果更多更公平惠及全体人民,在推进全体人民共同富裕上不断取得更为明显的实质性进展。"③这一重要论述为我们如何践行坚持人民至上提供了基本遵循。

第一,深入贯彻党的群众路线,保持与人民的血肉联系。坚持人民至上首先需要与人民在一起,脱离人民是我们党面临的最大危险,保持与人民的密切联系,是我们党的最大政治优势,这需要深入贯彻

---

①《习近平谈治国理政》第一卷,外文出版社 2018 年版,第 388 页。
②《中共中央关于党的百年奋斗重大成就和历史经验的决议》,《光明日报》
2021 年 11 月 17 日。
③习近平:《在第十四届全国人民代表大会第一次会议上的讲话》,《光明日报》
2023 年 3 月 14 日。

党的群众路线。从根本上讲，坚持人民至上与贯彻党的群众路线是相互促进、辩证统一的，全党只有始终坚持人民至上，牢固站稳人民立场，对待人民才能有正确的态度与情感，也才能树立正确的群众观点，由此自觉践行党的群众路线。同时，全党只有深入贯彻党的群众路线，才能与人民时刻保持紧密联系，全面了解并把握人民的呼声与愿望，及时关心并解决人民面临的民生疾苦，这样，才能真正落实坚持人民至上。具体来看，新时代坚持人民至上，深入贯彻党的群众路线，一方面要坚定不移推进党风廉政建设和反腐败斗争，保证党与人民同呼吸共命运。党的作风是党的性质与宗旨的外在体现，人民有着比较直观的感受，各种"歪风邪气"犹如一面无形之墙，会把人民与党分隔开来，由此，习近平总书记特别重视加强党的作风建设，先后部署并开展了党的群众路线教育实践活动等一系列专题活动，有效遏制了党内存在的"四风"问题，但作风建设永远在路上，我们要持续加强作风建设，进一步巩固党与人民的血肉联系。与此同时，腐败问题关系民心这个最大的政治，是党长期执政的最大威胁。在反腐败斗争取得压倒性胜利的新形势下，我们要持续发力，把不敢腐、不能腐、不想腐三个层面有机融合，使其互促互进，同时同向发力，构建"不敢腐的强大震慑效能、不能腐的刚性制度约束、不想腐的思想教育优势"①的完整体系。充分发挥党的政治、制度、组织等优势，加强党中央对反腐败工作的集中统一领导，压实各级党委党组织全面从严治党的主

---

① 《提高一体推进"三不腐"能力和水平　全面打赢反腐败斗争攻坚战持久战》，《光明日报》2022 年 6 月 19 日。

体责任，并把反腐败斗争融入党的建设的始终及其各个方面，从总体上打好反腐败斗争这场攻坚战和持久战，使人民从内心深处真心认同并全力支持党的长期执政。另一方面，依据新时代群众工作的新特征与新规律，不断改进和优化党的群众工作方法。尤其是在网络信息时代，人民的情绪、意见和诉求等大多通过信息化方式予以表达，"党员干部要学网、懂网、用网，了解群众所思所愿……积极回应网民关切"①，积极把网络平台作为做好群众工作的重要载体，争取在虚拟空间中不断拉近与人民的时空距离。同时，习近平总书记还特别要求，党员干部要做好信访这个"送上门来的群众工作"②，根据新时代信访的新特征与新要求，积极变换工作形式，提升信访工作水平，全面把握人民的诉求与期望，更好地服务人民，把人民紧紧团结在党的周围，这也是新时代坚持人民至上的必然要求。

第二，完善收入分配体系，实现人民直接利益。收入分配是民生之源，坚持人民至上，需要以实现共同富裕为目标和导向，"构建初次分配、再分配、第三次分配协调配套的制度体系"③。在不断调整和优化中，逐渐形成中等收入群体占绝大多数的橄榄型收入分配结构，从而更好地维护和实现人民的直接利益。

具体来看，应在坚持中国特色社会主义基本分配制度的基础上，

---

①②《筑牢理想信念根基　树立践行正确政绩观　在新时代新征程上留下无悔的奋斗足迹》，《人民日报》2022年3月2日。

③习近平：《高举中国特色社会主义伟大旗帜　为全面建设社会主义现代化国家而团结奋斗——在中国共产党第二十次全国代表大会上的报告》，人民出版社2022年版，第47页。

着力深化收入分配相关体制机制改革，不断缩小人民收入差距。在初次分配方面，切实尊重劳动创造财富、贡献决定报酬的基本原则，正确把握效率与公平的平衡关系，鼓励勤劳致富，促进机会公平，不断提升劳动报酬在整个分配体系中的比重，完善最低工资保障机制，工资合理、稳步增长和及时支付保障机制，使人们的收入增长与经济社会发展保持同步，着力保障和提升中低收入者的收入水平。与此同时，规范和完善各种生产要素由市场评价贡献，由贡献决定报酬的体制机制，不断探索和完善土地、技术、管理、资本等要素使用和收益的市场化机制，切实增加民众合理合法的非劳动要素收入和财产性收入，特别是中低收入群体，要不断探索和保障其农村宅基地、动产不动产、集体收益等带来的多渠道收入，助推其逐渐迈入中等收入群体。在再分配方面，应主要针对初次分配中由于个体技能、学历、年龄等主体条件以及各种社会因素导致收入分配不平衡、差距过大等问题，由政府和市场共同对其进行校正与补充，主要依靠加大税收、社保、转移支付的调节力度，并提升宏观调节的精准度，尤其是要运用税收工具，如征收累进的所得税、遗产税、房产税、利得税等，大力调节过高收入和财富集中，促进城乡之间、不同区域和人群之间形成比较公正平衡的收入分配关系。同时，"大力加强普惠性民生建设，通过对教育、养老、医疗等民生事业的大力投入，不断提升公共服务的均等化水平"[1]，这不仅能够公平地保

---

[1] 李迎生：《完善推动全体人民共同富裕的社会政策体系》，《光明日报》2021年9月28日。

障民众的基本生存权与发展权，而且能从根源上减少人力资本积累和未来就业机会的不平等，对于缩小贫富差距、构建合理收入分配结构、扩大社会整体消费能力与容量，都具有积极意义。在第三次分配方面，要充分认识第三次分配在构建合理分配结构中的重要补充作用，积极鼓励和大力支持发展慈善、捐赠、志愿服务等社会公益事业，并通过税收、荣誉、道德等鼓励高收入群体和企业积极进行慈善捐赠，这样，既能够满足部分高收入群体实现自我价值的需要，也能使企业更好地履行社会责任，还能促进不同社会群体和阶层之间形成和谐的社会关系。

构建合理的收入分配结构，其中最为关键的环节和方面在于增加中等收入群体的规模与比重。高校毕业生、技术工人、中小企业主、个体工商户、农民工等重点人群，是进入中等收入群体的主体，我们应采取更为精准的政策措施，如高校毕业生主要提升其职业能力与水平，使其尽快与社会发展相契合；技术工人着重提升其技术技能，增加技术工人工资；中小微企业和个体工商户主要为他们提供更好的营商环境和各种金融社会服务，并适时减税，保证其正常经营增收；农民工主要是解决其城市户口和平等地享有基本公共服务的问题，以稳定其就业和收入，等等，切实帮扶这些群体顺利跨入中等收入群体。严格规范和调节过高收入是构建合理收入分配结构，实现共同富裕的必要举措，由此，"完善个人所得税制度，规范收入分配秩序，规范财富积累机制，保护合法收入，调节过高收入，取缔非法收入"①。具体包括，通过"完善个人所得税制度，规范资本性所得管理"②，着力调节过高收入，按照先试点后推广的原则，积极推进房地产税的立法与落地，遏制房地产的无序发展和投机行为；通过税收优惠、荣誉表彰等鼓励高收入群体和企业积极回报社会，并通过构建完善的体制机制规范管理各类公益慈善事业；严格管理和调整垄断行业和国有企业的过高收入问题；对各种通过权钱交易、内幕交易、操纵股市、偷税漏税等非法手段获取的收入，坚决予以取缔，并及时补充国库用于保障和改善民生。

第三，健全民生保障体系，增进人民民生福祉。在发展的基础上增进人民民生福祉，提升人民生活品质，是坚持人民至上的实践要求，这依赖于完善的民生保障体系。注重构建完善的民生保障体系，是我们党一以贯之的基本政策。党的十八大以来，我们更加重视民生保障体系建设，把其放置于治国理政的重要位置，在统筹城乡居民基本养老和医疗保险制度、体制内外医疗和养老保险制度、城乡居民大病保险等方面取得了重大成就，已"建成世界上规模最大的教育体系、社会保障体系、医疗卫生体系，教育普及水平实现历史性跨越，基本养老保险覆盖十亿四千万人，基本医疗保险参保率稳定在百分之

---

① 习近平：《高举中国特色社会主义伟大旗帜　为全面建设社会主义现代化国家而团结奋斗——在中国共产党第二十次全国代表大会上的报告》，人民出版社2022年版，第47页。
② 习近平：《扎实推动共同富裕》，《求是》2021年第20期。　．

九十五"[1]，极大提升了民生保障体系的公平性、适应性和可持续性，使全体人民在就业、教育、养老、就医、住房等基本公共服务、基本生产生活、基本发展权益等方面能够实现托底和共享。与此同时，进入新时代新征程，在全面建设社会主义现代化国家背景下，对民生保障也提出了一系列更高的要求。需不断健全民生保障体系，推进其更高质量的发展，使其更加成熟定型，解决好人民群众急难愁盼等民生问题，让现代化建设成果更多更公平惠及全体人民，有效解除人们的后顾之忧，充分激发人民进行现代化建设的积极性、主动性和创造性，从而为全面建成社会主义现代化强国提供坚实支撑。

具体来讲，一是不断丰富和完善民生保障体系，使其更加灵活多元化，以满足不同社会群体的多样化和多层次的社会保障需求。政府应继续加大财政公共资金投入民生保障领域的力度，不断完善基础性、普惠性、兜底性的初级民生保障体系，如基本医疗和失业保险，农村社会救助制度，老弱病残孕帮扶机制，老年人关爱服务体系等，确保低收入人群也能获得基本生活保障。同时，要不断提升社会保障项目的丰富性及覆盖人群的广泛性，特别是针对各种新经济带来的新业态就业人员、灵活就业人员，以及农民工、退伍军人等，应将其纳入到社会保障体系。此外，还要注重提升社会保障的层次性和丰富性，积极发展商业保险，切实满足不同社会群体的差异化和个性化的社会保

---

[1] 习近平：《高举中国特色社会主义伟大旗帜　为全面建设社会主义现代化国家而团结奋斗——在中国共产党第二十次全国代表大会上的报告》，人民出版社2022年版，第11页。

障需求。二是不断提升民生保障体系的统筹协调性，着力构建更加公正的社会保障。习近平指出，"我国社会保障制度改革已进入系统集成、协同高效的阶段"①。主要是要解决城乡之间、不同区域之间、体制内外民众所享受的社会保障的差异性问题，要从多个维度、多个方面、在更高层次上实现社会保障的协调统筹，逐步提升其统筹的广度与深度。对于统筹城乡居民享受社会保障方面，国家和地方层面都应加大对农村社会保障的支持和投入力度，城市社会保障资源也应适度反哺于农村社会保障发展，城乡在社会保障的基本待遇、经办管理、筹资机制等方面，应实现渐进统筹，而在基本民生保障方面，如基本医疗、养老、最低生活保障等方面，应进一步提升城乡整合力度，逐步实现城乡均等化。对于统筹不同区域社会保障方面，应调剂东部发达地区的部分社会保障资源向中西部地区和东北地区转移，进一步促进区域之间社会保障水平的均等化，着力构建全国范围统一、公平灵活、安全规范、可持续的民生保障体系。对于统筹体制内外社会保障问题，应采取更加精准的政策措施，推进体制内外基本医疗、养老等保障制度并轨，同时，应参照体制内的社会保障资源逐渐筹措配齐体制外的社会保障资源，切实解决体制内外社会保障待遇的巨大差异问题，逐步实现民众社会保障待遇的均等化。三是加快推进社会保障法治化与制度化。社会保障事业要持续、稳定发展，离不开法治保驾护航。在全面依法治国的语境下，我们应从立法、执法、司法、守法等各环节

①《完善覆盖全民的社会保障体系　促进社会保障事业高质量发展可持续发展》，《人民日报》2021年2月28日。

推进社会保障的法治化，依法健全社保基金保值增值和安全监管体系。在立法方面，应加快社会保障领域的立法，如医疗保障法、社会救助法等，对一些落后于时代要求的旧法律法规应该及时予以修订完善，如社会保险法、慈善法、失业保险法等。通过校正和完善这些法律法规，可以明确政府、单位和个人在社会保障中的各自权利、义务、责任，从而实现社会保障的有法可依。在执法方面，务必做到执法必严，对于社会保障领域的各种违法行为，特别是挪用贪占社保资金和骗保等违法行为，应从严从快依法进行严厉打击。在司法方面，应快速而公正地判处社会保障领域的违法问题，守好民众的"保命钱""育儿钱""养老钱"。在守法方面，应加大社会保障领域相关法律法规的宣传、阐释和普及，党员干部应带头遵守和履行相关法律法规，从而在全社会形成敬法守法的良好风气。四是不断提升社会保障管理的精细化程度和服务水平。构建全国统一、灵活高效的民生保障公共服务平台和管理体系，是提升社保治理效能的重要方面，对于人们享有高质量的民生保障服务具有重要意义。由此，我们应采取有效政策措施，打破地区、部门分割，保证社会保障的关系登记和转移接续的顺畅便捷；着力构建精准认定各类社保项目对象的体制机制，保证民众及时享有各类社会保障服务，实现应保尽保、应享尽享、应助尽助；积极构建与完善全国统一、便捷化、人性化的社会保障管理与服务的公共平台，并不断提升其数字化与智能化水平，同时也注重满足老年人、残疾人等特殊群体需求，把社保的智能化服务与传统服务有机结合起来，保证为每一位社会成员提供贴心的保障服务。

第四，着力推进城乡一体化和区域协调发展，推动人民实现共同富裕。"在城乡区域协调发展的基础上扎实推进共同富裕，有利于培育和增强发展的动力源"①，是不断推进和拓展中国式现代化的必要举措。一方面，农业农村农民是我国实现现代化和共同富裕的核心问题，新时代发展不平衡主要是城乡发展的不平衡，发展不充分也主要是农村发展的不充分，城乡差距及其导致的城乡二元结构已成为新时代新征程制约实现共同富裕的重要问题。基于此，党中央坚持农业农村优先发展的战略方针，及时出台了把巩固脱贫攻坚成果同乡村振兴有机结合衔接的政策举措，着力推动城乡一体化发展，实现城乡要素的有序自由流动。强调要加快农业强国建设，深化农业供给侧结构性改革，力求通过科技推进农业和农村的现代化，实现农业技术集成化和生产经营的信息化，使乡村产业、人才、文化等实现全面振兴。同时，也特别注重解决农村中的厕所改造、危房整修、垃圾和污水处理等民生难题，稳步推进新农村建设，改善农村人居环境，加快完善乡村基础设施和公共服务布局，着力打造宜居宜业和美现代化新乡村。通过各种政策措施加大统筹城乡一体化发展的力度，形成城市与农村互促互进、良性循环的融合发展态势。重点推进城乡公共服务均等化，保障农民的基本民生权益，通过发展乡村特色产业，发展新型农村集体经济和农业适度规模化经营，深化改革农村土地制度等，不断丰富和拓宽农民增收致富渠道，促进城乡居民收入的均衡化，最终实现城

---

① 国家发展和改革委员会：《深入贯彻新发展理念　加快构建新发展格局》，《求是》2021 年第 9 期。

乡融合互动发展，进一步夯实实现共同富裕的现实基础。另一方面，区域发展不平衡也是制约实现共同富裕的重要因素。中国是一个地域十分广阔的国家，不同地区自然条件和资源禀赋差异较大。改革开放以来，国家相对比较注重把政策、资金、项目等投入到东部沿海地区，使得这些地区率先发展起来，而广大中西部地区，由于自然条件和经济基础较弱，在经济发展和改善民生方面则相对落后，由此国家也出台了促进区域协调发展的重大战略举措，如推动西部大开发、东北振兴、中部崛起等，但区域发展不平衡问题仍然存在，区域分化现象仍比较严重。基于此，新时代新征程中党和国家进一步制定了一系列推动区域协调发展的重大战略举措及相关落实机制，如推进京津冀协同发展，推动黄河流域生态保护和高质量发展，加快长江经济带建设，加强东西部扶贫协作和对口支援等，要求各地要根据自身的资源要素禀赋特征，充分发挥自身的比较优势，坚持宜商则商、宜农则农、宜工则工，推动区域优势互补、协同发展，并集中资源和力量着力解决革命老区、民族地区和边疆地区等欠发达地区的民生和发展问题，这对于推进区域协调发展和共同富裕，具有十分重要的积极作用，也是践行坚持人民至上的重要路径。

第五，大力发展全过程人民民主，保障人民当家作主。坚持人民至上，必然要求在实践中大力发展民主政治，切实保障人民当家作主。积极争取和实现人民民主，是中国共产党始终如一的奋斗目标，我们党在革命、建设和改革过程中，不断推进我国民主发展，使民主从纯粹的价值观念逐渐具体化为我们的制度形态、治理机制和生活方式，使人民的各种民主权利得到了有效落实和保障，这也是我们党能够获取民心，得到人民拥护和支持的重要原因。

党的十八大以来，面对世界各国对民主标准和民主话语的激烈争夺，习近平曾说过"……全体人民能否依法管理国家事务和社会事务、管理经济和文化事业，人民群众能否畅通表达利益要求……"[1]是判定一个国家政治制度是否是民主的、有效的重要标准。同时，为满足人民新时代对民主的迫切需求，我们党在大力推进中国特色社会主义民主政治建设过程中，习近平总书记提出了全过程人民民主的重大创新理论，指出我国的人民民主是一种全过程的人民民主，"全过程人民民主是社会主义民主政治的本质属性，是最广泛、最真实、最管用的民主"[2]。这种民主既使人民对当家作主的根本要求得到有效满足，也使人民参与管理国家和社会事务，以及自由表达意见建议的现实诉求能够得到实现，全过程人民民主是我国民主政治在新时代的新形态和新表达，也是构成习近平新时代中国特色社会主义思想的重要内容。

新时代新征程我们党坚持人民至上，大力发展全过程人民民主，切实保障人民享有广泛而真实的民主权利。通过不断发展和完善人民代表大会制度、中国共产党领导的多党合作和政治协商制度、民族区域自治制度、基层群众自治制度等民主政治制度，进一步健全全过程人民民主的制度体系，保障人民享有充分的民主选举、民主协商、民

---

[1]《习近平谈治国理政》第四卷，外文出版社 2022 年版，第 258 页。
[2] 习近平：《高举中国特色社会主义伟大旗帜　为全面建设社会主义现代化国家而团结奋斗——在中国共产党第二十次全国代表大会上的报告》，人民出版社 2022 年版，第 37 页。

主决策、民主管理、民主监督等民主权利，并通过制度化方式不断拓展民主渠道和丰富民主形式，为人民当家作主提供牢固的制度保障。协商民主是实践全过程人民民主的重要形式，在党的领导下，不断完善协商民主的体系，让政党协商、人大协商、政协协商、基层协商等各种协商形式统筹推进，使协商民主实现多层级、制度化、广泛化发展。基层民主是全过程人民民主的重要体现。大力推动基层民主的实践探索，通过民主恳谈、远程协商、民主听证、网络议政等方式，把人民的意见和建议广泛收集起来，让人民共同参与基层公共事务的治理。同时，在党的领导下，大力加强基层群众自治机制建设，不断完善基层直接民主制度体系和工作体系，实现城乡基层民众的自我管理、自我服务和自我监督，切实维护和实现人民的民主权利。

第六章　坚持自信自立

　　党的二十大报告指出："我们党勇于进行理论探索和创新，以全新的视野深化对共产党执政规律、社会主义建设规律、人类社会发展规律的认识，取得重大理论创新成果，集中体现为新时代中国特色社会主义思想。"①同时强调，"六个必须坚持"是理解和把握习近平新时代中国特色社会主义思想的全新进路，以及其内蕴的道理学理哲理，成为习近平新时代中国特色社会主义思想的精神实质和精髓要义。其中，"坚持自信自立"是习近平新时代中国特色社会主义思想的鲜明特质，是对马克思主义中国化时代化的坚定信念，是中国共产党创造百年历史伟业的思想基点，集中反映了中国共产党人和中国人民的精神风貌。当前，"党团结带领中国人民又踏上了实现第二个百年奋斗目标新的赶考之路"②，坚持自信自立，是我们党领导中国人民继

---

① 习近平：《高举中国特色社会主义伟大旗帜　为全面建设社会主义现代化国家而团结奋斗——在中国共产党第二十次全国代表大会上的报告》，人民出版社 2022 年版，第 17 页。
②《中国共产党第十九届中央委员会第六次全体会议公报》，人民出版社 2021 年版，第 21 页。

续推进理论创新、实践创新，不断开创事业新局面的重要法宝。

一、坚持自信自立的生成理路

习近平总书记指出："当今世界，要说哪个政党、哪个国家、哪个民族能够自信的话，那中国共产党、中华人民共和国、中华民族是最有理由自信的。"[①]我们的自信，并非凭空而出的主观建构，而是基于深刻的理论依据、文化根脉和实践基础的，源自对马克思主义的坚定信仰，源自中华民族伟大精神的坚强支撑，源自对中国特色社会主义的坚定信念，以及对建设社会主义现代化国家的历史担当和创造精神，是主体认知、历史演进和文化传承的必然结果。

（一）理论维度：源自对马克思主义科学真理的坚定信仰

中国共产党之所以能够形成自信自立的精神气度，首先在于具有科学理论的指导。党的二十大报告明确指出："马克思主义是我们立党立国、兴党兴国的根本指导思想。实践告诉我们，中国共产党为什么能，中国特色社会主义为什么好，归根到底是马克思主义行，是中国化时代化的马克思主义行。拥有马克思主义科学理论指导是我们党坚定信仰信念、把握历史主动的根本所在。"[②]这充分揭示了坚持自信自立的理论基础。马克思主义是科学的理论，创造性地揭示了人类

[①] 习近平：《论中国共产党历史》，中央文献出版社 2021 年版，第 125 页。
[②] 习近平：《高举中国特色社会主义伟大旗帜　为全面建设社会主义现代化国家而团结奋斗——在中国共产党第二十次全国代表大会上的报告》，人民出版社 2022 年版，第 16 页。

社会发展的一般规律，揭示了资本主义运行的特殊规律，为人类指明了从必然王国向自由王国飞跃的途径，为人民指明了实现自由和解放的道路。正如列宁所说："我们完全以马克思的理论为依据，因为它第一次把社会主义从空想变成科学，给这个科学奠定了巩固的基础，指出了继续发展和详细研究这个科学所应遵循的道路。"①辩证唯物主义和历史唯物主义的世界观和方法论，是马克思主义最根本的理论特征，是我们认识世界、改造世界的有力思想武器。唯物辩证法认为，矛盾的普遍性和特殊性的关系，也就是共性与个性、一般与个别的关系，是辩证统一的。普遍性存在于特殊性之中，特殊性包含着普遍性。中国共产党人坚持自信自立，在理论上不迷信"本本"，在实践中不照抄照搬别国经验，在"历史向世界历史转变"的宏大背景下，始终基于历史方位、主要矛盾和根本问题等中国具体国情进行思考与实践，独立自主探索自己的道路，充分体现了具体问题具体分析这一马克思主义的活的灵魂。历史唯物主义指明客观规律性和主体能动性相统一、合规律性与合目的性相统一的观点，指出我们党在系统、具体、历史地分析中国社会运动及其发展规律的基础上，还要发挥主观能动性，发挥历史主动精神，掌握历史主动，进而增强自信自立的底气。"马克思主义就是我们党和人民事业不断发展的参天大树之根本，就是我们党和人民不断奋进的万里长河之源泉。"②理论自信是对当代中国发展进步根本方向的自信。中国共产党基于对马克思主义科学性的深

①《列宁全集》第四卷，人民出版社 1984 年版，第 160 页。
②《习近平谈治国理政》第二卷，外文出版社 2017 年版，第 66 页。

刻把握，对其始终牢牢占据真理和道义的制高点所展示出的强大力量的信服，认定"马克思的学说真是拯救中国的导星"①，"我们信仰的主义，乃是宇宙的真理"②，自建党以来就高擎起马克思主义真理火炬，自信自强、守正创新、踔厉奋发、勇毅前行，推动党和人民事业取得一个又一个胜利。历史和实践充分证明，马克思主义没有辜负中国，中国也没有辜负马克思主义，坚持自信自立是新时代中国特色社会主义世界观方法论的显著特色和重大成就。

（二）文化根脉：源自中华民族伟大精神和中华优秀传统文化的坚强支撑

马克思指出："人们自己创造自己的历史，但是他们并不是随心所欲地创造，并不是在他们自己选定的条件下创造，而是在直接碰到的、既定的、从过去承继下来的条件下创造。"③从一定意义上说，一个国家和民族选择什么样的发展道路，不仅受制于特定时期的政治和经济因素，而且取决于特有的文化传统。中华民族五千年生生不息、其命维新。中华文明源远流长、葆有生机，是世界古代文明中唯一未曾中断而延续至今的灿烂文明。2017 年，习近平总书记在中国共产党与世界政党高层对话会上的主旨讲话中指出："回顾历史，支撑我们这个古老民族走到今天的，支撑 5000 多年中华文明绵延至今的，是根植于中华民族血脉深处的文化基因。"群览中华山河大地，中华文

---

①《李大钊全集》第四卷，人民出版社 1999 年版，第 376—377 页。
②《方志敏文集》，人民出版社 1985 年版，第 179 页。
③《马克思恩格斯文集》第二卷，人民出版社 2009 年版，第 470—471 页。

明与之水乳交融，有如九曲黄河，以奔流到海不复回的磅礴气势孕育了中华民族自强不息、百折不挠的民族品格；纵观诸子百家盛况，天人合一、道法自然、兼容并包、亲仁善邻、讲信修睦、仁者爱人、孝悌忠信、礼义廉耻等宇宙观、天下观、社会观、道德观，已成为人民群众日用而不觉的共同价值观念，铸就了以爱国主义为核心的民族精神；放眼古今中外，中国的造纸术、火药、印刷术、指南针、天文历法、哲学思想、民本理念等在世界上影响深远，有力推动了人类文明发展进程。悠久的民族发展史、鲜明的文化基因、灿烂的文明成果，向世人展现了中华民族最深沉最持久的精神追求，不仅塑造了中华民族独特的精神特质，也塑造了中国独特的发展道路，是我们自信自立的历史根源和文化基点。基于此，我们党始终秉持历史自信、文化自信，做中华民族一切文化、思想、道德的最优秀传统的继承者，一方面以马克思主义为指导对中华五千多年文明宝库进行系统挖掘，用马克思主义激活中华优秀传统文化富有生命力的优秀因子并赋予新的时代内涵；另一方面，将中华民族的精神追求、价值共识、经验智慧与马克思主义思想精髓联结贯通，聚变为新的理论优势，掌握思想和文化的主动，使马克思主义实现了"真理本土化"，使其彰显了独有气韵与时代风采。源自中华民族精神和中华优秀传统文化的自信自立，已成为中国共产党带领中国人民全面实现社会主义现代化和中华民族伟大复兴坚强的精神支撑和持续的精神动力。

（三）实践基础：源自对中国共产党百年奋斗光辉历程和伟大成就的深刻总结

马克思指出："哲学家们只是用不同的方式解释世界，问题在于改变世界"①，进而强调，"理论在一个国家实现的程度，总是取决于理论满足这个国家的需要的程度"②。毛泽东曾言："马克思列宁主义来到中国之所以发生这样大的作用，是因为中国的社会条件有了这种需要，是因为同中国人民革命的实践发生了联系，是因为被中国人民所掌握了。"③回顾中国共产党的百年奋斗历史，我们党在革命、建设、改革的不同历史时期不仅找到了马克思主义科学理论这一制胜法宝，而且以独立自主的探索和实践精神，坚定走自己的路的信心和决心，成功走出了一条不断推进马克思主义中国化时代化的唯一正确道路。自信自立成为理想信念的生动实践和理论自觉的现实表达。党的二十大报告指出："党的百年奋斗成功道路是党领导人民独立自主探索开辟出来的，马克思主义的中国篇章是中国共产党人依靠自身力量实践出来的，贯穿其中的一个基本点就是中国的问题必须从中国基本国情出发，由中国人自己来解答。"新民主主义革命时期，对苏联经验和共产国际神圣化的教条主义使中国革命屡遭失败，我们党迫切需要找到一条适合中国国情的革命道路。以毛泽东同志为主要代表的中国共产党人，经过艰苦探索、付出巨大牺牲，积累了一系列独创性

①《马克思恩格斯文集》第一卷，人民出版社2009年版，第502页。
②《马克思恩格斯文集》第一卷，人民出版社2009年版，第12页。
③《毛泽东选集》第四卷，人民出版社1991年版，第1515页。

经验，创立了毛泽东思想，最终领导中国人民取得新民主主义革命的胜利，完成建国大业，走上独立自主发展道路。事实证明，中华民族"有在自力更生的基础上光复旧物的决心，有自立于世界民族之林的能力"①。改革开放和社会主义建设新时期，党基于我国发展新要求，科学回答了建设中国特色社会主义的一系列基本问题，确立社会主义初级阶段的基本路线，成功开创了中国特色社会主义道路，形成中国特色社会主义理论体系。邓小平同志强调："中国的事情要按照中国的情况来办，要依靠中国人自己的力量来办。独立自主，自力更生，无论过去、现在和将来，都是我们的立足点。"②党的十八大以来，依据国内外形势新变化和实践新要求，以习近平同志为核心的党中央采取一系列战略性举措，推进一系列变革性实践，实现一系列突破性进展，取得一系列标志性成果，党和国家事业取得历史性成就、发生历史性变革，习近平新时代中国特色社会主义思想在这样的伟大时代中应运而生、顺势而成。踏上新征程，习近平总书记告诫全党："坚持独立自主、自力更生，……坚持把国家和民族发展放在自己力量的基点上，坚持把中国发展进步的命运牢牢掌握在自己手中"③。诚然，"人类历史上没有一个民族、一个国家可以通过依赖外部力量、照搬

---

① 《毛泽东选集》第一卷，人民出版社 1991 年版，第 161 页。
② 《邓小平文选》第三卷，人民出版社 1993 年版，第 3 页。
③ 习近平：《高举中国特色社会主义伟大旗帜　为全面建设社会主义现代化国家而团结奋斗——在中国共产党第二十次全国代表大会上的报告》，人民出版社 2022 年版，第 27 页。

外国模式、跟在他人后面亦步亦趋实现强大和振兴"①。百余年来,中国共产党人坚持自信自立,始终秉持求真务实、开拓创新的科学态度和与时俱进、奋发有为的精神状态,对中国问题有着最深切的认识,对其独特成因有着最准确的把握,创造了开天辟地、改天换地、翻天覆地、惊天动地的伟大事业,在不懈探索中以发展着的理论指导发展着的实践,以新的伟大实践升华新的伟大理论,不断推进实践创新和理论创新的良性互动。

总而言之,中国共产党和中国人民的自信,就是坚持对马克思主义的坚定信仰、对中国特色社会主义的坚定信念、对中华优秀传统文化的坚定信赖,就是坚定道路自信、理论自信、制度自信、文化自信。这种自信,既源自对中华文明五千余年的传承赓续,又根植于中国共产党一百多年奋斗的辉煌历程和七十余年执政兴国的宝贵经验中。中国共产党和中国人民的自立,就是开创自己道路的自立,是担当历史使命的自立,是坚持自力更生的自立,是勇于开拓创新的自立。自信自立则是将党的历史经验凝练为立场观点方法,必须坚持好、运用好。

二、坚持自信自立的价值意蕴

自信自立既是一种鲜明的气质禀赋和态度彰显,更因其蕴含着意

①《"学习习近平总书记重要讲话精神,迎接党的二十大"——论学习贯彻习近平总书记在省部级主要领导干部专题研讨班上重要讲话》,人民出版社2022年版,第21页。

志、智慧和价值体认，成为一种深层的力量积蓄。一个政党特别是一个真正的马克思主义执政党，唯有坚持自信自立并以其强大的历史穿透力、文化感染力和精神感召力统一思想、凝聚共识、厚植底气，方可掌握克服艰难险阻、创造历史伟业的有力武器。

（一）坚持自信自立，不断开辟马克思主义中国化时代化新境界

"时代精神的精华"和"文明的活的灵魂"是马克思对"任何真正哲学"的生动描述，借此指明哲学的人类性与时代性具有统一性而不可割裂。无论是170多年的国际共产主义运动历史，还是100多年的中国共产党历史，都充分证明社会主义事业若想取得成功，离不开马克思列宁主义的指导。与此同时，马克思列宁主义必须与本国实际、本国优秀传统文化相结合，才能正确指导这个国家的革命、建设和改革不断走向胜利，这是真理性的认知。而中国共产党正是准确认知这样两个层次真理的开拓者，习近平同志则是全面系统总结这一规律的集大成者。党的二十大报告鲜明指出："只有把马克思主义基本原理同中国具体实际相结合、同中华优秀传统文化相结合，坚持运用辩证唯物主义和历史唯物主义，才能正确回答时代和实践提出的重大问题，才能始终保持马克思主义的蓬勃生机和旺盛活力"[1]。"两个结合"是以习近平同志为主要代表的中国共产党人面对新的时代课题和新的历史使命，以坚定的历史自觉和强烈的文化自信提出的新的重大创新

---

[1] 习近平：《高举中国特色社会主义伟大旗帜　为全面建设社会主义现代化国家而团结奋斗——在中国共产党第二十次全国代表大会上的报告》，人民出版社2022年版，第17页。

理论，不仅深刻揭示了我们党过去为什么能够成功、未来怎样才能继续成功的根本所在，也清晰阐明了如何科学回答中国之问、世界之问、人民之问、时代之问的方法路径，深化了我们党对坚持和发展马克思主义的规律性认识，开辟了马克思主义中国化时代化新境界。党的十八大以来，我们党基于中国国情的深刻变化，基于我国社会发展的历史方位，结合历史和现实、理论和实践、国内和国际进行深度思考，提出中国社会主要矛盾已经发生变化的重大判断，指明当前我国社会主要矛盾已经转化为人民日益增长的美好生活需要和不平衡不充分的发展之间的矛盾。同时，更加清醒地认识到，当前世界正经历百年未有之大变局，我国正处在中华民族伟大复兴的关键时刻。面对新形势新变化新挑战，以习近平同志为核心的党中央坚持以科学的态度对待科学，以真理的精神追求真理，既坚定坚持马克思主义立场观点方法不动摇，又以我们正在做和将要做的事情为中心，坚持用马克思主义之"矢"去射新时代中国之"的"，提出一系列原创性的治国理政新理念新思想新战略，形成以"十个明确""十四个坚持""十三个方面成就"为主要内容的习近平新时代中国特色社会主义思想，充分彰显了中国共产党人的历史主动精神和自信自立的理论品格，再一次赋予 21 世纪马克思主义鲜明的中国特色、中国风格、中国气派。

作为新时代中国特色社会主义思想的主要创立者，习近平总书记高度重视对中华优秀传统文化的创造性转化和创新性发展，多次强调"中华优秀传统文化是中华民族的突出优势"①，"是中华民族的根

---

① 《习近平谈治国理政》第一卷，外文出版社 2018 年版，第 155 页。

和魂"①。正如 2021 年 3 月，习近平总书记在福建考察时指出："我
们走中国特色社会主义道路，一定要推进马克思主义中国化。如果没
有中华五千年文明，哪里有什么中国特色？如果不是中国特色，哪有
我们今天这么成功的中国特色社会主义道路？我们要特别重视挖掘中
华五千年文明中的精华，把其中的精华同马克思主义立场观点方法结
合起来，坚定不移走中国特色社会主义道路。"无论是在国际场合阐
明中国原则、观点和立场，还是在一系列重要讲话和文章中对治国理
政重大问题的讲述，再到和基层干部、群众、青年朋友的交流谈心，
习近平总书记总是善于从中华优秀传统文化中汲取智慧和经验，不仅
对这些中华优秀传统文化的精髓有精准的阐释，而且赋予其新的时代
价值，闪烁着新时代的思想光芒。比如，引"周虽旧邦，其命维新"
说明中华民族应永远充满变革和开放精神，借"人生天地间，长路有
险夷"说明中国共产党人要永存不畏强敌、不惧风险、敢于斗争、勇
于胜利的风骨和品质，以"人视水见形，视民知治不"说明人心向
背关乎一个国家、一个政党的兴盛与衰亡，用"功崇惟志，业广惟
勤"号召全党上下要奋进有为、实干兴邦。文化自信彰显民族自信。
习近平总书记把中华优秀传统文化作为重要思想源泉，承继中华文明
人文精神、道德价值、历史智慧的精华养分，开辟了在深厚传统中取
精用宏、固本开新的治国理政新境界，不断将马克思主义与中华优秀
传统文化相结合的认识与实践引向新阶段。

---

① 习近平：《在十九届中央政治局第三十九次集体学习时的讲话》，2022 年 5
月 27 日。

（二）坚持自信自立，成功走出中国式现代化道路，创造了人类文明新形态，拓展了发展中国家走向现代化的途径

马克思指出："凡是民族作为民族所做的事情，都是他们为人类社会而做的事情。"[①]中国的发展离不开世界，同时又是属于世界上全人类进步伟大事业的共同财富。近代以来，实现现代化成为人类社会发展的主要动力和目标，亦是中国人民矢志奋斗的梦想。其间，中国共产党坚持一切从实际出发，认定现代化不等于西方化，怎样搞中国式现代化，必须由中国人自己来解答。在新中国成立特别是改革开放长期探索和实践基础上，经过党的十八大以来在理论和实践上的创新突破，我们党成功推进和拓展了中国式现代化，创造了人类文明新形态。中国式现代化，摒弃了西方以资本为中心的现代化、两极分化的现代化、物质主义膨胀的现代化、对外扩张掠夺的现代化老路，有力昭示了世界上既不存在定于一尊的现代化模式，也不存在放之四海而皆准的现代化标准。正如英国学者马丁·雅克所言，中国式现代化不仅为中国未来发展开启众多全新可能，也为世界发展提供了新理念、新思维。美国《全球策略信息》杂志社华盛顿分社社长威廉·琼斯表示，发展中国家从中国式现代化中汲取经验要比照搬西方现代化的老路好得多。中国式现代化所展现的有别于西方现代化模式的新图景，所蕴含的独特世界观、价值观、历史观、文明观、生态观及其伟大实践，为世界现代化进程贡献了中国智慧和中国方案。坚持自信自立，坚定"走自己的路"应是每一个既想要加快发展又想保证自身独立性的国

---

① 《马克思恩格斯论民族问题（上册）》，民族出版社1987年版，第56页。

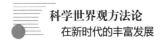

家均应秉承的鲜明态度。

习近平总书记在党的二十大报告中强调：中国式现代化"既有各国现代化的共同特征，更有基于自己国情的中国特色"。国情即为最大的特色，只有始终把自己作为认识对象，才能在把握客观规律的基础上充分发挥人的主观能动性，自信、自立、自强、自觉地做好自己的事情。中国式现代化，就是在中国共产党在主动回答"新时代坚持和发展什么样的中国特色社会主义、怎样坚持和发展中国特色社会主义，建设什么样的社会主义现代化强国、怎样建设社会主义现代化强国，建设什么样的长期执政的马克思主义政党、怎样建设长期执政的马克思主义政党"等重大时代课题中形成和发展起来的现代化，就是深刻透析和准确把握人口规模巨大、全体人民共同富裕、物质文明和精神文明相协调、人与自然和谐共生与走和平发展道路等五大重要特征的现代化，所构建的更加清晰、更加科学、更加可感可行的中国式现代化理论体系，充分展示了社会主义制度的先进性和优越性。实践证明，中国式现代化是正确的、科学的、符合中国国情的现代化道路，是我们强国建设、民族复兴的康庄大道。自信才能勇于自立，自立方可愈加自信。在现代化发展之路上，从跟跑到并跑再到能在一些领域领跑，中国式现代化的成功实践是我们党坚持道路自信、理论自信、制度自信、文化自信的生动写照，这种矢志不渝走自己的路的坚定信心和决心，是中国共产党独立自主开拓前进的强大精神力量，也是党和人民事业不断从胜利走向胜利的根本保证。坚持自信自立，中国式现代化的中国特色将更加鲜明、优势更加彰显、前景更加光明。

（三）坚持自信自立，推动党和国家事业取得历史性成就、发生历史性变革

党的二十大报告指出："新时代十年的伟大变革，在党史、新中国史、改革开放史、社会主义发展史、中华民族发展史上具有里程碑意义。"[①]通常来讲，我们将关乎全局性的、战略性的、标识性的、转折性的、根本性的事情称为具有里程碑的意义。党的十八大以来，以习近平同志为核心的党中央团结带领全党全军全国各族人民，不信邪、不怕鬼、不怕压，知难而进、迎难而上，经受住了来自政治、经济、意识形态、自然界等方面的风险挑战考验，经历了对党和人民事业具有重大现实意义和深远历史意义的"三件大事"，攻克了许多长期没有解决的难题，办成了许多事关长远的大事要事，推动党和国家事业取得历史性成就、发生历史性变革，已在信心百倍推进中华民族从站起来、富起来到强起来的伟大飞跃，这确是具有里程碑意义的十年。党的十八大之后，中国特色社会主义进入新时代，中国社会主义初级阶段迈进新发展阶段，这标志着新中国史和改革开放史步入了一个新时期，这是比历史上任何时期都更接近、更有信心和能力实现中华民族伟大复兴目标的新时期，中国人民从来没有像今天这样富裕富足、扬眉吐气。

中国的自信源自何处？中国的自信不是盲目的，更不是自吹自擂

---

① 习近平：《高举中国特色社会主义伟大旗帜　为全面建设社会主义现代化国家而团结奋斗——在中国共产党第二十次全国代表大会上的报告》，人民出版社 2022 年版，第 15 页。

的，而是建立在扎实基础之上的，是经得住历史考验和实践检验的。
究其根源，中国的自信源自中国共产党坚强有力的领导。全面建设社
会主义现代化国家、全面推进中华民族伟大复兴，关键在党。习近平
总书记在十九届三中全会第二次全体会议上的讲话中强调："'治国
犹如栽树，本根不摇则枝叶茂荣。'我们治国理政的本根，就是中国
共产党的领导和我国社会主义制度。在这一点上，必须理直气壮、旗
帜鲜明。"[1]党的十八大以来，我们党坚守初心使命，面对"四大考
验""四种危险"的长期并存，持之以恒推进全面从严治党，深入推
进党的建设新的伟大工程，以勇于自我革命的精神打造锤炼自己，确
保自身无产阶级政党的先进性、纯洁性和为人民服务的宗旨始终不变。
中国共产党以百余年来一以贯之的"千磨万击还坚劲，任尔东西南北
风"的坚韧和"明知征途有艰险，越是艰险越向前"的魄力，成为中
国人民的"主心骨"和国家发展的"顶梁柱"，中国共产党的领导成
为"中国、中国人民、中华民族的一大幸事"[2]，成为中国自信的根
源与保证。同时，中国的自信也与中国人民对中国共产党的信任高度
统一、共生共荣。《2022年度爱德曼信任晴雨表》调查显示："2021
年中国民众对政府信任度高达91%，同比上升9个百分点，蝉联全球
第一。在国家综合信任指数方面，中国高达83%，同比增长11个百分点，

---

[1] 习近平：《毫不动摇坚持和加强党的全面领导》，《求是》2021年第18期。
[2] 习近平：《以史为镜、以史明志 知史爱党、知史爱国》，《求是》2021年
第12期。

位列全球首位。"① 由此，坚持和加强党的全面领导，必须深刻领悟"两个确立"的决定性意义，坚定捍卫"两个确立"，坚决做到"两个维护"，始终在政治立场、政治方向、政治原则、政治道路上同以习近平同志为核心的党中央保持高度一致，亦是中国人民愈发自信、自立、自强的自觉观照。

三、坚持自信自立的实践指向

当下，我们已实现第一个百年奋斗目标，正意气风发向第二个百年奋斗目标进军。"其作始也简，其将毕也必巨。"面向新时代、新征程、新伟业，我们要更加自信自立，不断增强做中国人的志气、骨气、底气，做好自己的事，走好自己的路，用新的伟大奋斗创造新辉煌。

（一）坚定"四个自信"，集中精力办好自己的事情

"历尽天华成此景，人间万事出艰辛。"经过长期奋斗特别是党的十八大以来的砥砺奋进，我国全面建设社会主义现代化国家新征程已经顺利开启，实现中华民族伟大复兴进入了不可逆转的历史进程。我们也清醒地认识到，越是接近民族复兴就越不会一帆风顺。如今，中国正处在中华民族伟大复兴战略全局和世界百年未有之大变局的重要历史交汇点上。从国际形势来看，世界进入总体和平、局部战争，总体缓和、局部紧张，总体稳定、局部动荡的新的大变革时期，寰球

---

① 《2022 年度爱德曼信任晴雨表：中国民众对政府信任度蝉联全球第一》，《北京日报》2022 年 1 月 21 日。

风云激荡，时代变乱交织，世界面临的不稳定性不确定性突出，人类面临许多共同挑战。从国内发展来看，作为一个拥有 14 亿多人口、4亿多中等收入群体的社会主义国家，世界第二大经济体、世界第一大工业国和农业国，特别是作为世界上最大的发展中国家，我国发展面临的复杂性、严峻性陡增，国内改革发展稳定面临不少深层次矛盾躲不开、绕不过，各种风险挑战、困难问题比以往更加严峻。如何破解当前中国发展难题，习近平总书记给出了答案，指出："保持定力，增强信心，集中精力办好自己的事情，是我们应对各种风险挑战的关键。"集中精力办好自己的事情，一方面，要坚持从中国基本国情出发，从中国特色社会主义新时代及其社会发展阶段性特征的实际出发，着眼于解决改革开放和社会主义现代化建设中的现实问题，研究新情况、总结新经验、探索新规律，谋划事业，推动工作。而深入了解情况，解决实际问题，要求我们要传承发扬调查研究这一党的基本工作方法和优良传统作风。"凡是忧愁没有办法的时候，就去调查研究，一经调查研究，办法就出来了，问题就解决了。"[1] 切实解决中国高质量发展难题，只有通过调查研究，才能精准把握时与势、危与机，科学有效找到破解症结的办法和途径，有针对性地在补短板、强弱项、固底板、扬优势上下功夫。无论是政党还是个人，正确认识自己是达到自觉的前提。正所谓知人者智，自知者明。而唯有"真自知"，方能"真自信"，以此推动中华民族伟大复兴号巨轮行稳致远。另一方面，坚持以习近平新时代中国特色社会主义思想为指导，自觉自信地肩负

---

① 《毛泽东传》第五册，中央文献出版社 2018 年版，第 269 页。

起发展二十一世纪马克思主义的神圣职责，努力构建具有中国特色的话语体系、学术体系和学科体系，在建构中国自主知识体系这一维度上推进精神上的独立自主。习近平总书记在文化传承发展座谈会上强调，要立足中华民族伟大历史实践和当代实践，用中国道理总结好中国经验，把中国经验提升为中国理论。推进创新理论的体系化、学理化，以实现精神上的独立自主。进一步强调在实现第二个百年奋斗目标、推进中华民族伟大复兴的历史进程中，我们应持续深化马克思主义基本原理同中国具体实际相结合、同中华优秀传统文化相结合，深化研究阐释原理性理论成果，将马克思主义基本原理、中国化时代化的马克思主义基本理论、中华优秀传统文化的基本范畴、中国特色社会主义基本实践、当代人类社会发展的基本问题、中国式现代化发展的基本价值这六个重要问题贯通起来，以对道路、理论、制度、文化的高度自信、充分自信，把传播中华文明、弘扬中华优秀传统文化的责任落在实处，矢志开辟马克思主义中国化时代化新境界。

（二）坚持独立自主，坚定不移走好自己的路

党的十九届六中全会通过的《中共中央关于党的百年奋斗重大成就和历史经验的决议》指出："独立自主是中华民族精神之魂，是我们立党立国的重要原则。走自己的路，是党百年奋斗得出的历史结论。"坚持独立自主，既是中华民族勇往直前、不懈奋斗的精神源泉，又是新中国实现从赶上时代到引领时代的内在动力，更是我们共赴中国式现代化新征程的坚强思想支撑和保障。习近平总书记多次强调："当代中国的伟大社会变革，不是简单延续我国历史文化的母版，不是简单套用马克思主义经典作家设想的模板，不是其他国家社会主义实践的再版，也不是国外现代化发展的翻版"①。坚持独立自主，坚定不移走好自己的路，一方面，要始终保持清醒坚定的战略自主和自力更生的拼搏进取，坚决破除"拄着拐杖"前进的依赖心理，绝不走封闭僵化的老路，更不走改旗易帜的邪路，信心百倍地走好走顺中国特色社会主义这条富民之道、强国之路。不断加强党对各项工作的战略谋划和统一领导，充分运用自身优势条件，在发展道路上保持自主性，在文化上坚持自身主体性，在粮食、能源、关键核心技术等关系国计民生、国家经济命脉的重大问题上保持自足自立，牢牢把命运掌握在自己手中，以中国自身新实践与新认识的互动转化实现创新发展。另一方面，要始终保持兼济天下的自尊自信，在实现自身发展的同时，向世界贡献中国智慧和中国力量。我们深知，独立自主、自力更生不是闭关自守，也不是盲目排外。习近平总书记指出："对丰富多彩的世界，我们应该秉持兼容并蓄的态度，虚心学习他人的好东西，在独立自主的立场上把他人的好东西加以消化吸收，化成我们自己的好东西，但决不能囫囵吞枣、决不能邯郸学步。"② 在新时代新征程上，要树立世界眼光，将独立自主和对外开放相统一，将坚持自我与学习他人相结合，善于主动学习别的国家、民族的长处或先进经验，积极大胆借鉴世界各国人民创造的一切文明成果，以丰富、壮大自己，并

---

① 习近平：《在哲学社会科学工作座谈会上的讲话》，人民出版社 2016 年版，第 25 页。
② 习近平：《在庆祝全国人民代表大会成立 60 周年大会上的讲话》，人民出版社 2014 年版，第 15—16 页。

结合中国实际加以运用。同时，积极推进构建人类命运共同体，弘扬和平、发展、公平、正义、民主、自由的全人类共同价值，把中国发展与世界发展联系起来，把中国人民利益同各国人民共同利益结合起来，在开放合作中谋求自身发展，以自身发展推动世界共同发展，为解决人类社会发展重大问题贡献中国智慧、中国方案。

（三）以自信自立的精神力量创造新的历史伟业

2022 年全国两会期间，习近平总书记作出我国发展具有"五大战略性有利条件"的重大论断，鲜明指出新时代新征程上我国面临的战略机遇和显著优势，为推动中国经济社会平稳健康发展提供了重要认识论和方法论，其中一点即为"有自信自强的精神力量"。实现伟大梦想，需要伟大的精神辅以支撑。坚持自信自立，争取更大的胜利和荣光，一方面，要把握历史主动，发挥主观能动性、勇于担当作为。历史在发展，社会在进步，科技在革命，改革在攻坚。中华民族伟大复兴绝不是轻轻松松、敲锣打鼓就能实现的，文化强国、教育强国、人才强国、体育强国、健康中国建设目标的顺利实现更离不开拼搏与奋斗。这就需要我们以更加成熟自信的精气神，更加自觉主动地担当作为，在机遇面前勇于出击，不犹豫、不观望；在困难面前迎难而上，不推诿、不逃避；在风险面前积极应对，不畏缩、不躲闪，时刻以党和人民事业为重，练就过硬本领，全面提升自身政治能力、调查研究能力、科学决策能力、改革攻坚能力、应急处突能力、群众工作能力、抓落实能力，积极应对大变局的考验和历史的检验，在新征程上谱写新的时代华章、创造新的历史伟业。另一方面，要强化忧患意识，坚持底线思维，敢于斗争、善于斗争。自信自立不是妄自尊大、骄傲自满。过去非凡十年，我国取得历史性成就、发生历史性变革，特别是在世纪疫情跌宕反复、地缘政治冲突升级、供应链挑战加剧、通胀压力持续攀升等多重冲击下，中国依旧实现了经济总量再上新台阶、发展质量稳步提升、改革开放持续深化、生态文明建设成效明显、人民生活不断改善的良好态势，这是来之不易的成绩，理应倍加珍惜。习近平总书记告诫全党："我们千万不能在一片喝彩声、赞扬声中丧失革命精神和斗志，逐渐陷入安于现状、不思进取、贪图享乐的状态，而是要牢记船到中流浪更急、人到半山路更陡"[①]。在新的赶考之路上，我们更要坚定信心、埋头苦干，以行百里半九十的清醒克服阻力、顶住压力、开拓前进。同时，坚持稳中求进工作总基调，常怀远虑、居安思危，针对发展过程中可能遇到的"黑天鹅""灰犀牛"事件，既有防范风险的先手，也有应对和化解风险挑战的高招；既能打好防范和抵御风险的有准备之战，也能打好化险为夷、转危为机的战略主动战，自信且有力地把中华民族伟大复兴的历史伟业推向前进。

---

① 《习近平谈治国理政》第三卷，外文出版社 2020 年版，第 531 页。

第七章　坚持守正创新

　　中国共产党引领中华民族走向伟大复兴的奋斗历程，就是坚持守正创新，谱写马克思主义中国化时代化的发展历程。立足新的历史方位，习近平总书记在党的二十大报告中提出了迈上新征程的新宣言："高举中国特色社会主义伟大旗帜，全面贯彻新时代中国特色社会主义思想，弘扬伟大建党精神，自信自强、守正创新，踔厉奋发、勇毅前行，为全面建设社会主义现代化国家、全面推进中华民族伟大复兴而团结奋斗"①。"守正创新"作为党的二十大的关键词，首次被写入党的全国代表大会的主题，体现了马克思主义科学世界观和方法论在新时代的丰富发展。踏上第二个百年奋斗目标的新征程，以习近平新时代中国特色社会主义思想的世界观和方法论为指导，坚持守正创新，是全面建成社会主义现代化强国、继续推进马克思主义中国化时代化的必由之路。

---

① 习近平：《高举中国特色社会主义伟大旗帜　为全面建设社会主义现代化国家而团结奋斗——在中国共产党第二十次全国代表大会上的报告》，人民出版社2022年版，第1页。

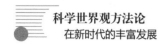

一、坚持守正创新是马克思主义认识世界、改造世界的科学世界观和方法论

马克思主义作为经过实践检验和证明了的人类智慧财富，其创立和发展的过程，并不是一蹴而就的，而是在一次次守正与创新中建构起来的。从功能意义上来看，坚持守正创新，体现了马克思主义唯物辩证法的本质要求，是中国共产党推进马克思主义中国化时代化的历史经验。

（一）坚持守正创新贯穿于马克思主义创立和发展的全过程

马克思主义的创立和发展不是一蹴而就的，而是在持续的守正创新的过程中实现的。青年时期的马克思并不是一个坚定的、彻底的唯物主义者，而是一个理想主义者。他在《青年在选择职业时的考虑》一文中写道："如果我们选择了最能为人类而劳动的职业，那么，重担就不能把我们压倒，因为这是为大家作出的牺牲；那时我们所享受的就不是可怜的、有限的、自私的乐趣，我们的幸福将属于千百万人，我们的事业将悄然无声地存在下去，但是它会永远发挥作用，而面对我们的骨灰，高尚的人们将洒下热泪。"[1] 这表达了马克思致力于为人类服务的崇高理想。在柏林大学求学期间，黑格尔哲学的体系性和青年黑格尔派的反叛性深深吸引了马克思，他逐渐从理想主义中走了出来，走向青年黑格尔派。马克思在接受一些激进的青年黑格尔派哲学思想的同时，也逐渐意识到了黑格尔哲学内在的局限和问题，并试

---

[1]《马克思恩格斯全集》第一卷，人民出版社1995年版，第459—460页。

图在博士论文《德谟克利特的自然哲学和伊壁鸠鲁的自然哲学的差别》中用自我意识哲学来解答一些困惑。在费尔巴哈人本主义的启发下，马克思认识到青年黑格尔派依靠"自我意识"改造世界的理想是无法实现的，从而走上了批判黑格尔哲学的道路。马克思在对国民经济学的批判研究中，从费尔巴哈人的本质及其复归的视角发现了"人的异化"问题。在《神圣家族》中，马克思、恩格斯深刻批判了青年黑格尔派的主观唯心主义，初步提出和阐释了人民群众的历史决定作用的历史唯物主义原理，强调了无产阶级的历史作用，"它奠定了革命唯物主义的社会主义的基础"[1]。这一时期的马克思深受费尔巴哈人本主义的影响，成了一个人道主义者乃至一个共产主义者，尚未成为彻底的唯物论者和马克思主义者。

直到《关于费尔巴哈的提纲》和《德意志意识形态》的完成，马克思在研究经济学过程中，发现了"实践活动的"唯物主义的世界观，继而建构了唯物史观这一新世界观，"从直接生活的物质生产出发阐述现实的生产过程，把同这种生产方式相联系的、它所产生的交往形式即各个不同阶段上的市民社会理解为整个历史的基础，从市民社会作为国家的活动描述市民社会，同时从市民社会出发阐明意识的所有各种不同的理论产物和形式，如宗教、哲学、道德等等，而且追溯它们产生的过程。这样做当然就能够完整地描述事物了（因而也能够描述事物的这些不同方面之间的相互关系）"[2]。1848 年 2 月，《共产

---

① 《列宁选集》第一卷，人民出版社 1995 年版，第 92 页。
② 《马克思恩格斯文集》第一卷，人民出版社 2009 年版，第 544 页。

党宣言》正式出版，第一次系统论述了无产阶级的思想体系，标志着马克思主义的诞生。在新世界观的鼓舞下，马克思积极投身无产阶级革命事业，并就无产阶级的革命任务、策略、目标等问题进行了理论思考与实践探索。但随着一些国家或地方无产阶级革命运动的失败，促使马克思进一步思考新世界观在实践中遇到的问题，以更好地给无产阶级提供科学的理论武器。正如他在给恩格斯的信中所说："我现在发狂似地通宵总结我的经济学研究，为的是在洪水之前至少把一些基本问题搞清楚。"①马克思对政治经济学进行了一次最为彻底的研究，从根本上揭示了资本主义社会发展的规律，也为世界无产阶级革命走向最终胜利找到了钥匙。

马克思坚持以守正创新为方法论原则，创立和发展了马克思主义。习近平总书记在纪念马克思诞辰200周年大会上的讲话中指出："马克思的一生，是为推翻旧世界、建立新世界而不息战斗的一生……他领导创建了世界上第一个无产阶级政党——共产主义者同盟，领导了世界上第一个国际工人组织——国际工人协会，热情支持世界上第一次工人阶级夺取政权的革命——巴黎公社革命，满腔热情、百折不挠推动各国工人运动发展。"②正是在长期的意识批判、理论探索和革命斗争实践中，马克思主义在守正创新中不断丰富和发展。无论是马克思主义哲学和马克思主义政治经济学，抑或科学社会主义，都离不

---

① 《马克思恩格斯文集》第十卷，人民出版社2009年版，第140页。
② 习近平：《在纪念马克思诞辰200周年大会上的讲话》，人民出版社2018年版，第5页。

开马克思、恩格斯对人类已有的关于自然科学、思维科学、社会科学的成果的继承和吸收，这样，马克思主义才能够在实践中得以不断丰富、发展和完善。特别是细胞学说的确立，能量守恒和转化规律的发现，进化论的新发展，为马克思主义的产生奠定了坚实的自然科学基础。德国古典哲学、英国古典政治经济学和英法空想社会主义，则直接构成了马克思主义的理论来源。从马克思主义发展的历史逻辑来看，马克思主义大致经历了马克思主义创立、列宁主义发展和马克思主义多元化本土化丰富三个阶段，其间曾遭遇第二国际修正主义、斯大林修正主义的影响甚至干扰，但在以守正创新的方法论原则坚守下，马克思主义非但没有迷失方向，反而在创新中实现了丰富发展。之所以说马克思主义是持续发展的、开放的理论，在于"马克思的思想理论源于那个时代又超越了那个时代，既是那个时代精神的精华又是整个人类精神的精华"①。因此，马克思主义得以始终站在时代的前沿，引领时代变革与发展。

（二）坚持守正创新体现了马克思主义唯物辩证法的本质要求

马克思主义唯物辩证法作为辩证法思想发展的高级形态，科学反映了关于宇宙自然、人类社会、人类思维的最一般、最普遍、最深刻、最基础的规律与本质，是马克思主义哲学的核心组成部分。唯物辩证法既强调把握事物本身所固有的、本质的、必然的、稳定的联系，遵循事物发展的规律性，也要求充分反映主体的主观能动性，以正确认

---

① 习近平：《在纪念马克思诞辰200周年大会上的讲话》，人民出版社2018年版，第7页。

识世界和改造世界。唯物辩证法包含对立统一规律、质量互变规律、否定之否定规律等三条基本规律，分别揭示了事物发展的动力、状态和趋势，在其世界观和方法论上集中体现为守正创新。对立统一规律又称矛盾规律，是唯物辩证法的根本规律，在此基础上的矛盾分析法是认识世界和改造世界的根本方法。唯物辩证法认为，任何事物内部以及事物之间都包含着矛盾，正是在矛盾双方的统一与斗争中，推动着事物不断向前运动和发展。当矛盾的对立面处于内在统一的状态时，事物也将保持相对稳定的守正状态。当矛盾的对立面无法调和时，就会出现排斥和斗争问题，斗争的结果便是原有结构形式的破坏和新的结构形式的创新性建构。列宁指出："对立面的统一（一致、统一、均势）是有条件的、暂时的、易逝的、相对的。相互排斥的对立面的斗争是绝对的，正如发展、运动是绝对的一样。"① 对立面统一的相对性和条件性决定了矛盾运动的相对稳定的、保守的量变积累状态，从量变到质变，就必然要打破旧的条件和旧的统一，并创造新的条件和新的统一。对立面斗争的绝对性和无条件性则贯穿于矛盾运动的始终，是打破已有条件限制并促使新矛盾代替旧矛盾的根本力量。矛盾斗争的绝对性和统一的相对性原理，深刻揭示了自然和社会事物的辩证发展过程。社会发展是一个持续动态变化的过程，既以一定的社会稳定形态为保障前提，又以新一个层级的社会稳定形态为追求目标。

以守正创新为特质的唯物辩证法是人们认识世界和改造世界的锐利武器，"辩证法在对现存事物的肯定的理解中同时包含对现存事物

① 《列宁选集》第二卷，人民出版社 2012 年版，第 557 页。

的否定的理解，即对现存事物的必然灭亡的理解；辩证法对每一种既成的形式都是从不断的运动中，因而也是从它的暂时性方面去理解；辩证法不崇拜任何东西，按其本质来说，它是批判的和革命的"①。辩证法与形而上学的一个重要区别是辩证法坚持用联系发展的观点来审视问题，承认事物的矛盾性及其存在意义，由此衍生出辩证法的革命批判精神。辩证法将事物的肯定与否定的内在矛盾看作是其发展变化的动力源泉，并揭示了事物发展的前进性与曲折性的统一规律。肯定和否定作为一对重要的哲学范畴，从其表现形式上看，呈现为事物螺旋式上升的守正创新过程。当事物的肯定因素占据主导地位时，事物便处于肯定和守正阶段；当事物的否定因素不断壮大且开始大面积超越挤压肯定因素的生存空间时，事物便进入否定和创新阶段。值得注意的是，事物的肯定和否定往往不是一次就能够完成的，而总是表现为从肯定到否定，再到否定之否定的螺旋式上升的过程。否定之否定的过程，同时也是从简单到复杂、从低级到高级的质量互变过程。

恩格斯指出："所谓'社会主义社会'不是一种一成不变的东西，而应当和任何其他社会制度一样，把它看成是经常变化和改革的社会"②。无论是社会主义革命，还是社会主义建设，都不是一帆风顺的。社会主义的批判性和革命性因素既孕育着稳定社会主义社会形态的肯定性因素，同时也内含着推动社会主义社会发展的否定性因素。守正创新之于社会主义社会的方法论意义，即在于充分利用肯定性因素守

①《马克思恩格斯文集》第五卷，人民出版社 2009 年版，第 22 页。
②《马克思恩格斯文集》第十卷，人民出版社 2009 年版，第 588 页。

好社会主义社会的主阵地，同时也要科学借用否定性因素推动社会主义社会改革与发展。

（三）坚持守正创新是中国共产党推进马克思主义中国化时代化的历史经验

马克思、恩格斯在《德意志意识形态》中指出："历史不外是各个世代的依次交替。每一代都利用以前各代遗留下来的材料、资金和生产力；由于这个缘故，每一代一方面在完全改变了的环境下继续从事所继承的活动，另一方面又通过完全改变了的活动来变更旧的环境。"[①]任何一项历史活动的演变与推进，都是守正与创新的统一。守正，就是要遵循历史发展客观规律的正道，推动社会生产关系与社会生产力相协调发展。创新，就是要把握历史主动以开创未来，不断解放和发展生产力的同时，调整和改革与生产力不相适应的生产关系。守正创新在唯物史观意义上是一种历史性的活动，中国人民乃至整个人类所创造的一切历史成就，皆是守正创新的结果。中国共产党领导中国革命、建设、改革的过程，是中国共产党推进马克思主义中国化时代化的过程，也是中国共产党人将守正创新的世界观和方法论付诸历史实践活动的过程。

党的十九届六中全会审议通过的《中共中央关于党的百年奋斗重大成就和历史经验的决议》指出："党之所以能够领导人民在一次次求索、一次次挫折、一次次开拓中完成中国其他各种政治力量不可能完成的艰巨任务，根本在于坚持解放思想、实事求是、与时俱进、求

---

① 《马克思恩格斯文集》第一卷，人民出版社2009年版，第540页。

真务实，坚持把马克思主义基本原理同中国具体实际相结合、同中华优秀传统文化相结合，坚持实践是检验真理的唯一标准，坚持一切从实际出发，及时回答时代之问、人民之问，不断推进马克思主义中国化时代化。"①"四个坚持"的落脚点是不断推进马克思主义中国化时代化，而守正创新作为"四个坚持"的核心，架构起了中国共产党人通向马克思主义中国化时代化的坚固桥梁。马克思主义在中国传播的过程中，不仅要受到各种非马克思主义思潮的发难攻讦，还时常会受到各种"左"倾、右倾错误的影响而陷入危机。特别是在中国革命过程中，党内先后出现了陈独秀的右倾机会主义、瞿秋白的"左"倾盲动错误、李立三的"左"倾冒险错误、王明的"左"倾教条主义等，严重影响了马克思主义的中国化时代化进程和中国革命事业。以毛泽东同志为主要代表的中国共产党人则在长期的革命实践中认识到了守正创新之于马克思主义基本原理同中国具体实际相结合的现实意义，强调没有抽象教条的马克思主义，只有具体发展的马克思主义，要求科学运用守正创新的世界观和方法论，在守正创新中持续丰富和发展马克思主义，推动"马克思主义的中国化，使之在其每一表现中带着中国的特性，即是说，按照中国的特点去应用它，成为全党亟待了解并亟须解决的问题"②。以守正创新为理论武器，一代代中国共产党人在接力探索中肩负起了推进马克思主义中国化时代化的历史使命。

---

① 《中共中央关于党的百年奋斗重大成就和历史经验的决议》，人民出版社2021年版，第66—67页。
② 《建党以来重要文献选编（一九二一——一九四九）》第十五册，中央文献出版社2011年版，第651页。

习近平总书记在党的二十大报告中强调："实践告诉我们，中国共产党为什么能，中国特色社会主义为什么好，归根到底是马克思主义行，是中国化时代化的马克思主义行。"[①] 守正创新，集中体现了中国化时代化马克思主义的理论和实践经验。中国共产党在推进马克思主义中国化时代化的过程中，逐渐确立了一条贯穿辩证唯物主义和历史唯物主义的思想路线，即一切从实际出发，理论联系实际，实事求是，在实践中检验真理和发展真理。党的这条思想路线蕴含着守正创新的过程逻辑，首先要以事实和实际为依据，坚持于实事求是中认识和掌握事物运动的客观规律，找到原理之正，才能够准确把握马克思主义的根本立场、观点和方法。在此基础上，要将理论与实践、问题与方法紧密结合起来，坚持马克思主义基本原理同中国具体实际相结合、同中华优秀传统文化相结合，在正确回答时代和实践提出的各类问题的过程中始终保持马克思主义的蓬勃生机和旺盛活力。实践是评价守正创新成效的根本依据，也是检验真理的唯一标准，正是在一代代中国共产党人所创造的伟大历史成就的积累中，马克思主义及其中国化时代化理论成果的真理性得到了充分彰显。

[①] 习近平：《高举中国特色社会主义伟大旗帜　为全面建设社会主义现代化国家而团结奋斗——在中国共产党第二十次全国代表大会上的报告》，人民出版社 2022 年版，第 16 页。

二、坚持守正创新是习近平新时代中国特色社会主义思想的显著标志

作为习近平新时代中国特色社会主义思想的显著标志，正是在坚持守正创新的过程中，习近平新时代中国特色社会主义思想在坚持马克思主义基本原理不动摇的基础上，完成了中国特色社会主义事业在理论和实践上的创新突破，开辟了当代中国马克思主义、二十一世纪马克思主义发展的新境界。

（一）习近平新时代中国特色社会主义思想是坚持守正创新的最新成果

恩格斯指出："每一个时代的理论思维，包括我们这个时代的理论思维，都是一种历史的产物，它在不同的时代具有完全不同的形式，同时具有完全不同的内容。"[1]作为指引人类社会主义建设事业的科学指南，马克思主义本身蕴含着守正创新的理论品质，它不是一成不变、停滞不前的教条，而是一个随着时代发展而不断创新发展的科学的世界观和方法论。中国共产党人在学习和宣传马克思主义时，既不能采取教条主义的态度，也不宜秉承实用主义的态度。习近平总书记强调："把坚持马克思主义和发展马克思主义统一起来，结合新的实践不断作出新的理论创造，这是马克思主义永葆生机活力的奥妙所

---

[1]《马克思恩格斯文集》第九卷，人民出版社 2009 年版，第 436 页。

在。"① 中国共产党在领导中国革命、建设和改革的过程中，始终坚持培元固本和守正创新相统一，不断丰富和发展马克思主义，先后创立和形成了毛泽东思想、邓小平理论、"三个代表"重要思想、科学发展观等中国化时代化的马克思主义理论创新成果，并在新时代的伟大改革实践中，孕育、创立了习近平新时代中国特色社会主义思想这一马克思主义守正创新的最新成果，为新时代党和人民事业发展提供了科学理论指南。

中国特色社会主义是实现中华民族伟大复兴的必由之路，也是实现中国现代化的必由之路。改革开放以来，围绕如何坚持和发展中国特色社会主义，以邓小平、江泽民、胡锦涛为主要代表的中国共产党人进行了接力探索，"坚持和发展中国特色社会主义是一篇大文章，邓小平同志为它确定了基本思路和基本原则，以江泽民同志为核心的党的第三代中央领导集体、以胡锦涛同志为总书记的党中央在这篇大文章上都写下了精彩的篇章。现在，我们这一代共产党人的任务，就是继续把这篇大文章写下去"②。党的十八大以来，以习近平同志为核心的党中央基于新时代我国取得的历史性成就和发生的历史性变革，作出了中国特色社会主义进入新时代的重大政治判断，准确定位了中国特色社会主义在新时代的历史方位。习近平新时代中国特色社会主义思想，正是在系统回答新时代坚持和发展什么样的中国特色社

---

① 习近平：《在哲学社会科学工作座谈会上的讲话》，人民出版社 2016 年版，第 13 页。
②《习近平谈治国理政》第一卷，外文出版社 2018 年版，第 23 页。

会主义、怎样坚持和发展中国特色社会主义的过程中丰富和发展了马克思主义，集中体现了新时代中国共产党人守正创新的执政智慧。因此，坚持和发展中国特色社会主义，是习近平新时代中国特色社会主义思想的核心要义，也是继续发展当代中国马克思主义、创新新时代马克思主义的应有之义。

中国共产党人的初心和使命是为中国人民谋幸福、为中华民族谋复兴，守正创新贯穿于党领导人民实现中华民族伟大复兴的全过程。新时代以来，为加速实现中华民族伟大复兴，党团结带领人民自信自强、守正创新，统揽伟大斗争、伟大工程、伟大事业、伟大梦想，创造了新时代中国特色社会主义的伟大成就。而作为新时代中国特色社会主义的伟大成就的重要组成部分和成果，习近平新时代中国特色社会主义思想经受住了时代和实践的检验，且开辟了马克思主义中国化时代化的新境界。党的十九届六中全会指出："习近平新时代中国特色社会主义思想是当代中国马克思主义、二十一世纪马克思主义，是中华文化和中国精神的时代精华，实现了马克思主义中国化新的飞跃。"[1] 党的二十大进一步强调，习近平新时代中国特色社会主义思想"明确坚持和发展中国特色社会主义的基本方略，提出一系列治国理政新理念新思想新战略，实现了马克思主义中国化时代化新的飞跃，坚持不懈用这一创新理论武装头脑、指导实践、推动工作，为新时代

---

[1]《中国共产党第十九届中央委员会第六次全体会议公报》，人民出版社2021年版，第10页。

党和国家事业发展提供了根本遵循"①。作为新时代党领导人民实现中华民族伟大复兴的"定海针"，习近平新时代中国特色社会主义思想集中体现了辩证唯物主义和历史唯物主义的基本原理与科学方法，为新时代中国共产党人进一步认识世界和改造世界提供了强大思想武器。

（二）坚持守正创新是习近平新时代中国特色社会主义思想的鲜明理论特征

马克思主义作为一个经实践检验并被中国共产党人接受了的普遍真理，具有永恒的思想价值。习近平新时代中国特色社会主义思想在创立和形成的过程中，坚持把马克思主义写在自己的旗帜上，全方位贯穿着马克思主义立场、观点和方法，在对马克思主义哲学、马克思主义政治经济学和科学社会主义的深化认识与原创贡献中展现了守正创新的鲜明理论特征。

党的十八大以来，习近平总书记多次强调要坚持学习辩证唯物主义和历史唯物主义，自觉运用科学的世界观和方法论回答时代和实践提出的重大问题，推进党和国家事业发展。习近平新时代中国特色社会主义思想在坚持运用马克思主义立场观点方法分析和解决中国实际问题的过程中，创新性丰富和发展了辩证唯物主义和历史唯物主义，是坚持和运用辩证唯物主义和历史唯物主义的光辉典范。习近平总书

① 习近平：《高举中国特色社会主义伟大旗帜　为全面建设社会主义现代化国家而团结奋斗——在中国共产党第二十次全国代表大会上的报告》，人民出版社 2022 年版，第 6 页。

记指出："必须不断接受马克思主义哲学智慧的滋养，更加自觉地坚持和运用辩证唯物主义世界观和方法论，增强辩证思维、战略思维能力，努力提高解决我国改革发展基本问题的本领"①。面对实现中华民族伟大复兴的战略全局和世界百年未有之大变局，习近平总书记始终坚持以胸怀大局、把握大势的宏大视野谋划全局，既坚持全面部署、整体谋划，也强调抓住重点，牵住"牛鼻子"，以辩证思维、战略思维深入推动各项改革事业稳步前进。同时，"历史和现实都表明，只有坚持历史唯物主义，我们才能不断把对中国特色社会主义规律的认识提高到新的水平，不断开辟当代中国马克思主义发展新境界"②。中国特色社会主义规律是关于中国社会主义社会改革与发展的一般规律，蕴含着人民至上、解放思想、实事求是等历史唯物主义观点。特别是关于新时代我国社会主要矛盾变化的判断和思想，大大丰富了马克思主义社会矛盾学说，为踏上第二个百年奋斗目标新征程提供了方向导引。

习近平新时代中国特色社会主义思想在坚持和继承马克思主义政治经济学基本原理与方法的基础上，结合新时代中国改革开放和现代化建设新的实践，系统回答了新时代中国特色社会主义经济发展的根本立场、发展理念、基本经济制度、基本分配制度、市场经济体制改革方向、对外开放等一系列重大问题，为发展当代中国马克思主义政

---

① 习近平：《坚持运用辩证唯物主义世界观方法论　提高解决我国改革发展基本问题本领》，《人民日报》2015 年 1 月 25 日。
② 习近平：《推动全党学习和掌握历史唯物主义　更好认识规律　更加能动地推进工作》，《人民日报》2013 年 12 月 5 日。

治经济学作出了原创性贡献，开辟了新时代中国特色社会主义政治经济学新境界。面对党的十八大以来国际国内经济环境的新变化，习近平总书记指出："我们要立足我国国情和我们的发展实践，深入研究世界经济和我国经济面临的新情况新问题，揭示新特点新规律，提炼和总结我国经济发展实践的规律性成果，把实践经验上升为系统化的经济学说，不断开拓当代中国马克思主义政治经济学新境界，为马克思主义政治经济学创新发展贡献中国智慧。"①习近平新时代中国特色社会主义思想在中国特色社会主义政治经济领域的一系列原创性观点、理论和思想，系统回答了新时代实现什么样的发展、怎样实现发展的问题，为马克思主义政治经济学创新发展贡献了中国智慧。

科学社会主义是关于无产阶级解放和社会主义发展规律的学说，是人类文明史上的重大理论成果。社会主义发展阶段论是科学社会主义理论的重要议题，能否准确把握社会主义的科学内涵和时代定位，关乎整个民族复兴乃至整个社会主义事业的兴衰成败。习近平新时代中国特色社会主义思想是科学社会主义理论的最新成果。以习近平同志为核心的党中央在探索中国特色社会主义道路过程中，始终秉承科学社会主义的基本原则，同时坚持在新时代中国特色社会主义的理论与实践中赋予其鲜明的中国特色，使科学社会主义愈加焕发出强大的生机活力。以党在社会主义建设过程中遭遇的各类理论与现实难题为导向，习近平总书记关于加强党的全面领导与推进党的自我革命、中

---

① 习近平：《不断开拓当代中国马克思主义政治经济学新境界》，《求是》2020年第 16 期。

国特色社会主义制度与国家治理体系和治理能力现代化、推动构建人类命运共同体的思想极大地丰富了马克思主义建党学说、国家治理学说以及世界历史理论，引领科学社会主义在新时代焕发出愈加强大的生机活力。

（三）坚持守正创新是习近平新时代中国特色社会主义思想的丰富实践原则

马克思主义及其中国化成果从来都不是抽象的理论，而是植根于实践的具体的、鲜活的和发展的理论。党的十八大以来，在习近平新时代中国特色社会主义思想的科学指导下，我们经受住了来自政治、经济、意识形态、自然界等方面的风险挑战考验，攻克了许多长期想解决而没有解决的问题难题，办成了诸多关乎中华民族伟大复兴大计的大事要事，党和国家事业发生了深层次的、根本性的历史性变革，集中体现为"三件大事"：第一件是迎来中国共产党成立一百周年；第二件是中国特色社会主义进入新时代；第三件是完成脱贫攻坚、全面建成小康社会的历史任务，实现第一个百年奋斗目标。每一件大事的取得或完成，都离不开守正创新这一科学方法论的动力支持。坚持守正创新作为习近平新时代中国特色社会主义思想的丰富实践原则，揭示了中国特色社会主义进入新时代以来我国取得的历史性成就、发生的历史性变革的内在规律，回答了新时代以来所面临的三个重大时代课题。

党的十八大以来，基于新时代历史方位的变化，习近平总书记立足治国理政实践，明确提出并深刻回答了新时代坚持和发展什么样的中国特色社会主义、怎样坚持和发展中国特色社会主义这一重大时代课题。习近平总书记指出："中国特色社会主义，是科学社会主义理论逻辑和中国社会发展历史逻辑的辩证统一，是根植于中国大地、反映中国人民意愿、适应中国和时代发展进步要求的科学社会主义，是全面建成小康社会、加快推进社会主义现代化、实现中华民族伟大复兴的必由之路。"[①] 在党的十九大、十九届六中全会关于习近平新时代中国特色社会主义思想的主要内容的科学概括的基础上，党的二十大进一步明确中国特色社会主义最本质的特征及其制度的最大优势是中国共产党领导，坚持和发展中国特色社会主义的总任务是实现社会主义现代化和中华民族伟大复兴，其实践路径上表达为分两步走把我国建设成为综合国力和国际影响力领先的社会主义现代化强国，以中国式现代化推进中华民族伟大复兴。

中国式现代化作为区别于西方的、过去的现代化新模式，是中国共产党人在坚持和发展中国特色社会主义，推动物质文明、政治文明、精神文明、社会文明、生态文明协调发展的过程中所创造的现代化新道路，也是对新时代建设什么样的社会主义现代化强国、怎样建设社会主义现代化强国的科学解答。中国式现代化以新中国成立特别是改革开放以来的现代化探索为实践基础，经过新时代理论与实践的创新发展，不断走向成熟。习近平总书记明确指出了中国式现代化的特征，即是人口规模巨大、全体人民共同富裕、物质文明和精神文明相协调、人与自然和谐共生、走和平发展道路的现代化，它的性质是社会主义

---

①《习近平谈治国理政》第一卷，外文出版社 2018 年版，第 21 页。

的，既有各国现代化的共同特征，也有体现本国国情的中国特色。党的二十大报告指出："中国式现代化的本质要求是，坚持中国共产党领导，坚持中国特色社会主义，实现高质量发展，发展全过程人民民主，丰富人民精神世界，实现全体人民共同富裕，促进人与自然和谐共生，推动构建人类命运共同体，创造人类文明新形态。"[①] 创造人类文明新形态是推进和创造中国式现代化的必然结果，也是全面建设社会主义现代化强国的应有之义。

坚持党的领导是关乎党和国家前途命运的根本所在，全面从严治党是巩固党的长期执政地位的本质要求。面对党内存在的"四大考验""四种危险"的严峻挑战，习近平总书记多次强调，必须加强党的全面领导，充分发挥党总揽全局、协调各方的领导核心作用，同时坚持党要管党、全面从严治党，切实加强党的长期执政能力建设、先进性和纯洁性建设。党的十八大以来，以习近平同志为核心的党中央在继承和掌握马克思主义建党学说的基础上，以高度的政治自觉深入推进管党治党实践创新、理论创新、制度创新，作出了全面从严治党的战略部署，并找到了党的自我革命这一跳出治乱兴衰的历史周期率的第二个答案，回答了新时代建设什么样的长期执政的马克思主义政党、怎样建设长期执政的马克思主义政党的重大时代课题。党的二十大科学总结了新时代以来党深入推进全面从严治党的工作成效，经过

---

① 习近平：《高举中国特色社会主义伟大旗帜　为全面建设社会主义现代化国家而团结奋斗——在中国共产党第二十次全国代表大会上的报告》，人民出版社 2022 年版，第 23—24 页。

长期不懈努力，党的"自我净化、自我完善、自我革新、自我提高能力显著增强，管党治党宽松软情况得到根本扭转，风清气正的党内政治生态不断形成和发展，确保党永远不变质、不变色、不变味"①。全面从严治党，使党在各类矛盾问题的解决中实现了纯洁净化，于初心使命的守正中实现了出新升华，同时也以实践原则的形式极大地丰富了习近平新时代中国特色社会主义思想的方法论。

三、以守正创新引领新时代全面建设社会主义现代化国家新征程

知常明变者赢，守正创新者进。立足新时代全面建设社会主义现代化国家新征程，既要守好马克思主义基本原理、党的领导、中国特色社会主义之正不动摇，也要紧跟时代步伐，顺应实践发展，"着眼解决新时代改革开放和社会主义现代化建设的实际问题，不断回答中国之问、世界之问、人民之问、时代之问"②。

（一）守正才能不迷失方向、不犯颠覆性错误

坚持马克思主义基本原理不动摇。马克思主义作为我们认识世界、把握规律、追求真理、改造世界的理论武器，是我们立党立国、兴党

---

① 习近平：《高举中国特色社会主义伟大旗帜　为全面建设社会主义现代化国家而团结奋斗——在中国共产党第二十次全国代表大会上的报告》，人民出版社 2022 年版，第 14 页。
② 习近平：《高举中国特色社会主义伟大旗帜　为全面建设社会主义现代化国家而团结奋斗——在中国共产党第二十次全国代表大会上的报告》，人民出版社 2022 年版，第 17 页。

兴国的根本指导思想。自马克思主义诞生以来，便凭借其自身的科学
性、人民性、实践性及发展开放性特点，迅速并始终占据真理和道义
的制高点。在传入中国并同中国革命、建设和改革事业结合的过程中，
"马克思主义的命运早已同中国共产党的命运、中国人民的命运、中
华民族的命运紧紧连在一起，它的科学性和真理性在中国得到了充分
检验，它的人民性和实践性在中国得到了充分贯彻，它的开放性和时
代性在中国得到了充分彰显！"①马克思主义在中国的成功实践证明，
历史和人民选择马克思主义是完全正确的，中国共产党人只有把马克
思主义坚定地写在自己的旗帜上，才能够用马克思主义凝心铸魂，
为中华民族走向伟大复兴指明正确方向。坚持马克思主义基本原理不
动摇，即坚持马克思主义的根本立场、观点和方法不动摇，以科学的
态度对待科学、以真理的精神追求真理，将马克思主义的根本立场、
观点和方法熔铸于全面建设社会主义现代化强国的各个领域和各个方
面，切实解决新时代改革开放和社会主义现代化建设中的实际问题，
并在上述实践中得出与马克思主义基本原理相符的新的科学认识，形
成与时俱进的马克思主义中国化理论成果。

坚持党的全面领导不动摇。中国共产党作为中国工人阶级、中国
人民和中华民族的先锋队，是领导中国各项事业的核心力量。坚持党
的全面领导，确保党始终总揽全局、协调各方，是中国特色社会主义
永不变质、永远向前的根本保证，也是实现中华民族伟大复兴的关键

---

① 习近平：《在纪念马克思诞辰 200 周年大会上的讲话》，人民出版社 2018 年版，
第 14 页。

所在。习近平总书记在党的十九届三中全会第二次全体会议上的讲话中指出："党的领导必须是全面的、系统的、整体的，必须体现到经济建设、政治建设、文化建设、社会建设、生态文明建设和国防军队、祖国统一、外交工作、党的建设等各方面。哪个领域、哪个方面、哪个环节缺失了弱化了，都会削弱党的力量，损害党和国家事业。"① 党的领导制度是我国的根本领导制度，坚持和完善党的领导制度是一个不能松懈停滞、永远在路上的工程。坚持党的全面领导不动摇，就要以坚持党的民主集中制原则和健全党的领导制度体系为保障，不断增强全体共产党人的政治意识、大局意识、核心意识、看齐意识，以思想上的统一、政治上的团结、行动上的一致持续提升党的政治领导力、思想引领力、群众组织力和社会号召力。

坚持中国特色社会主义不动摇。旗帜决定方向，道路关系命运。习近平总书记指出："改革开放以来，我们总结历史经验，不断艰辛探索，终于找到了实现中华民族伟大复兴的正确道路，取得了举世瞩目的成果。这条道路就是中国特色社会主义。"② 中国特色社会主义道路作为中国共产党和中国人民团结奋进的旗帜，反映着中国人民的共同意愿。改革开放之所以能够取得巨大成功，关键是我们紧紧抓住了中国特色社会主义这条主线，始终坚持把以经济建设为中心同四项基本原则、改革开放两个基本点统一于中国特色社会主义伟大实践，沿着正确道路行稳致远。新征程上，我们必须始终高举中国特色社会

① 习近平：《毫不动摇坚持和加强党的全面领导》，《求是》2021 年第 18 期。
② 《习近平谈治国理政》第一卷，外文出版社 2018 年版，第 35 页。

主义伟大旗帜，"只要我们既不走封闭僵化的老路，也不走改旗易帜的邪路，坚定不移走中国特色社会主义道路，就一定能够把我国建设成为富强民主文明和谐美丽的社会主义现代化强国"①。守中国特色社会主义道路之正，就要在坚持中国特色社会主义道路这个根本问题上一以贯之，不仅要走得对、走得通，而且要走得稳、走得好，走出一条创造人民美好生活、实现中华民族伟大复兴的康庄大道。

（二）创新才能把握时代、引领时代

随着中国特色社会主义进入新时代，中国特色社会主义道路开启了新纪元。当前，世界百年未有之大变局正在加速演变，中华民族伟大复兴进入关键时期，两个大局同步交织、相互激荡，人类社会正处于马克思主义所指明的世界历史时代，中国在世界格局演变中扮演着十分重要的角色。习近平总书记指出："面对快速变化的世界和中国，如果墨守成规、思想僵化，没有理论创新的勇气，不能科学回答中国之问、世界之问、人民之问、时代之问，不仅党和国家事业无法继续前进，马克思主义也会失去生命力、说服力。"②大变局带来大挑战，同时也蕴含着发展的大机遇。中国共产党和中国人民需自觉增强改革创新的勇气和担当，主动因势而谋，善于应势而动，才能够顺势而为，在砥砺前行中回答时代之问、引领时代之变。

坚持理论创新，是中国共产党百年奋斗的重要历史经验，也是

---

① 《中共中央关于党的百年奋斗重大成就和历史经验的决议》，人民出版社2021年版，第68页。
② 习近平：《更好把握和运用党的百年奋斗历史经验》，《求是》2022年第13期。

习近平新时代中国特色社会主义思想的鲜明特征。中国共产党高度重视思想建党、理论强党，坚持用马克思主义中国化时代化的理论成果武装全党。以理论创新为方法论遵循，中国共产党学习和继承马克思主义的过程中，先后创立和形成了毛泽东思想与中国特色社会主义理论体系，并在新时代创立了习近平新时代中国特色社会主义思想，开辟了中国特色社会主义理论发展的新境界。理论创新以实践创新为基础，同时又指引着实践创新的推进。习近平总书记指出："当代中国的伟大社会变革，不是简单延续我国历史文化的母版，不是简单套用马克思主义经典作家设想的模板，不是其他国家社会主义实践的再版，也不是国外现代化发展的翻版"[1]。随着我们对共产党执政规律、社会主义建设规律、人类社会发展规律认识和把握的深化，我们在理论上不断实现创新突破，所形成的各项理论成果在指导中国特色社会主义事业建设的同时，有力巩固了全党全国各族人民团结奋斗的共同思想基础，以其强大的引领力和统摄力最大程度地凝聚起了实现中华民族伟大复兴的精神力量。习近平新时代中国特色社会主义思想作为以习近平同志为主要代表的中国共产党人经过艰辛理论探索所取得的重大理论创新成果，是一项在理论创新中持续发展和丰富的科学理论体系。立足新的时代之基，坚持和发展习近平新时代中国特色社会主义思想，就是真正坚持和发展中国化时代化的马克思主义。

坚持实践创新，就要增强问题意识，紧紧聚焦改革和发展实践中

---

[1] 习近平：《在哲学社会科学工作座谈会上的讲话》，人民出版社 2016 年版，第 25 页。

遇到的新问题、新矛盾和新挑战，特别是要重点关注关系改革稳定发展、人民群众急难愁盼和影响国际变局的重点难点问题，在问题的发现、思考和解决过程中总结出新理念新思路新方法。马克思主义及其中国化时代化成果是经过实践证明和创新的理论成果，这些成果不能丢，丢了就丧失了根本。围绕全面建成社会主义现代化强国这一重要实践课题，要以影响社会主义现代化的实际问题和当下我们正在做的事情为立足点，着眼于实际问题的新思考和实践课题的新发展。随着全面建成小康任务的完成，党在新时代的新任务从决胜全面建成小康社会转向全面建成社会主义现代化强国。党的二十大报告指出："从现在起，中国共产党的中心任务就是团结带领全国各族人民全面建成社会主义现代化强国、实现第二个百年奋斗目标，以中国式现代化全面推进中华民族伟大复兴。"[1] 全面建设社会主义现代化国家以坚实的物质技术为基础，其首要任务和实践要求是实现高质量发展。这就要求必须勇于推进改革，坚持以发展为第一要务，以发展过程中出现的不平衡不充分的问题为导向，着力在补短板、强弱项、固底板、扬优势方面下大力气，就一定能够在实践创新中办成更多想办的事，取得更多更大的发展成就。

（三）在守正与创新的辩证统一中推进马克思主义中国化时代化

党的十八大以来，习近平总书记把守正创新的方法论融入治国理

---

① 习近平：《高举中国特色社会主义伟大旗帜　为全面建设社会主义现代化国家而团结奋斗——在中国共产党第二十次全国代表大会上的报告》，人民出版社 2022 年版，第 21 页。

政各领域各方面，强调在守正与创新的辩证统一中推进马克思主义中国化时代化，"我们要准确把握时代大势，勇于站在人类发展前沿，聆听人民心声，回应现实需要，坚持解放思想、实事求是、守正创新，更好把坚持马克思主义和发展马克思主义统一起来，坚持用马克思主义之'矢'去射新时代中国之'的'，继续推进马克思主义基本原理同中国具体实际相结合、同中华优秀传统文化相结合，续写马克思主义中国化时代化新篇章"[①]。党的二十大报告进一步指出："只有把马克思主义基本原理同中国具体实际相结合、同中华优秀传统文化相结合，坚持运用辩证唯物主义和历史唯物主义，才能正确回答时代和实践提出的重大问题，才能始终保持马克思主义的蓬勃生机和旺盛活力"[②]。"两个结合"深刻体现和揭示了守正与创新的辩证统一关系，指明了新时代推进马克思主义中国化时代化的现实路径。

推进马克思主义中国化时代化，必须坚持马克思主义基本原理同中国具体实际相结合。马克思主义基本原理作为一个科学真理，具有普遍适用性，但只有为各国人民所掌握，并同各国实际情况相结合，才能够真正转化为强大的革命和建设力量。马克思主义在同中国革命、建设、改革的具体实际相结合的过程中，形成了丰富的理论成果，并开辟了新民主主义革命道路、社会主义改造和建设道路、中国特色社会主义道路等成功道路。立足新时代，为更好地推进马克思主义中国

---

①《习近平谈治国理政》第四卷，外文出版社 2022 年版，第 30 页。
② 习近平：《高举中国特色社会主义伟大旗帜　为全面建设社会主义现代化国家而团结奋斗——在中国共产党第二十次全国代表大会上的报告》，人民出版社 2022 年版，第 17 页。

化时代化，必须进一步将马克思主义基本原理同中国具体实际相结合，在科学认识我国现阶段基本国情及其发展变化的基础上，深刻把握中华民族伟大复兴战略全局和世界百年未有之大变局的深入互动，聚焦世界最大的马克思主义政党面临的各类重大现实问题难题，主动识变应变求变，不断提出真正解决问题难题的新方案。习近平新时代中国特色社会主义思想作为当代中国马克思主义、二十一世纪马克思主义，集中体现了守正创新的理论品格。推进马克思主义中国化时代化，必须坚持习近平新时代中国特色社会主义思想的指导地位不动摇，以不断丰富和发展的习近平新时代中国特色社会主义思想指导新的实践，开辟新的未来。

推进马克思主义中国化时代化，必须坚持马克思主义基本原理同中华优秀传统文化相结合。"马克思主义传入中国后，科学社会主义的主张受到中国人民热烈欢迎，并最终扎根中国大地、开花结果，决不是偶然的，而是同我国传承了几千年的优秀历史文化和广大人民日用而不觉的价值观念融通的。"[1] 中华优秀传统文化所蕴含的宇宙观、天下观、社会观、道德观等与马克思主义的世界观与价值观具有高度契合性，马克思主义只有根植于中华民族的历史文化沃土，才能够更好地激发出真理之光。党的十八大以来，以习近平同志为核心的党中央在推动马克思主义基本原理同中华优秀传统文化相结合的过程中，汲取了诸多治国理政智慧，所提出的"江山就是人民，人民就是江山""亲仁善邻、协和万邦""明大德、守公德、严私德""取之有度，

---

[1]《习近平谈治国理政》第三卷，外文出版社2020年版，第120页。

用之有节"等，汇聚了中华优秀传统文化之精华，开辟了马克思主义
基本原理与中华优秀传统文化相结合的新境界。党的二十大报告指出：
"我们必须坚定历史自信、文化自信，坚持古为今用、推陈出新，把
马克思主义思想精髓同中华优秀传统文化精华贯通起来、同人民群众
日用而不觉的共同价值观念融通起来，不断赋予科学理论鲜明的中国
特色，不断夯实马克思主义中国化时代化的历史基础和群众基础，让
马克思主义在中国牢牢扎根。"[①] 要坚持守正创新，推动中华优秀传
统文化创造性转化、创新性发展，充分发掘和运用中华优秀传统文化
的精华，在同社会主义社会相适应中展示中华民族的独特精神标志，
赋予马克思主义以鲜明的中国特色和时代特色。

[①] 习近平：《高举中国特色社会主义伟大旗帜　为全面建设社会主义现代化国
家而团结奋斗——在中国共产党第二十次全国代表大会上的报告》，人民出版
社2022年版，第18页。

第八章　坚持问题导向

　　问题是时代的声音。坚持问题导向是马克思主义世界观方法论的必然要求，是马克思主义立场观点方法的鲜明体现。习近平总书记指出："每个时代总有属于它自己的问题，只要科学地认识、准确地把握、正确地解决这些问题，就能够把我们的社会不断推向前进。"[①]强调在工作中坚持问题导向，瞄着问题去，追着问题走，在解决问题中把事业推向前进，是科学世界观方法论在习近平新时代中国特色社会主义思想中新发展的重要内容。

一、坚持问题导向的马克思主义哲学基础

　　问题是什么？问题从哪来，又如何得到解决？马克思主义辩证法关于矛盾普遍性的观点、关于矛盾特殊性的观点、关于世界普遍联系的观点、关于主次矛盾和矛盾的主次方面的观点，为我们深刻理解坚

---

① 中共中央宣传部编：《习近平新时代中国特色社会主义思想学习纲要（2023年版）》，学习出版社、人民出版社 2023 年版，第 300 页。

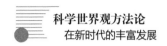

持问题导向奠定了哲学基础。马克思主义经典作家的相关实践，为我们科学运用坚持问题导向这一重要方法论树立了光辉典范。

（一）矛盾普遍性原理要求持续具备问题意识

马克思主义哲学告诉我们，矛盾是普遍存在的，而问题就产生于事物的矛盾之中。从事物总体和发展过程来说，矛盾不会消失，问题不能穷尽，因此就要持续具备问题意识。

第一，矛盾的对立统一是问题产生的根源。矛盾的对立与统一，又称矛盾的斗争性与同一性，二者是既相互区别又相互联结的。一方面，同一性包含有斗争性，另一方面，斗争性寓于同一性中；没有斗争性也就没有同一性，反之亦然。要在对立中把握同一、在同一中把握对立，只有如此才能正确对待矛盾、解决问题。这就要求根据问题的不同性质、不同特点，在把握斗争性与同一性的辩证关系中处理问题。例如，马克思主义提倡发扬斗争精神，不断把伟大社会革命推向前进；同时，又强调革命的阶段性，不能急于求成、超越阶段。在具体的斗争中，既要勇往直前，压倒敌人、战胜敌人，又要像列宁在《共产主义运动中的"左派"幼稚病》一文中提出的那样，善于根据革命斗争的实际情况作出适当的"妥协"或让步，因为这是符合无产阶级和劳动人民的根本利益的举措。

第二，矛盾的普遍性决定了问题的广泛持续存在。矛盾普遍性原理认为生活中处处有矛盾、时时有矛盾，矛盾无处不在、无时不有。问题孕育于普遍存在的矛盾之中，因此我们要始终树立问题意识，坚持发现问题、分析问题、解决问题。马克思、恩格斯是运用矛盾普遍性原理观察世界、对待问题的典范。19世纪，随着英法等国工业革命的完成，资本主义在欧洲主要国家迅速发展，工业部门基本实现机械化，社会生产力不断提高，世界全球化的趋势日益明显。另一方面，资本主义的社会危机也逐渐显露，经济危机频繁发生，阶级矛盾日益尖锐……马克思、恩格斯清醒地捕捉到资本主义生产方式存在的各种问题，并科学分析隐藏在问题背后的根源，认为无产阶级革命是不可避免的，并为创建一个有科学理论指导的工人阶级的政党作出持续努力。

第三，矛盾的普遍性决定了世界是在解决问题中不断发展的。矛盾的普遍性说明，旧问题的解决或消失、新问题的出现和产生，是永不止息的过程。在解决问题这个"问题"上，既不可能一蹴而就，也不可能一劳永逸。事物发展前途光明，道路曲折，这就要求一方面要有问题一定会被解决的信心，另一方面也要从实际出发探究问题解决的方式，有克服各种困难的精神准备。我们要对中国特色社会主义事业充满信心，坚信社会主义现代化强国必将建成、中华民族伟大复兴必将实现、社会主义共产主义世界体系必将到来，同时也要直面现代化建设过程中各种突出问题，树立问题意识，以解决人民最为关切的问题、解决前进路上"难啃骨头"为出发点，勇于直面各种挑战，在曲折的斗争中开辟前进的道路。

（二）矛盾特殊性原理要求具体问题具体分析

矛盾的特殊性意味着具体事物的矛盾以及每一矛盾的各个方面都有其特点，世界上的万事万物都各有其不同，问题产生于万事万物的

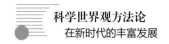
矛盾差异中，这就要求我们在实践中要践行具体问题具体分析的方法论，寻找解决问题的最优方案。

第一，具体问题具体分析是马克思主义活的灵魂。列宁曾经指出："马克思的辩证法要求对每一特殊的历史情况进行具体的分析。"①世界上不存在包治百病的灵丹妙药，也不存在包打天下的教义教条。马克思主义经典作家反复强调将矛盾特殊性原理的要求运用于革命实践，把基本原理与具体实际相结合去解决当时当地面临的问题。列宁具体分析了俄国工人阶级的历史使命和自身特点，作出"工人阶级不可能自发地形成科学社会主义"的论断，提出"灌输论"观点；具体分析了俄国社会的历史状况和发展趋势，作出"俄国是帝国主义链条上的薄弱环节"的论断，提出帝国主义政治经济发展不平衡导致社会主义革命在一国首先胜利的观点；具体分析了十月革命后苏维埃俄国所处的内外环境，提出"在一国建设社会主义"的论断，作出实行新经济政策的决策；等等。这些都是具体问题具体分析的典范。

第二，具体问题具体分析是马克思主义中国化的哲学基础。毛泽东多次阐述针对中国社会的实际发展情况作出具体分析的理论，并由此引申出应用具体问题具体分析的方法——实践。中国革命的具体问题要靠中国人民自己解决，怎么解决？只有通过调查研究，掌握社会实践中具体的问题，才能找到病灶，对症下药，药到病除。正是坚持了这一方法，以毛泽东同志为主要代表的中国共产党人团结带领全国人民夺得了新民主主义革命、社会主义革命和建设的伟大胜利，创立、

---

① 《列宁选集》第二卷，人民出版社2012年版，第700页。

丰富和发展了毛泽东思想，推动了马克思主义中国化的第一次伟大飞跃。改革开放以来，以邓小平、江泽民、胡锦涛同志为主要代表的中国共产党人，继续深化对具体问题的研究，结合不断发展的世情国情党情分析问题、解决问题，形成了中国特色社会主义理论体系，实现了马克思主义中国化新的飞跃。中国特色社会主义进入新时代，以习近平同志为主要代表的中国共产党人，深刻把握中华民族伟大复兴战略全局和世界百年未有之大变局，深入审视国内外战略问题、重大问题、具体问题，科学回答中国之问、世界之问、人民之问、时代之问，不断开辟当代中国马克思主义、二十一世纪马克思主义发展的新境界。

（三）事物普遍联系原理要求抓住问题的本质

事物之间存在着普遍联系，既有内在的固有的本质的联系，也有外在的偶然的现象的联系。要敏锐发现问题、科学分析问题、正确解决问题，就是要透过纷繁复杂的现象看清事物的本质，把握蕴藏其中的关键节点，进而解决问题。

第一，要通过把握事物的本质联系揭示问题的本质规律。问题，是事物联系的一种表现形式。我们只有从现象深入本质，才能揭示出问题演进的基本规律，找出解决问题的根本路径。马克思、恩格斯十分重视在社会实践领域运用这一原理。恩格斯在《社会主义从空想到科学的发展》中深刻揭示了资本主义基本矛盾的发展必然导致资本主义制度的灭亡。资本主义基本矛盾表现在阶级关系上是"无产阶级和资产阶级的对立"，表现在生产方式上是"个别工厂中生产的组织性和整个社会中生产的无政府状态之间的对立"。恩格斯敏锐分析资本主义基本矛盾在社会中的两种现象之后深入其本质，揭示了资本主义的基本矛盾就是生产社会化和资本主义私人占有之间的矛盾。[①]

第二，要通过把握事物的本质联系揭示问题的核心特征。本质是反映在同类现象中更深层次的联系，是决定事物性质的方面。树立问题意识，解决社会发展中的诸多难题，最关键的就是要把握问题的核心，找出隐藏在诸多现象之中更为本质的东西。阶级是马克思主义理论的基本范畴，阶级问题是马克思主义经典作家关注的重大问题。马克思、恩格斯揭示了阶级的基本内涵，但是并未对其核心特征作出概括性表述。在苏维埃俄国创建之后，社会中的阶级关系出现了一些新的变化，列宁在《伟大的创举》中对新型社会关系作出了分析，对阶级的本质有了新的认识和更加深刻的阐述。列宁指出："所谓阶级，就是这样一些集团，由于它们在一定社会经济结构中所处的地位不同，其中一个集团能够占有另一个集团的劳动。"[②] 这也就是说明，考察阶级关系的重要一点在于某个集团是否占有了另一个集团的劳动。列宁由此坚信，要想完全消灭阶级、实现共产主义，就必须大力发展生产力。

第三，要在现象与本质的对立统一中深化对问题的认识和把握。一方面，把握问题的本质，强调要对反映问题的表象作出全面的科学分析。社会调查就是如此，首先就是要寻访各地，掌握大量的一手调查信息，其后运用各种分析方法对掌握到的调查信息进行科学分析，

---

① 《马克思恩格斯选集》第三卷，人民出版社 2012 年版，第 797—817 页。
② 《列宁选集》第四卷，人民出版社 2012 年版，第 11 页。

不断深化对于问题的认识。另一方面，把握问题的本质，注意要通过实践去深化对问题的正确认识。马克思主义实践观关于实践第一的观点，强调实践是社会生活的基础，也是认识的基础，并且指出关键不在于"解释世界"，而是通过实践发现社会蕴藏的深层次问题，通过解决问题达到改造世界的目的。

（四）主次矛盾和矛盾的主次方面原理要求从"两点论"与"重点论"相统一出发解决问题

矛盾发展的不平衡性是矛盾特殊性的重要表现，也是问题产生、发展的重要依据。它主要表现为主要矛盾和次要矛盾之间的不平衡，以及矛盾的主要方面和次要方面的不平衡。正确分析和解决问题必须正确把握主次矛盾、矛盾的主次方面之间的关系，这就要求我们要坚持"两点论"与"重点论"的统一。

第一，分析和解决问题要抓住主要矛盾。主要矛盾就是在事物的发展中居于主导地位、起支配性作用的矛盾，其他处于服从地位的矛盾则是次要矛盾。主要矛盾规定着事物的存在和发展，对事物的发展起着决定性的作用。主要矛盾与次要矛盾在一定的条件之下也是可以互相转化的，这就要求我们在处理问题时首先要解决主要矛盾，同时也要统筹兼顾，注意矛盾的相互转化，适时改变工作重点。列宁在《论马克思主义历史发展中的几个特点》一文中，分析了1905—1910年俄国革命两个阶段的任务和特点，指出："历史发展的辩证法就是这样：前一时期的迫切任务是在国内生活的各方面实现直接改革，后一时期的迫切任务是总结经验，使更广大的阶层掌握这种经验，使这种经验深入到所谓底层，深入到各阶级的落后群众中去。"① 列宁正是通过对国家现状的正确分析，明晰当前阶段的工作重点任务，团结一切革命的力量，争取俄国革命的胜利。

第二，分析和解决问题还要抓住矛盾的主要方面。矛盾内部对立统一的双方力量发展不平衡，其中占支配地位、起主导作用的方面就是矛盾的主要方面，处于被支配地位的方面是矛盾的次要方面。基于矛盾的主要方面支配次要方面以及双方在一定条件下可以相互转化的关系，我们在分析问题时，既要抓住主流，正确认识事物的性质，又不能忽视支流，要时刻注意二者的相互转化。列宁在《青年团的任务》一文中，谈到为了"学习共产主义"，如何对待"旧学校和旧的科学"的问题。列宁指出，学习共产主义必须"掌握人类积累起来的知识"，"领会共产主义本身借以产生的全部知识"，这就"要善于把旧学校中的坏东西同对我们有益的东西区别开来，要善于从旧学校中挑选出共产主义所必需的东西"②。同样是旧学校所能提供的知识，在旧制度和新制度下就具有了完全不同的意义。

第三，分析和解决问题要注意坚持"两点论"和"重点论"的统一。从主要矛盾和次要矛盾、矛盾的主要方面和次要方面入手解决问题，实质上就是要坚持"两点论"与"重点论"的统一。"两点论"就是要在事物发展过程中，既要看到主要矛盾与矛盾的主要方面，也不能忽略次要矛盾与矛盾的次要方面。"重点论"则强调认识事物时，

---

① 《列宁全集》第二十卷，人民出版社1989年版，第87页。
② 《列宁选集》第四卷，人民出版社2012年版，第284页。

要着重抓它的主要矛盾。综合二者观点，就要求我们看问题、办事情既要全面，又要善于抓住重点。在《抗日时期的经济问题和财政问题》一文中，毛泽东系统分析了根据地面临的两大困难——发展经济与保障财政，指出发展经济与保障财政（为根据地居民提供生活费和事业费）是保证战斗供给的两个方面：一个是源，一个是流；一个间接，一个直接；并认为二者固然都重要，却有轻重之分。"发展经济"是两点中的重点。因而，毛泽东将经济工作和财政工作的总方针确定为"发展经济，保障供给"，"发展经济"在前但又兼顾财政保障。

二、坚持问题导向的历史意义

坚持问题导向是贯穿习近平新时代中国特色社会主义思想的立场观点方法的重要体现，它立足于马克思主义世界观方法论的科学基石，成长于马克思主义中国化时代化发展的肥沃土壤，着眼于理论和实践新的发展，具有极为重要的历史意义。

（一）坚持问题导向是马克思主义中国化时代化的优良传统

我们党自成立之日起，就时时将"问题"握在手里，把坚持问题导向鲜明地贯穿在推动工作的准则之中。在革命、建设、改革的各个历史时期，无一不体现着坚持问题导向的理念。

第一，坚持问题导向是毛泽东思想的重要原则。在烽火硝烟的战争年代，党始终坚持"找病灶，寻出路"，以救国救民的问题为导向，提出了适合中国国情的革命道路，创立了毛泽东思想。毛泽东思想回答了如何在一个经济文化落后的大国通过武装斗争夺取政权，继而进行社会主义革命和建设的问题，问题导向的方法论原则始终贯穿毛泽东思想的创立、丰富和发展。1936 年，毛泽东在《中国革命和中国共产党》一文中就曾精辟地分析过，如果不了解中国革命战争的特点，"就不能引导中国革命战争走上胜利"。对于社会发展的前进方向要分析，对于中国各阶级情况要分析，对于战争发展的局势要分析……坚持问题导向是引领中国人民取得新民主主义革命伟大胜利的重要原则。新中国成立之后，毛泽东指出："我们的同志不要靠老资格吃饭，要靠解决问题正确吃饭。"基于此，党继续秉持"坚持问题导向，大兴调查之风"的理念，独立自主地探索社会主义道路，取得了社会主义建设的伟大胜利。

第二，坚持问题导向是邓小平理论的重要内容。问题倒逼改革是我们党在破解发展社会主义难题时的正确路径。在历史的转折关头，邓小平客观分析了国内外、党内外现状，提出全党必须解放思想，开动脑筋，进行改革，否则我们的社会主义事业就有被葬送的危险。随着改革开放的深入发展，针对质疑经济体制改革何去何从的声音，邓小平在南方谈话中指出"计划经济不等于社会主义，市场经济不等于资本主义"，并明确"我国经济体制改革的目标就是建立社会主义市场经济体制"。除了思索当前发生的问题与状况，邓小平对于未来可能出现的问题也高度关注。南方谈话之后，经济发展的速度明显加快，实现"六五"计划翻两番的目标已然在望，邓小平深刻指出："十二亿人口怎样实现富裕，富裕起来以后财富怎样分配，这都是大问题。"

这些充分说明问题伴随着发展而诞生，必须时时刻刻保持清醒，坚持问题导向。

第三，坚持问题导向是"三个代表"重要思想的实践要求。问题导向帮助我们在纷繁复杂的世界迷雾中拨云见日。我们要怎么样发展经济、实现现代化，缩小同发达国家之间的差距呢？我们要如何用社会主义文化凝气聚神，提升综合国力呢？我们要怎样照顾各阶层各部分群众诉求，维护中国人民和中华民族的根本利益呢？面对新的时代难题，以江泽民同志为主要代表的中国共产党人审时度势，分析国内外发展形势，形成了"三个代表"重要思想。中国共产党始终代表先进生产力的发展要求，就要解决走出一条高速且有较好效益的国民经济发展道路的问题，发展集约型经济，对经济结构进行调整，扩大就业，大力实施科教兴国战略，重视西部大开发，以此来发展经济，实现全面建设小康社会的目标。中国共产党始终代表中国先进文化的前进方向，就要解决建设面向现代化、面向世界、面向未来的中国特色社会主义文化的问题，持续贯彻"百花齐放、百家争鸣"的方针，在世界各种思想文化的激荡中弘扬和培育民族精神，加强以德治国，把法治建设与道德建设紧密结合起来。中国共产党始终代表中国最广大人民的根本利益，就要解决在具体利益分化、具体诉求各异的基础上使各阶层各部分群众各得其所的问题，立党为公、执政为民，坚持把人民根本利益作为出发点和归宿，团结全体人民共同奋斗，使最广大人民各方面各领域利益得到实现和维护。

第四，坚持问题导向是科学发展观的重要指向。为什么要发展？

为谁发展？依靠谁发展？怎样发展？21世纪的头十年，既是经济飞速发展、全球化浪潮席卷而来的十年，又是发展问题凸显、国际形势动荡不安的时代。针对这样的情势，以胡锦涛同志为主要代表的中国共产党人衡量国际局势，深入思考"实现什么样的发展、怎样发展"这个时代课题，形成了科学发展观。发展为了人民，发展依靠人民。科学发展观紧扣以人为本的宗旨，把人民群众当作经济发展的原动力，竭力实现好、维护好、发展好最广大人民的根本利益。在经济发展的同时，进一步加强社会主义民主政治建设，提高人民群众的思想道德素质和科学文化素质，搞好以民生为重点的社会建设。

（二）坚持问题导向是新时代回应重大时代课题的内在要求

秉持时代精神，科学回答时代提出的课题，是当代中国马克思主义问题意识的集中体现。以习近平同志为主要代表的中国共产党人从理论和实践结合上回答了"三大时代课题"，即"新时代坚持和发展什么样的中国特色社会主义、怎样坚持和发展中国特色社会主义，建设什么样的社会主义现代化强国、怎样建设社会主义现代化强国，建设什么样的长期执政的马克思主义政党、怎样建设长期执政的马克思主义政党"[1]。习近平新时代中国特色社会主义思想之所以能够不断破藩篱、涉险滩、革积弊、去沉疴，始终把握历史方位和时代特征，科学擘画"两步走"战略安排，提出"十个明确"和"十四个坚持"，取得"十三个方面成就"，就在于坚持问题导向的历史自觉和对问题

---

[1]《中共中央关于党的百年奋斗重大成就和历史经验的决议》，《人民日报》2021年11月17日。

导向的坚决贯彻，为其提供了内在要求和现实驱动。以习近平同志为主要代表的中国共产党人始终坚持以问题为中心，用"聆听时代声音，回应时代呼唤"的科学思路和工作方法发现问题、认识问题、解决问题，提出一系列新观点新论断新思想，实现了马克思主义中国化的新飞跃。

第一，坚持问题导向是敏锐发现重大时代课题的思维基础。历史映照现实，实践检验成果。历史和实践都证明，发现问题是深入研究问题，从而更好解决问题的逻辑起点和前提条件。这就要求我们在认识和改造世界的过程中保持高度的问题意识，以科学的思维揭开事物的杂乱表象，敏锐地发现问题，在复杂的问题中抓住关键。在马克思创立哲学思想的过程中，无论是对以鲍威尔为代表的青年黑格尔派的意识形态批判，还是对 19 世纪资产阶级社会的政治经济学批判，都始于重大现实问题的发现。问题具有社会历史性，同一时代的问题也是多样的复杂的，这也启示我们需要以"坚持问题导向"的科学思维抓住时代的"元问题"，重大时代课题就是时代范围内需要我们抓住的主要问题。坚持问题导向是习近平新时代中国特色社会主义思想的应有之义，正是基于对一系列重大时代课题的透彻分析和精准把握，以习近平同志为主要代表的中国共产党人才能在浩荡的历史潮流中开创党和国家事业的新局面。

第二，坚持问题导向是深入认识重大时代课题的必要条件。坚持问题导向是动态的发展过程，深入地认识和分析问题既是发现问题的延续工作，也是顺利解决问题的关键环节。习近平强调："要更加强化问题导向，注重解决实际问题，特别是对需要侧重解决的问题进行调查梳理，提前做到心中有数"①。重大时代课题是社会主要问题的集中展现，其思想内涵的深刻性完整性系统性展现出了以习近平同志为主要代表的中国共产党人高度的历史主动和精神自觉。新时代新征程，我们必须坚持不懈以习近平新时代中国特色社会主义思想武装头脑，坚持把问题导向贯穿发展始终，在全面分析的基础上深刻把握重大时代课题，不断推进理论与实践的创新，不断开辟马克思主义中国化时代化新境界，才能更好建设中国特色社会主义，更快建成社会主义现代化强国。

第三，坚持问题导向是顺利解决重大时代课题的客观要求。只有当发现和研究的问题得以解决，问题的价值性才能在精神和物质领域充分显现。坚持问题导向以解决问题为方向指引和最终目的，是马克思主义"问题意识"在新时代的理论样态。解决重大时代课题不是一蹴而就的，需要实践基础上持续的理论创新，科学回答中国之问、世界之问、人民之问、时代之问。空谈误国，坚持问题导向是理论创新和实践创新的重要动力，只有时刻保持高度的问题意识，才能在现实活动中有所发现，在理论领域回应时代呼声。习近平新时代中国特色社会主义思想之所以实现了马克思主义中国化时代化的新飞跃，引领中国走在时代前列和发展前沿，其中最重要的原因之一就在于其坚持问题导向，敢于直面重大的现实问题，把马克思主义基本原理同中

---

① 中共中央文献研究室、中央党的群众路线教育实践活动领导小组办公室编：《习近平关于党的群众路线教育实践活动论述摘编》，中央文献出版社2014年版，第82页。

国具体实际和中华优秀传统文化相结合，不断推进实践基础上的理论创新。

（三）坚持问题导向是推动理论创新和实践发展的强大动力

工欲善其事，必先利其器。思想理论的发展与工作实践的进步必须依托一定的科学方法。历史证明，坚持问题导向不仅是推动理论创新的强大动力，也是促进实践发展的重要源泉。

第一，问题的提出与解答是理论创新的生命力所在。习近平总书记曾经深刻指出："只有聆听时代的声音，回应时代的呼唤，认真研究解决重大而紧迫的问题，才能真正把握住历史脉络、找到发展规律，推动理论创新。"[①] 党的十八大以来，以习近平同志为主要代表的中国共产党人在继承马克思列宁主义、毛泽东思想、邓小平理论、"三个代表"重要思想、科学发展观的基础上，以巨大的理论勇气和政治智慧对新的历史方位进行了准确研判，提出"中国特色社会主义进入新时代"重大命题，针对"新时代坚持和发展什么样的中国特色社会主义、怎样坚持和发展中国特色社会主义"等重大时代课题进行了时代解答，创立了习近平新时代中国特色社会主义思想，实现了马克思主义中国化时代化的新飞跃。习近平新时代中国特色社会主义思想作为当代中国马克思主义、二十一世纪马克思主义，是马克思主义基本原理同中国具体实际相结合、同中华优秀传统文化相结合的最新理论成果，突出代表着中国共产党人的理论创新意识和问题导向意识。

---

① 习近平：《在哲学社会科学工作座谈会上的讲话》，人民出版社 2016 年版，第 14 页。

第二，问题的提出与解答是实践发展的推动力所在。"人应该在实践中证明自己思维的真理性，即自己思维的现实性和力量，自己思维的此岸性。"①问题意识作为一种思维模式，也需要在实践中证明与发展。习近平总书记对此也曾多次强调，推动实践创新，"必须落到研究我国发展和我们党执政面临的重大理论和实践问题上来，落到提出解决问题的正确思路和有效办法上来"②。进入新时代，以习近平同志为核心的党中央高度重视问题导向在实践发展中的动力作用：针对党内存在的落实党的领导弱化、虚化、淡化的问题，坚持和加强党的全面领导；针对还存在近亿贫困人口，小康社会尚未全面建成的问题，坚持以人民为中心，取得了脱贫攻坚的全面胜利，在中华大地上全面建成小康社会；针对发展不平衡不充分问题，在经济领域、政治领域、文化领域、社会领域、生态领域以问题为抓手，通过解决各领域内的突出问题，有效促进对人民群众美好生活需要的满足；针对管党治党方面存在的顽瘴痼疾，推进全面从严治党，勇于自我革命，把党塑造成一个坚强的马克思主义执政党。在全面建成社会主义现代化强国的新征程上，问题导向意识必将继续发挥推动实践发展的强大动力作用。

---

① 《马克思恩格斯选集》第一卷，人民出版社 2012 年版，第 55 页。
② 习近平：《在哲学社会科学工作座谈会上的讲话》，人民出版社 2016 年版，第 14 页。

三、坚持问题导向的科学内涵

党的二十大报告指出："必须坚持问题导向。问题是时代的声音，回答并指导解决问题是理论的根本任务。"[1] 习近平总书记反复强调，要坚持问题导向，既要关注涉及全局的重点难点问题，也要回应人民群众的诉求和期望，既要把底线思维贯穿工作始终，增强忧患意识，也要深入调查研究，找准问题、有的放矢。坚持把问题作为研究制定政策的起点，把工作的着力点放在解决最突出的矛盾和问题上。实践表明，只有破解好当下的每一个难题，闯关夺隘，才能把握历史主动，在危机中育先机、于变局中开新局，推进中华民族伟大复兴。

（一）回应群众诉求，解决实际问题

问题只有从群众中来，才是真问题，而理论的实现程度，就在于其是否真正被人民需要、是否能够真正解决人民与社会的问题。马克思曾批判传统西方哲学脱离"现实的人"，从抽象的人出发提出问题，必然不可能真正实现站在人民的角度解决问题。因此，坚持问题导向就是要坚持从"现实的人"出发，从人民群众反映最强烈的问题入手，满足人民群众的诉求和期盼；就是要坚持客观导向，尊重客观规律，从实际出发，真实反映实际存在，而不是凭空臆想。只有在发现问题和解决问题的过程中发展起来的理论，才可能得到人民的关注和信任，

---

[1] 习近平：《高举中国特色社会主义伟大旗帜　为全面建设社会主义现代化国家而团结奋斗——在中国共产党第二十次全国代表大会上的报告》，人民出版社 2022 年版，第 20 页。

才能被人民群众所掌握进而内化为意识与精神，最终转化为改造世界的物质力量。

"依靠谁、为了谁"是始终贯穿于党治国理政的大问题，是坚持问题导向的根本价值取向。中国共产党成立之后，之所以在短短的 28 年迅速崛起强大，夺取国家政权，就是因为它顺应时代潮流，赢得了民心。新中国成立之后的 70 多年来，中国共产党之所以能够一次一次历经磨难，解决困难，也是依靠人民的力量。可以说，中国共产党的百年历史，就是在不断证明"政之所兴在顺民心"这个亘古不变的道理。进入新时代以来，以习近平同志为核心的党中央始终坚持为中国人民谋幸福、为中华民族谋复兴的初心使命，坚持"全心全意为人民服务"的执政理念，坚持"把老百姓的事一件一件办好"的执政实效，同样深刻地体现了中国共产党人满满的为民情怀。人民性"既是习近平治国理政的出发点和落脚点，也是习近平问题意识的出发点"[1]，这使得中国共产党治国理政和坚持问题导向在人民性上具有了高度的内在统一。

中国共产党坚持问题导向，着力抓住民生领域的突出矛盾和问题，从群众关心的事情做起，从群众不满意的地方改起。一方面以人民为中心发现问题、提出问题，将问题的产生、分析和解决与人民群众的具体实际紧密联系，以为民谋利、为民尽责的实际成效取信于人民。曾经在很长一段时间内中国人民面临着深度贫困的问题，为了使人民

---

[1] 向云发，史炳军：《习近平问题意识的逻辑向度、理论进路及哲学意义》，《广西社会科学》2020 年第 4 期。

群众摆脱贫困，党中央围绕"扶持谁""谁来扶"以及"怎么扶"等
一系列问题提出并实施精准扶贫方略，各级领导干部坚持问题导向，
亲赴脱贫一线蹲点调研，掌握第一手资料，听取第一线声音，全党全
国各族人民以前所未有的决心和力度推进脱贫攻坚，历史性地创造了
人类减贫史上的奇迹。另一方面，党充分发挥人民群众化解矛盾、解
决问题的智慧与力量，以问政于民、问计于民的态度紧紧依靠人民。
在习近平总书记以身作则的带动下，党的十八大以来的十年间，全国
各级党员干部、政府机关上下同欲，积极践行"问计于民"，掌握群
众的所急所想、所需所盼的同时，从人民中汲取治国理政的智慧和力
量。正是以人民为中心，坚持问题导向，才有了我国社会主要矛盾已
经转化为"人民日益增长的美好生活需要和不平衡不充分的发展之间
的矛盾"的准确定位，才有了"在学有所教、劳有所得、病有所医、
老有所养、住有所居上持续取得新进展"[1]，以及"幼有所育""弱
有所扶"的新要求，才有了制定"十三五"和"十四五"规划建议稿
均有"回应人民群众诉求和期盼"的深刻认识。无论是政治建设、经
济建设、文化建设、社会建设、生态文明建设，还是世界的和平与发
展，只要是与人民利益息息相关的问题都是中国共产党孜孜以求的奋
斗目标。

（二）保持战略定力，抓住重大问题

当前中国正行进在第二个百年奋斗目标的新征程上，面对国际形
势波谲云诡，国内发展任务艰巨繁重，观念交锋碰撞、利益摩擦抵牾，

---

[1]《习近平谈治国理政》第二卷，外文出版社 2017 年版，第 22 页。

大量的新问题、新矛盾与长久以来老问题、旧矛盾交织并存，习近平
总书记多次强调要增强和保持战略定力。对于一个马克思主义执政党
来说必须要保持战略定力，强化问题意识，以重大问题为导向，着力
解决重点难点问题，聚焦重点领域和关键环节，以重点突破带动整体，
才能在变局中保持清醒，行稳致远。

坚持问题导向要求及时研究重大战略问题，及早部署关系全局的
问题。目前，我国已经站在了一个新的历史起点，正在进行具有许多
新的历史特征的伟大斗争，新起点与新特征正是反映在这个过程中所
遇到的许多矛盾和实际问题之上。伴随着我国综合国力的提升以及发
展中国家的话语权的逐渐增强，全球秩序、世界格局正在潜移默化地
发生变化，为我国的发展提供了坚实的基础和有利的条件，同时应当
看到，我们所面临的矛盾和问题也是前所未有的，这些矛盾及问题都
是一些"牵动面广、耦合性强"的重大战略问题，如果没有足够的问
题意识，没有足够的战略定力，就无法破除前行道路上的难题实现进
一步发展。中国共产党正是凭借着强烈的问题意识，站在党和国家发
展大局角度谋划改革，以坚如磐石的战略定力，在战略上判断得准确、
谋划得科学、赢得了主动，实现了党和人民事业的繁荣发展。

中国共产党及时研究并积极回应重大战略问题，既致力于解决现
实中已经凸显的重大问题，又对可能产生的苗头性、倾向性、潜在性
问题保持高度敏锐的洞察力。首先是确立了新时代需要解决的基本问
题，即"新时代坚持和发展什么样的中国特色社会主义、怎样坚持和
发展中国特色社会主义，建设什么样的社会主义现代化强国、怎样建

设社会主义现代化强国，建设什么样的长期执政的马克思主义政党、怎样建设长期执政的马克思主义政党"的问题。其次，针对我国改革发展进程中积累起来的各种矛盾和问题，中国共产党围绕国家经济社会改革发展重点任务，提出统筹推进"五位一体"总体布局和协调推进"四个全面"战略布局。再次，着重把经济、生态、外交、法治和强军等领域中具有牵引作用的问题牢牢抓在手上，坚持抓重点和带整体相结合、治标和治本相促进、重点突破和渐进推动相衔接，精准发力、持续用力。最后，及时洞察苗头性、倾向性、隐蔽性问题，尤其是对可能或者已经出现的问题，如贪污腐败问题、"四风"问题，坚持"抓早抓小"的原则，以"刮骨疗毒、壮士断腕"的决心和勇气，采取切实有力的措施加以解决，既凝聚了党心，又赢得了民心。面对战略问题、重大问题，我们只有以强烈的历史责任感和深沉的使命忧思感，保持战略定力，凝心聚力，才能够打好防范风险、抵御困难的有准备之战，打好化险为夷、转危为机的战略主动战。

（三）坚持底线思维，聚焦短板弱项

底线思维包含强烈的问题意识。"问题是事物矛盾的表现形式，我们强调增强问题意识、坚持问题导向，就是承认矛盾的普遍性、客观性，就是要善于把认识和化解矛盾作为打开工作局面的突破口。"[①]习近平总书记指出："我们要坚持'两点论'一分为二看问题，既要看到国际国内形势中有利的一面，也看到不利的一面，从坏处着想，

---

① 中共中央文献研究室编：《习近平关于协调推进"四个全面"战略布局论述摘编》，中央文献出版社 2015 年版，第 86 页。

做最充分的准备，争取最好的结果。"[1]只有把坚持底线思维、坚持问题导向贯穿工作始终，抓住薄弱环节，着力补齐短板、堵塞漏洞、消除隐患，做到见微知著、防患于未然，才能牢牢把握住主动权。

运用底线思维把握处理矛盾问题就是要抓准抓牢"底"，最为重要的就是要做到心中有底，从而在具体工作中规避风险、防范危机，因势利导并使之朝着好的方向发展。党的十八大以来，习近平总书记立足国际国内形势新变化，多次强调要坚持底线思维，并以"木桶原理"告诫全党要以问题为导向，牢固树立短板意识，抓重点、固根基、扬优势、强弱项。在经济建设方面，党和国家致力于找准经济发展过程中隐藏着的"阿喀琉斯之踵"，聚焦突出问题和明显短板，大胆探索，与时俱进；提出"稳中求进的工作总基调"，在防范、抵御、应对、化解重大矛盾和突出问题上出实招硬招；始终把解决好"三农"问题，作为全党工作的重中之重，始终坚守18亿亩耕地红线，切实保障国家粮食安全。在政治建设方面，要求增强忧患意识，坚持底线思维，把维护国家政治安全特别是政权安全、制度安全放在第一位；聚焦党内政治生活和党内监督存在的薄弱环节，以防止在根本性问题上出现颠覆性错误；面对西方国家的"颜色革命"，始终保持警惕，化被动为主动，坚持底线思维，有效防范、管理、处理国家安全风险，有效应对、处置、化解各种挑战，遏制了境内外敌对势力妄图颠覆我国政权和社会制度的一系列活动。在文化建设方面，党牢牢抓住意识形态的领导权管理权话语权，弘扬社会主义核心价值观，凝聚勠力建

①《习近平谈治国理政》第一卷，外文出版社2018年版，第111页。

设富强民主文明和谐美丽的社会主义现代化强国的共识。在社会建设方面，在我国这个拥有 14 亿多人口，并且民族众多、国情复杂的国度，党始终把保障和改善民生看作发展经济的重点和终极目标，始终遵循"坚守底线、突出重点、完善制度、引导预期"①的民生发展思路。在生态文明建设方面，"牢固树立生态红线的观念"②，基于保护生态环境与发展生产力、发展经济之间逐渐凸显出来的现实矛盾问题，提出"绿水青山就是金山银山"理念，扭转了"唯 GDP 论"。实践证明，中国特色社会主义建设之所以能够取得今天的成就，应对矛盾问题，抵御风险挑战，克服艰难险阻，离不开对底线思维的运用与坚持。

（四）加强调查研究，推出硬招实招

调查研究是我们党的传家宝，是做好各项工作的基本功。毛泽东说："调查就是解决问题。"③这是我们党在路线、方针、政策等制定过程中一贯坚持的工作方法，也是党解决实际问题的重要经验。习近平总书记深化了党的调查研究思想，一再强调"调查研究是谋事之基、成事之道"④，只有坚持问题导向，深入开展调查研究，摸清真实情况，科学研究论证，才能反映社会诉求，回应人民呼声，才能抓实问题，开实药方，提实举措。

坚持问题导向，深入调查研究的思维方式就是要深入群众、深入

① 中共中央文献研究室编：《习近平关于全面建成小康社会论述摘编》，中央文献出版社 2016 年版，第 13 页。
②《习近平谈治国理政》第一卷，外文出版社 2018 年版，第 209 页。
③《毛泽东选集》第一卷，人民出版社 1991 年版，第 110—111 页。
④ 中共中央文献研究室编：《习近平关于全面建成小康社会论述摘编》，中央文献出版社 2016 年版，第 191 页。

基层，对客观实际进行调查了解和研究分析。这要求我们对群众最盼、最急、最忧、最想的问题要主动调研、抓住不放，确保听到真声音、发现真问题。只有对真实情况了然于胸，才能使工作有抓手、破题有办法，才能把解决问题的思路和对策建立在准确把握问题的本质与规律之上。以习近平同志为核心的党中央高度重视调查研究。习近平总书记指出："要提高调查研究能力，坚持问题导向，深入实际摸清真实情况，集合众智提出解决办法，努力使对策建议有的放矢、切中要害。"① 并在一系列讲话中阐明了调查研究的意义、内涵、途径等，多次强调领导干部要打破"围城""玻璃门"和"无形墙"，深入基层，深入群众，查民情、听民声，时常"接接地气，充充电"，只有这样才能更好地解决基层群众的实际困难，推进各项工作落实。习近平总书记身体力行、亲力亲为，带领全党做好调查和研究。党的十八大以来，习近平总书记走遍 14 个集中连片特困地区，深入农户，听取贫困地区干部群众意见，不断完善扶贫思路和扶贫举措。2013 年 11 月 3 日，习近平总书记在湖南省花垣县十八洞村实地调研时，首次提出了"精准扶贫"的理念，最终在全党全国共同努力下打赢了脱贫攻坚战。党的二十大报告的起草过程本身也是坚持问题导向，深入调查研究、总结实践经验、集中全党全国人民智慧的过程，在阐明以中国式现代化推进中华民族伟大复兴的使命的同时为中国今后的发展绘就了一幅壮美蓝图。由此可见，只有扎扎实实深入调查研究，把人民群众关注关

---

① 中共中央文献研究室编：《习近平关于社会主义政治建设论述摘编》，中央文献出版社 2017 年版，第 61 页。

心的问题找准、把解决问题的方法策略研究透彻，从细处入手、向实处着力，才能切实解决问题。目前，我国已经踏上全面建设社会主义现代化国家新征程，党和国家必须时刻保持清醒的头脑和敏锐的眼光，要把问题作为调查研究的出发点，深入调查研究，善于发现问题、敢于正视问题，尤其是对各种可能遇到的风险和挑战了如指掌、对症下药、综合施策，把化解矛盾和破解难题作为打开工作局面的突破口，才能不断把中国特色社会主义现代化建设推向前进，把中华民族伟大复兴伟业推向前进。

四、坚持问题导向的实践要求

问题是历史性、现实性与前瞻性的统一。坚持问题导向，就是要坚持历史和现实相贯通、国际和国内相关联、理论和实际相结合，对一些重大理论问题进行实践探索。具体来看，在实践过程中坚持问题导向，就是要坚持目标引领与问题导向相统一，坚持效果导向与问题导向相结合，坚持使命导向与问题导向相结合，坚持需求导向与问题导向相结合，以此总结历史、立足现实、开创未来。

（一）坚持目标引领与问题导向相统一

习近平总书记在中国共产党第十八届中央委员会第五次全体会议上指出："坚持目标导向和问题导向相统一，既从实现全面建成小康社会目标倒推，厘清到时间节点必须完成的任务，又从迫切需要解决

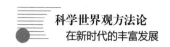
的问题顺推，明确破解难题的途径和办法。"①可以看出，目标是着眼点，问题是着力点。由目标倒推可以发现问题，由问题顺推可以实现目标。因此，推动问题导向意识在实践领域落地生根，就要坚持好目标指引与问题导向相统一。

第一，要科学把握目标与问题之间的关系。目标与问题相依相存。科学把握目标与问题之间的辩证关系，首先需要我们认识到问题以目标为指引。新时代坚持问题导向，就是要在对标目标中不断发现现实问题，提出问题，找准问题。其次需要我们认识到目标以问题为着力点。目标解决需要以解决现实问题为立足点，坚持问题导向的实践运用，就是要在找准突出问题、解决已有问题中总结经验，创新做法，通过不断克服顽瘴痼疾，推动目标由蓝图变为现实。

第二，要着眼大局，培养全局视野。习近平总书记强调："面对复杂形势和繁重任务，首先要有全局观，对各种矛盾做到心中有数，同时又要优先解决主要矛盾和矛盾的主要方面，以此带动其他矛盾的解决。"②当前，世界百年未有之大变局加速演进，中华民族伟大复兴处于关键时期，在全面建设社会主义现代化国家的新征程上，坚持目标指引与问题导向相结合，就是要在全局视野指引下，着眼于党和国家事业发展的全局，系统考察不同现实问题之间的表现，从中找出共性问题，并对其进行科学解决。同时，全局视野作为一种动态性思维，

① 习近平：《关于〈中共中央关于制定国民经济和社会发展第十三个五年规划的建议〉的说明》，《求是》2015 年第 22 期。
② 习近平：《辩证唯物主义是中国共产党人的世界观和方法论》，《求是》2019 年第 1 期。

要求我们在坚持目标引领与问题导向相统一的过程中，自觉树立前瞻意识，通过科学把握事物发展前景，做到审时度势，未雨绸缪，以更加积极主动的态度，不断打开事业发展的新局面。

第三，要坚持理想与现实相统一。目标代表着理想，问题代表着现实。坚持目标导向与问题导向相统一，本质上就是坚持美好理想与现实状况相统一。习近平总书记指出："坚持使命引领和问题导向相统一，既要立足当前、直面问题，在解决人民群众最不满意的问题上下功夫；又要着眼未来、登高望远，在加强统筹谋划、强化顶层设计上着力。"[1] 由此，我们必须认识到，美好理想的实现要以现实状况的不断改进为前提。只有将美好理想放置于现实之中，准确考虑目标的阶段要求，明确实现目标中的现存问题，一个问题接着一个问题地解决，才能真正实现美好理想。同时，现实状况的不断改进要以美好理想为着眼。问题是多样复杂的，只有不断对标目标，科学掌握现有问题的性质和方向，才能真正在风险挑战中增强战略定力，提高解决问题能力。

（二）坚持效果导向与问题导向相结合

效果是某种原因推动下的结果，问题是产生原因的某种因素。从一定意义上来说，问题的产生促进着效果的发挥，效果体现着问题解决的程度。践行问题导向意识，必须牢牢坚持效果导向与问题导向相

---

[1]《习近平在十九届中央纪委二次全会上发表重要讲话强调　全面贯彻落实党的十九大精神　以永远在路上的执着把从严治党引向深入》，《人民日报》2018年1月12日。

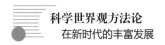

结合。

第一，要厘清问题发展过程，找准核心要素。党的十八大以来，以习近平同志为核心的党中央坚持从效果导向与问题导向相统一出发，科学阐述我国发展的历史性成就与历史性变革，厘清重大关头的发展机遇与风险挑战，审视党的百年历史经验，在明确中国共产党为什么能够取得巨大成就的同时，科学解释了效果导向与问题导向之间的辩证关系。当前，坚持效果导向与问题导向相结合，就是从新时代中国经济、政治、文化、社会、生态等各领域入手，通过不断深入研究不同领域与社会整体的系统联系，科学分析各领域存在的问题，针对问题对症下药，精准施策，以期在解决问题中提升治理效果。

第二，要善于从已有效果和现存问题中总结规律。规律是事物之间的必然联系。注重总结规律，是中国共产党长期坚持的一项优良传统。纵观历史发展，什么时候坚持在遵循规律中解决问题，什么时候党和国家事业就能取得良好成效；什么时候违背规律对待问题，什么时候党和国家的事业发展就要遭受挫折。习近平总书记就如何全面深化改革指出："必须坚持问题导向，必须狠抓改革落实，必须深化对改革规律的认识和运用。"[①] 西方国家关于"马克思主义失败论""社会主义失败论""中国崩溃论"等声音不绝于耳，然而这些"预测"都落空了。在这一背景下，时刻坚持问题导向，需要我们在正确认识人类历史发展规律、社会主义建设规律、中国共产党执政规律的基础上，科学评判当前取得的良好成就以及未来面临的风险挑战，在遵循

---

① 《习近平谈治国理政》第二卷，人民出版社 2017 年版，第 107 页。

规律中实现掌握历史主动，解决存在问题，促进效果发挥。

第三，要坚持历史与现实的相互贯通。问题与效果，从一定意义上来说，属于历史观范畴。问题的产生与解决，效果的良好与欠缺，都需要依托一定的历史得以呈现。在这一历史过程中，对于真正解决了问题、取得了良好效果的做法，需要我们加以总结；对于没能解决问题、未能取得良好效果的做法，我们要进行反思。习近平总书记指出，中央委员会成员和省部级主要领导干部要"坚持问题导向，从历史和现实相贯通、国际和国内相关联、理论和实际相结合的宽广视角，对一些重大理论和实践问题进行思考和把握"①，这个道理是普遍适用的。在新时代利用问题导向解决问题，就是要坚持采用历史眼光研究问题，通过拓宽历史视野，培养历史思维，不断延展思考问题的宽度，提高分析问题的高度，提升解决问题的温度，在联结历史与现实中，切实提高问题解决的效果。

（三）坚持使命引领与问题导向相统一

"为中国人民谋幸福，为中华民族谋复兴，是中国共产党人的初心和使命，是激励一代代中国共产党人前赴后继、英勇奋斗的根本动力。"② 一百多年来，中国共产党人的一切工作理念和实践行动都紧紧围绕着这一初心使命。在新的历史征程上坚持问题导向，也要牢牢把握好使命导向与问题导向之间的统一关系。

---

① 《以时不我待只争朝夕的精神投入工作　开创新时代中国特色社会主义事业新局面》，《人民日报》2018 年 1 月 6 日。
② 习近平：《在"不忘初心、牢记使命"主题教育工作会议上的讲话》，人民出版社 2019 年版，第 1—2 页。

　　第一，要着眼于解决人民群众急难愁盼问题。为中国人民谋幸福，不是一句简单的口号，而是有着现实的行动作为支撑。习近平总书记指出："推进党和国家各项工作，必须坚持问题导向，倾听人民呼声。"[①]随着经济社会发展水平的不断提升，以及社会转型的不断推进，以解决人民群众急难愁盼为导向的问题意识和使命意识逐渐成为基层治理的首要任务和目标。在这一过程中坚持使命导向与问题导向相结合，首先要不断提高基层工作人员的党性修养。全心全意为人民服务是中国共产党的宗旨所在。然而，就当前来看，形式主义、官僚主义、享乐主义、奢靡之风等现象依旧存在于部分党员干部之中。坚持使命导向与问题导向相统一，需要着力破除不良之风，引导党员干部始终着眼于人民群众需求，在不断解决群众问题中，更好担当使命。对此，习近平总书记在党的群众路线教育实践活动第一批总结暨第二批部署会议上的讲话中明确指出："要更加强化问题导向，盯住作风问题不放，从小事做起，从具体事情抓起，让群众看到实实在在的成效，有利于百姓的事再小也要做，危害百姓的事再小也要除，不等不靠，立行立改，对拖欠群众钱款、克扣群众财物、侵占群众利益等问题要开展专项治理，属实的都要立即加以解决。"[②]习近平总书记的这些重要论述，可谓是警钟长鸣。其次要不断加强党群、干群之间的良好交流。没有良好的沟通交流，党的群众路线就难以贯彻，初心使命就难以真正落实。

---

① 中共中央文献研究室编：《习近平关于协调推进"四个全面"战略布局论述摘编》，中央文献出版社 2015 年版，第 157 页。
② 《认真学习焦裕禄精神　笃行"三严三实"要求——扎实开展第二批党的群众路线教育实践活动学习读本》，人民出版社 2014 年版，第 46 页。

面对人民群众日益增长的表达意识、参与意识，只有不断加强党员干部与群众之间的良好沟通，构建起科学的党群交流机制，才能切实保证党员干部真正知晓人民群众所关心的问题，进而在分析问题、解决问题中提高自身沟通能力和应变能力，真正实现践行初心，担当使命。

第二，要坚持加强顶层设计和统筹规划。坚持使命导向与问题导向相结合，还要注重把握初心使命的顶层设计向度。就现实来看，基层问题一般呈现出群众性、经验性特征。与基层问题的特征不同，中华民族伟大复兴是一项系统工程，在其实现过程中，除了要切实关注人民群众当前急难愁盼问题，还应重点关注初心使命的顶层设计问题。由此，在初心使命的顶层设计中坚持问题导向，首先要正确理解现实中的问题。马克思曾经指出："问题就是公开的、无畏的、左右一切个人的时代声音。问题就是时代的口号，它是表现自己精神状态的最实际的呼声"①。党和国家事业的每一次进步发展，都与有效解决重大问题紧密相关。因而，在使命导向视域中，问题的出现不可避免，只有科学认识问题，才能做好应对策略，促进使命实现。其次要坚持全局观念。中华民族伟大复兴关涉当前与长远、现在与未来。实现中华民族伟大复兴，需要我们在观察时代问题、解读时代问题、解决时代问题中制定正确策略，以期在使命中回应问题，在问题中实现使命。

（四）坚持需求导向与问题导向相结合

问题产生于需求，需求体现着问题。在实现中华民族伟大复兴的战略全局和世界百年未有之大变局的背景下，以问题导向驱动时代发

---

① 《马克思恩格斯全集》第四十卷，人民出版社1982年版，第289—290页。

展，需要坚持需求导向与问题导向相结合，以关注需求牵引解决问题，以解决问题回应关注需求。

第一，要关注国内需求变化。关注国内需求就是要关注中国人民需求。进入新时代，"我国社会主要矛盾已经转化为人民日益增长的美好生活需要和不平衡不充分的发展之间的矛盾"①。社会主要矛盾的变化深刻反映着人民需求的变化。在新的时代背景下，坚持国内需求导向与问题导向相结合，就是要从社会主义初级阶段出发，以人民的美好生活需要为立足点，系统梳理新发展阶段的新特点以及随之而来的新问题，阐明矛盾的不同变化，制定新的符合时代要求和人民需求的解决方案，在满足人民需求中推动实践发展。例如，习近平总书记在听取"十四五"规划编制意见和建议的教育文化卫生体育领域专家代表座谈会上指出："'十四五'时期，要科学研判体育发展面临的新形势，坚持问题导向，聚焦重点领域和关键环节，深化改革创新，不断开创体育事业发展新局面。要紧紧围绕满足人民群众需求，构建更高水平的全民健身公共服务体系"②。再如，习近平总书记就如何全面推进依法治国指出："坚持改革方向、问题导向，适应推进国家治理体系和治理能力现代化要求，直面法治建设领域突出问题，回应人民群众期待，力争提出对依法治国具有重要意义的改革举措。"③

①《习近平谈治国理政》第三卷，外文出版社2020年版，第9页。
②习近平：《在教育文化卫生体育领域专家代表座谈会上的讲话》，人民出版社2020年版，第11—12页。
③《中共中央关于全面推进依法治国若干重大问题的决定》，人民出版社2014年版，第53页。

由此可见，满足人民美好生活需要，是坚持问题导向与需求导向的重要内容。

第二，要着眼于人类面临的共同问题。马克思曾经指出："人们为之奋斗的一切，都同他们的利益有关。"[①]利益产生于主体的人的需求。利益不同，需求不同。在世界各国日益紧密的联系中，如何协调我国与各国之间的需求差异，增强我国与各国之间的利益共通感，是当前面临的重要问题，也是坚持需求导向与问题导向相结合所不可避免的现实命题。以习近平同志为核心的党中央认真分析各国需求和利益，理性对待国内外联系，提出了构建人类命运共同体这一重大政治主张，并相继提出全球发展倡议、全球安全倡议、全球文明倡议，科学回答了"世界怎么了，我们怎么办"这一重大现实问题。因而，从人类发展进步来说，坚持需求导向与问题导向相结合，就是要坚持人类命运共同体，即通过践行共商共建共享的治理原则，坚持国际贸易交往、文化交流的公平化、对等化、多元化，推动各国更好维护自身核心利益，促进各国关系由旧的依附性向新的合作性发展，进而在平衡各国需求、优化中国方案中解决好全球发展问题、安全问题、文明问题。

[①]《马克思恩格斯全集》第一卷，人民出版社 1956 年版，第 82 页。

第九章　坚持系统观念

党的二十大报告指出："必须坚持系统观念。万事万物是相互联系、相互依存的。只有用普遍联系的、全面系统的、发展变化的观点观察事物，才能把握事物发展规律。"[①] 坚持系统观念作为习近平新时代中国特色社会主义思想的世界观与方法论的集中体现，是对马克思主义世界观和方法论的创新与发展，是对习近平新时代中国特色社会主义思想内在系统性的哲学升华，是全面建成社会主义现代化强国必须坚持的重大方法论原则。

一、坚持系统观念是马克思主义哲学的应有之义

唯物辩证法是现代一般系统论的思想源泉。一般系统论的创立者贝塔朗菲更是将马克思视作现代系统思想的始祖。唯物辩证法指出，

---

① 习近平：《高举中国特色社会主义伟大旗帜　为全面建设社会主义现代化国家而团结奋斗——在中国共产党第二十次全国代表大会上的报告》，人民出版社 2022 年版，第 20 页。

世界是普遍联系、永恒发展的，要坚持用全面的、联系的、发展的、辩证的观点认识问题与解决问题。马克思与恩格斯虽然并未直接就系统思想展开专门的研究与论述，但在其自然观、认识论与社会历史观的研究中均蕴含着丰富的系统思想，为我们认识世界、改造世界提供了科学的方法论。因此，坚持系统观念本身就是马克思主义哲学的应有之义。

（一）系统的内涵与特征

系统观念源远流长，在人们自觉探索成体系的系统思想之前，就已经以系统思维认识和改造着世界。古希腊时期，赫拉克利特认为火是万物的本原，万物生于火，又复归于火；原子论的创立者德谟克利特用原子和虚空构成的宇宙说明世界；柏拉图将世界分为可见世界和可知世界两种层次，并提出了几何体——两种直角三角形是世界的真正组成要素的数学宇宙观；古希腊哲学的集大成者亚里士多德则已经察觉到了整体与部分的矛盾，指出整体由部分组成，但整体并不等同于各部分性质和功能的简单相加。近代西方思想家莱布尼茨、狄德罗、康德、黑格尔的哲学思想中均包含着系统思维，实际丰富和发展了系统思想。马克思、恩格斯没有就系统思想进行专门的研究，但在其著作中无处不闪烁着系统思维的光芒。恩格斯在《自然辩证法》中指出："我们所接触到的整个自然界构成一个体系，即各种物体相联系的总体。"[①] 中国古代传统文化中亦蕴含着丰富的系统思想，阴阳八卦、五行学说、天人合一等思想均反映了看待事物的整体性，万事万物在

---

① 《马克思恩格斯选集》第四卷，人民出版社 1995 年版，第 347 页。

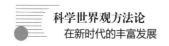

相互关联、相互作用中得以实现动态平衡。

现代系统论由美籍奥地利生物学家贝塔朗菲创立。贝塔朗菲认为："系统可以定义为相互关联的元素的集。"[①] 此后他经过继续研究后丰富了对系统的定义："系统的定义可以确定为处于一定的相关关系中并与环境发生关系的各组成部分（要素）的总体（集）。"[②] 我国著名科学家钱学森对系统如此定义："所谓系统，是由相互制约的各个部分组成的具有一定功能的整体。"[③] 结合上述理解，我们可以认为，所谓系统，即由若干相互联系、相互作用的要素按照一定组合方式构成的具有特定结构和功能的统一体。系统具有以下特征：

第一，系统具有整体性。系统是由两个及以上相互联系的要素按一定排列方式构成的有机集合体，以整体的形式与外界相互作用，整体功能大于部分功能之和。

第二，系统具有结构性。构成系统的诸要素之间相互联系、相互作用的方式和秩序称之为系统结构，系统结构具有相对稳定性。系统结构是系统对外活动功能的内在依据，系统功能是系统结构的外在表现。

第三，系统具有层次性。复杂的系统是有层次的，其中，系统和要素的表现是相对的，若干要素构成一个系统，再由若干系统构成更

---

① 路德维希·冯·贝塔朗菲：《一般系统论基础·发展·应用》，秋同，袁嘉新，译，社会科学文献出版社 1987 年版，第 46 页。
② 路德维希·冯·贝塔朗菲：《普通系统论的历史和现状》，载《系统论控制论信息论经典文献选编》，求实出版社 1989 年版，第 143 页。
③ 钱学森：《工程控制论》，科学出版社 1980 年版，第 xiii 页。

高层次的系统。子系统可称之为更高层次系统的要素，而相对于较低层级的系统来说又可称之为其系统。

第四，系统具有开放性。系统不断与外界进行着物质、能量、信息交换，并在这种交换中维持自身的动态平衡与不断发展。

第五，系统具有演化性。客观世界处于持续的运动、变化、发展中，系统在与外部环境发生物质、能量、信息交换的过程中，系统内部诸要素会对外部输入作出反应，诸要素之间原有的平衡被打破，新的平衡重新建立，系统从一种结构转变为另一种结构，呈现出演化性特征。

（二）马克思主义哲学中的系统思想

马克思、恩格斯虽并未对系统思想进行专门、详尽的论述，但其在研究自然与社会历史规律的过程中已经自觉地开始运用系统思想。马克思主义深刻把握了世界普遍联系、永恒发展的根本特性与以对立统一为核心的基本规律，辩证唯物主义与历史唯物主义为坚持系统观念提供了坚实的哲学基础。

第一，马克思主义自然观中蕴含着丰富的系统思想。马克思、恩格斯始终坚持以系统的眼光看待世界，将自然界与人类社会看作一个相互联系的有机整体。恩格斯曾指出："我们所接触到的整个自然界构成一个体系，即各种物体相联系的总体。"[1] "当我们通过思维来考察自然界或人类历史或我们自己的精神活动的时候，首先呈现在我们眼前的，是一幅由种种联系和相互作用无穷无尽地交织起来的画面，其中没有任何东西是不动的和不变的，而是一切都在运动、变化、生

---

[1] 恩格斯：《自然辩证法》，人民出版社 2015 年版，第 133 页。

成和消逝。"① 恩格斯总结了当时的自然科学成果，指出物质世界即是一个复杂的巨大系统。"从星球到原子，甚至直到以太粒子，如果我们承认以太粒子存在的话"②，整个自然界以系统的形式存在着，系统中的各个要素相互联系、相互作用，"而它们的相互作用就是运动"③。在人与自然的关系方面也体现着马克思、恩格斯对系统观念的坚持。辩证唯物主义认为，人类社会是物质世界发展到一定阶段的产物，是物质世界的一部分。马克思指出："人靠自然界生活。这就是说，自然界是人为了不致死亡而必须与之处于持续不断的交互作用过程的、人的身体。所谓人的肉体生活和精神生活同自然界相联系，不外是说自然界同自身相联系，因为人是自然界的部分。"④ 恩格斯更是从系统的角度出发指出人类社会是归属和存在于自然界的，决不能以置身事外的态度去试图支配自然，并提出了"自然报复"的思想："我们不要过分陶醉于我们人类对自然界的胜利。对于每一次这样的胜利，自然界都对我们进行报复"⑤。

第二，马克思主义认识论中蕴含着丰富的系统思想。马克思、恩格斯批判了形而上学思维方式，指出客观世界是普遍联系的、永恒发展的，因此应该以联系的、发展的眼光认识世界。"唯物主义的自然观不过是对自然界本来面目的朴素的了解，不附加以任何外来的成

---

① 《马克思恩格斯文集》第九卷，人民出版社 2009 年版，第 23 页。
②③ 恩格斯：《自然辩证法》，人民出版社 2015 年版，第 133 页。
④ 《马克思恩格斯文集》第一卷，人民出版社 2009 年版，第 161 页。
⑤ 《马克思恩格斯文集》第九卷，人民出版社 2009 年版，第 559—560 页。

分。"① 一方面，人们的认识过程可以划分为感性阶段和理性阶段，这实际包含着等级层次的观点。感性认识是认识过程的起点，以事物的外部联系为内容，具有不深刻的局限性。因此，需要进一步借助抽象思维达到对认识对象本质、规律的认识。感性认识与理性认识相互渗透，认识过程不断深化，最终实现客观对象整体在思维中深刻的再现。认识过程的递进式结构层次体现了认识过程的系统性特征。另一方面，作为认识的真理也是一个过程，是绝对性与相对性的统一，即任何真理性的认识都是由真理的相对性向绝对性转化过程中的一个环节。客观世界是具有多层次的系统结构，是整体与部分的统一，每一个人乃至每一代人，由于受到客观事物及其本质的显露程度、社会历史的实践水平、主观的条件以及生命的有限性等各方面的限制，只能认识到客观世界的一部分。因此，主体认识客观世界是一个过程，是由相对真理不断走向绝对真理的过程。正如恩格斯所说："人的思维是至上的，同样又是不至上的，它的认识能力是无限的，同样又是有限的。按它的本性、使命、可能和历史的终极目的来说，是至上的和无限的；按它的个别实现情况和每次的现实来说，又是不至上的和有限的。"②

第三，马克思主义社会历史观中蕴含着丰富的系统思想。历史唯物主义从方法论上看实质是社会历史系统理论。其一，马克思将推动人类社会发展的社会基本矛盾看作一个有机整体进行研究。"人们在

① 《马克思恩格斯全集》第二十卷，人民出版社1971年版，第539页。
② 恩格斯：《反杜林论》，人民出版社2018年版，第91页。

自己生活的社会生产中发生一定的、必然的、不以他们的意志为转移的关系，即同他们的物质生产力的一定发展阶段相适合的生产关系。这些生产关系的总和构成社会的经济结构，即有法律的和政治的上层建筑竖立其上并有一定的社会意识形式与之相适应的现实基础。物质生活的生产方式制约着整个社会生活、政治生活和精神生活的过程。不是人们的意识决定人们的存在，相反，是人们的社会存在决定人们的意识。社会的物质生产力发展到一定阶段，便同它们一直在其中运动的现存生产关系或财产关系（这只是生产关系的法律用语）发生矛盾。于是这些关系便由生产力的发展形式变成生产力的桎梏。那时社会革命的时代就到来了。随着经济基础的变更，全部庞大的上层建筑也或慢或快地发生变革"①。可以看出，生产力与生产关系作为系统内部各要素相互影响、相互作用，共同推动社会不断发展。马克思进一步指出，在社会基本矛盾的作用下社会有机体的形态可分为五个阶段：原始社会、奴隶社会、封建社会、资本主义社会、共产主义社会。其二，在人的本质问题上鲜明地体现了马克思主义的系统观念。马克思指出："人的本质不是单个人所固有的抽象物，在其现实性上，它是一切社会关系的总和"②。个人作为社会的小单位要素并不是孤立的，人与人之间以及人与自然界之间不断相互作用，共同构成了复杂的社会整体。其三，在政治经济学研究中，生产、分配、交换、消费作为社会再生产过程的四个要素，它们之间的相互影响、相互作用的

---

① 《马克思恩格斯文集》第二卷，人民出版社 2009 年版，第 591—592 页。
② 《马克思恩格斯文集》第一卷，人民出版社 2009 年版，第 505 页。

关系体现着深厚的系统思想。"我们得到的结论并不是说，生产、分配、交换、消费是同一的东西，而是说，它们构成一个总体的各个环节，一个统一体内部的差别。"①生产作为过程的起点，决定着分配、交换、消费各个环节。同时，分配、交换、消费也通过不同的作用形式影响着生产。

总而言之，坚持系统观念是马克思主义哲学为我们提供的认识世界与改造世界的基本要求与工作方法，要从整体上把握事物发展的规律，坚持以全面的、联系的、发展的观点认识问题与解决问题，做到统筹兼顾、综合平衡、全面发展。

二、习近平新时代中国特色社会主义思想世界观和方法论对系统观念的坚持和发展

党的十八大以来，以习近平同志为核心的党中央将系统观念视作具有基础性的思想和工作方法，坚持运用系统观念整体谋划、统筹推进党和国家各项事业，根据新的实践需要，形成一系列新布局和新方略，带领全党全国各族人民取得了一系列历史性成就。系统观念既是对于客观世界存在方式的根本看法，又是认识和改造外部世界的重要方法，体现着世界观与方法论的有机统一。把"坚持系统观念"归结为习近平新时代中国特色社会主义思想世界观和方法论的重要体现，实质是将习近平新时代中国特色社会主义思想的世界观和方法论内在

①《马克思恩格斯文集》第八卷，人民出版社2009年版，第23页。

的系统性提升到哲学层面，开辟了习近平新时代中国特色社会主义思想的哲学新境界，同时也为进一步推进新时代理论创新与实践创新指明了方向，提供了思路和框架。

（一）系统观念何以成为习近平新时代中国特色社会主义思想世界观和方法论的重要内容

世界观和方法论是理论的根基、纲领和底色，"把握住世界观和方法论就把握住了理论的立场观点方法，同时也找到了理论作用于现实的根本方法"[①]。为何系统观念能成为习近平新时代中国特色社会主义思想的世界观与方法论的重要内容？想要回答这个问题，除了需要从理论基础上进行追溯，还需要从习近平新时代中国特色社会主义思想的世界观和方法论所符合的系统性特性层面进行探讨。

第一，习近平新时代中国特色社会主义思想的世界观和方法论符合系统观的整体性特征。整体性是系统最为本质和基本的特征，习近平新时代中国特色社会主义思想在分析和解决重大现实问题的过程中，坚持整体性思维，通过对当今世界发展的总体趋势的审视与分析，将全面深化改革开放、推进中国式现代化视为一个系统工程，并据此开展系统性改革和集群式推进，所提出的"四个伟大""四个全面""两个大局""人类命运共同体"等理念，都是对整体性思维方式和工作方法的坚持和遵循。同时，在指导党和国家各项事业的过程中，形成了以"十个明确""十四个坚持""十三个方面成就"为核

---

① 王新生：《深刻理解"六个坚持"的重大意义》，《马克思主义理论教学与研究》2022 年第 4 期。

心的完整的理论构架，创造性回答了"新时代坚持和发展什么样的中国特色社会主义、怎样坚持和发展中国特色社会主义"①，从理论和实践两个维度深刻体现出习近平新时代中国特色社会主义思想世界观和方法论的整体性。

第二，习近平新时代中国特色社会主义思想的世界观和方法论符合系统观的结构性特征。习近平新时代中国特色社会主义思想并非平面化的理论体系，其内部诸要素之间是相互联系、相互作用的互动关系。作为一个逻辑严密的科学理论体系，习近平新时代中国特色社会主义思想由时代论、主题论、立场论、使命论、战略论、建设论和方法论七种命题共同构成。其中，中国特色社会主义进入新时代是这一理论体系的时代论命题，揭示了习近平新时代中国特色社会主义思想所处的历史方位；坚持和发展中国特色社会主义是这一理论体系的主题论命题，揭示了当代中国实现发展进步必须坚定的根本方向；坚持以人民为中心是这一理论体系的立场论命题，明确了中国共产党的根本政治立场和价值目标；实现全面建成社会主义现代化强国和中华民族伟大复兴是这一理论体系的使命论命题，指明了全党全国各族人民共同的奋斗目标；在实现全面建成社会主义现代化国家中"两个阶段"战略安排是这一理论体系的战略论命题，擘画了实现社会主义现代化的发展蓝图；对"五大建设"等重要领域作出的重大部署是这一理论

---

① 习近平：《决胜全面建成小康社会　夺取新时代中国特色社会主义伟大胜利——在中国共产党第十九次全国代表大会上的报告》，人民出版社2017年版，第16页。

体系的建设论命题，展示了为顺利推进社会主义现代化建设进行的顶层设计与全局谋划；统筹兼顾是这一理论体系的方法论命题，揭示了党中央系统谋划、统筹推进党和国家各项事业的科学工作方法。这七个方面在逻辑上紧密相连、互相贯通，结构上各司其职、缺一不可，是习近平新时代中国特色社会主义思想世界观和方法论结构性特征的独特彰显。

第三，习近平新时代中国特色社会主义思想的世界观和方法论符合系统观的层次性特征。每个时代都有它所要解决的问题和所要完成的任务，党的二十大报告指出："从现在起，中国共产党的中心任务就是团结带领全国各族人民全面建成社会主义现代化强国、实现第二个百年奋斗目标，以中国式现代化全面推进中华民族伟大复兴。"[①]围绕这一中心任务，习近平新时代中国特色社会主义思想坚持层次性思维方式和工作方法，从全局着眼又聚焦各个层级，在分析和解决具体问题的过程中以"历史方位—奋斗目标—解决方略"这一层层递进的逻辑链条为主线，从总体布局、战略布局、发展方式、发展动力、战略步骤、外部条件、政治保证等方面对中心任务进行系统谋划。其中，"历史方位"是根基，"奋斗目标"是方向，"解决方略"是行动，三个层面相辅相成、不可分割，清晰地展现出习近平新时代中国特色社会主义思想的世界观和方法论的层次性。

---

① 习近平：《高举中国特色社会主义伟大旗帜　为全面建设社会主义现代化国家而团结奋斗——在中国共产党第二十次全国代表大会上的报告》，人民出版社 2022 年版，第 21 页。

第四，习近平新时代中国特色社会主义思想的世界观和方法论符合系统观的开放性特征。开放性是系统观念的鲜明特质，也是习近平新时代中国特色社会主义思想的世界观和方法论的基本遵循。主要体现在：其一，以开放的态度对待历史。习近平新时代中国特色社会主义思想不仅强调对中华优秀传统文化的创造性转化，还强调对其创新性发展。其二，以开放的态度对待世界。一方面坚持普遍联系的思想观点，统筹国内国外两个大局，立足新时代全面深化改革的全新挑战，吸收借鉴世界各国现代化建设的有益经验；另一方面，习近平总书记洞察世界大势，提出着力推动构建人类命运共同体理念，为深入思考"建设一个什么样的世界、如何建设这个世界"的重大课题提供中国智慧。

第五，习近平新时代中国特色社会主义思想的世界观和方法论符合系统观的演化性特征。系统的稳定性是相对的，而演化性是绝对的。习近平新时代中国特色社会主义思想是一个系统严密而又不断发展的科学思想体系，其内部的结构、功能和要素随着实践的发展而不断发展。党的十九届六中全会将习近平新时代中国特色社会主义思想的核心内容进一步概括为"十个明确"，相较于党的十九大提出的"八个明确"，突出强调了党的领导在党和国家发展事业中的重要地位以及加强经济建设的重要意义，体现了中国共产党对中国特色社会主义建设规律认识的深化。此外，外部发展环境的变化也深刻影响着这一思想的发展和演变。面对日益严峻的国际国内局势，党的十九届五中全会提出统筹把握"两个大局"的战略思维，深刻体现了习近平新时代

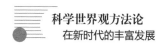

中国特色社会主义思想对百年未有之大变局下世界格局的科学判断以及顺应时代发展趋势的科学选择。

（二）习近平新时代中国特色社会主义思想世界观和方法论坚持系统观念的思想观点和鲜明特征

第一，科学把握"两个善于"的思想观点。党的二十大报告指出，坚持系统观念，需要做到善于通过历史看现实、善于透过现象看本质。观察和认识中国，历史和现实是系统内部重要的结构要素。而从认识发展的整体性上看，也需要现象和本质的交融。具体来讲，在前进的道路上，一方面要做到"以史鉴今"，善于从党史、新中国史、改革开放史、社会主义发展史中总结历史经验和把握发展规律，用历史映照现实、远观未来，从而在新时代更好地坚持和发展中国特色社会主义，更好地指导社会主义现代化建设。另一方面要做到"见微知著"，善于把握隐藏在纷繁复杂表面现象背后的事物本质，既看存在问题又看事物发展趋势，在错综复杂的形势中作出准确、科学的判断，进而指导、推动社会主义各项事业不断向前发展。

第二，准确把握"五大关系"的思想观点。党的二十大报告指出："坚持系统观念，需要把握好全局和局部、当前和长远、宏观和微观、主要矛盾和次要矛盾、特殊和一般的关系"[1]。在社会主义现代化建设的过程中，既要做好全局性谋划，又要抓好具体工作；既要立足当下，

---

[1] 习近平：《高举中国特色社会主义伟大旗帜　为全面建设社会主义现代化国家而团结奋斗——在中国共产党第二十次全国代表大会上的报告》，人民出版社 2022 年版，第 21 页。

又要放眼长远；既要做好宏观调控，又要处理好各方面的关系；既要重视当前社会的主要矛盾，又要对新的历史阶段下新的历史使命做好准备；既要遵循人类社会发展的一般规律，又要立足本国国情，遵循本民族发展的特殊规律。

第三，不断提高"七种思维"能力的思想观点。党的二十大报告指出，坚持系统观念，需要不断提高战略思维、历史思维、辩证思维、系统思维、创新思维、法治思维、底线思维能力。这七种思维作为系统观念的具体过程，相互联系、相辅相成，整体上密不可分，是坚持系统观念必须遵循的方法路径，有助于提高我们以系统观念解决实际问题、推进党和国家各项事业的能力。

坚持系统观念作为习近平新时代中国特色社会主义思想世界观和方法论的重要内容，既是对历史唯物主义和辩证唯物主义的世界观和方法论的坚持和运用，也是对中国实际和时代特征的遵循与体现，具有鲜明的理论特征。

首先，坚持系统观念体现了世界观与方法论的统一。坚持系统观念是以习近平同志为核心的党中央将历史唯物主义和辩证唯物主义中蕴含的世界观和方法论同党的思想方法和工作方法相结合而形成的中国化时代化的马克思主义思想和工作方法。作为一种思想方法，坚持系统观念蕴含的世界观体现在以全面的、联系的、发展的眼光看待问题与矛盾，力求从整体性上认识和把握事物发展的客观规律；作为一种工作方法，坚持系统观念蕴含的方法论表现为统筹兼顾，既整体性推进各项工作又照应到工作过程中的方方面面。世界观和方法论之间

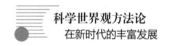
具有内在统一性，系统观念既蕴含对客观世界的根本看法，又兼顾认识和改造世界的科学方法，是世界观与方法论的有机统一。

其次，坚持系统观念体现了历史性与时代性的统一。党的十八大以来，以习近平同志为核心的党中央，在推进马克思主义基本原理同中国具体实际相结合、同中华优秀传统文化相结合的过程中，立足新时代党和国家现代化建设事业的需要，提出坚持系统观念这一重要原则。一方面，坚持系统观念继承马克思主义自然观、认识论和社会历史观中蕴含的系统思想，同时与中国传统哲学中蕴含的动态平衡、整体关联等哲学思维相汇通，鲜明地体现出坚持系统观念的历史性。另一方面，坚持系统观念顺应发展中国式现代化的价值诉求、紧扣中华民族伟大复兴战略全局和世界百年未有之大变局的时代特征，将马克思主义基本原理与中国优秀传统哲学思想进行创造性转化和创新性发展，实现了马克思主义中国化在理论上的再创新。

再次，坚持系统观念体现了民族性与世界性的统一。坚持系统观念既具有鲜明的中国特色，是针对新时代中国社会主要矛盾变化、破解中国式现代化难题的思想和工作方法，又具有深刻的世界意义，是准确把握当今世界发展主题和有效应对未来世界发展大势的基本原则。它既为推进中国社会主义现代化建设、稳步实现中华民族伟大复兴提供了基本遵循，也为破解世界发展难题、推动世界繁荣进步贡献了中国智慧、中国方案，是当之无愧兼具民族性与世界性的世界观和方法论。

最后，坚持系统观念体现了真理性与价值性的统一。坚持系统观念既具有科学真理性，又具有人民价值性。一方面，坚持系统观念是习近平新时代中国特色社会主义思想对马克思主义基本原理以及贯穿其中的观点和方法的继承，体现了对共产党执政规律、社会主义建设规律和人类社会发展规律的深刻把握和科学运用，具有鲜明的真理特质。另一方面，中国共产党始终心系人民、胸怀天下。作为当代中国马克思主义、二十一世纪马克思主义，习近平新时代中国特色社会主义思想以系统观念推进中国式现代化道路、指导党和国家各项事业，始终坚持为人民谋幸福、为民族谋复兴、为人类谋进步、为世界谋大同的价值取向，从这个意义上讲，坚持系统观念具有鲜明的价值立场。

（三）新时代坚持系统观念的创新实践

党的十八大以来，以习近平同志为核心的党中央将系统观念运用于国家治理，在指导社会主义建设事业的过程中坚持统筹兼顾、综合施策、多措并举，带领党和人民取得了一系列标志性的历史成果。

第一，以系统观念为指导打好疫情防控阻击战。疫情防控是一项复杂的系统性工作，涉及筛查、流调、判密、管控、转运、隔离等众多环节，只有坚持以系统思维进行谋划部署，才能做到精准高效，平衡好防控与发展工作。新冠疫情发生后，以习近平同志为核心的党中央秉持系统思维全面部署，坚持全国上下一盘棋，实施联防联控、群防群治，形成了抗击疫情的强大合力。在党中央的领导下，各地区各部门均主动服从疫情防控大局工作的安排，充分发挥积极性与主动性，明确责任分工，为有效阻止疫情传播与扩散作出了巨大贡献。在疫情防控工作中，党中央时刻根据疫情防控形势的变化及时调整战略，坚持"两点论"与"重点论"，通过划定不同等级风险地区实现精准防控，做到了整体防控与重点防治的统一。

第二，以系统观念为指导构建人与自然生命共同体。"生态兴则文明兴，生态衰则文明衰"①。党的十八大以来，以习近平同志为核心的党中央高度重视生态文明建设，以前瞻性、全局性思维加强对生态文明领域的顶层设计和战略谋划，形成了一系列新理念新布局新战略。生态是统一的自然系统，是相互依存、紧密联系的有机链条。人的命脉在田，田的命脉在水，水的命脉在山，山的命脉在土，土的命脉在林和草，这个生命共同体是人类生存发展的物质基础。从系统工程和全局角度寻求生态环境治理之道，必须统筹兼顾、整体施策、多措并举，全方位、全地域、全过程开展生态文明建设。以习近平同志为核心的党中央坚持以系统观念统筹谋划山水林田湖草沙治理工程，强调加强综合治理、系统治理、源头治理，坚持一体化保护与修复，各地区协调联动、联合发力，推动生态环境保护与修复工作取得了实质性进展。

第三，以系统观念为指导打赢脱贫攻坚战。中国共产党自成立之日起就把消灭剥削、消除贫困、实现共同富裕作为使命与追求。党的十八大以来，以习近平同志为核心的党中央从全面建成小康社会的大局出发，把脱贫攻坚摆在治国理政的突出位置，打响了声势浩大的脱贫攻坚战。习近平总书记始终强调，脱贫攻坚是一项系统工程，需要

---

① 中共中央文献研究室编：《习近平关于社会主义生态文明建设论述摘编》，中央文献出版社 2017 年版，第 6 页。

统筹推进、协同发力。在推进脱贫攻坚工作的过程中，党中央坚持全局性谋划、整体性推进，充分发挥我国社会主义制度能够集中力量办大事的优势，形成了多头并举、多方联动，同心同向、内外发力的宏大局面。在党中央的支持下，东部地区开展了全方位、多层次的针对中西部的对口帮扶工作，精准对接东西部相互之间的需求与供给，以系统结构优化推动实现整体利益最大化。脱贫攻坚战的全面胜利，是运用系统观念推动社会主义建设事业发展的光辉典范。

三、以系统观念全面推进社会主义现代化强国建设

系统观念的世界观意蕴和方法论原则充分表明了其对推进党和国家各项事业发展的重大指导意义。党的二十大报告指出："我国是一个发展中大国，仍处于社会主义初级阶段，正在经历广泛而深刻的社会变革，推进改革发展、调整利益关系往往牵一发而动全身。"[1] 这就要求我们坚持系统观念，在全面推进社会主义现代化强国建设过程中注重加强前瞻性思考、全局性谋划、整体性推进。

（一）以前瞻性思考把握大局大势

凡事预则立，不预则废。全面建成社会主义现代化强国是一项长远的事业，需要做到高瞻远瞩，加强前瞻性思考，下好先手棋，打好

---

[1] 习近平：《高举中国特色社会主义伟大旗帜　为全面建设社会主义现代化国家而团结奋斗——在中国共产党第二十次全国代表大会上的报告》，人民出版社2022年版，第20—21页。

主动仗。前瞻性思考即是以战略眼光审视全局，立足现在，放眼未来，从全局出发，认清发展的机遇与挑战，准确分析不利环境与有利条件，从而作出战略部署与安排，趋利避害，赢得发展主动权。在全面推进社会主义现代化强国建设过程中以前瞻性思考谋篇布局要注重以下几点：

第一，要深刻预见全面推进社会主义现代化强国建设过程中面临的战略机遇与风险挑战，增强机遇意识与风险意识。察势者明，趋势者智。谋划和推进党和国家各项工作，必须深入分析国内国际大势，科学把握面临的战略机遇和风险挑战，因势而谋、顺势而为，才能掌握主动、赢得未来。当前，世界百年未有之大变局加速演进，新一轮科技革命和产业变革深入发展，国际力量对比深刻调整，我国发展面临新的战略机遇。同时，国际形势的不稳定性不确定性因素明显增加，世界进入新的动荡变革期，我国改革进入深水区和攻坚期，各种"黑天鹅""灰犀牛"事件随时可能发生。机遇与挑战并存，我们要增强前瞻性思维，在发展的重要战略机遇期准确识变、科学应变、主动求变，为全面建成社会主义现代化强国开好局、起好步。

第二，要统筹规划社会主义现代化强国建设过程中的近期、中期和远期目标，处理好总体目标与阶段性目标的关系。党的二十大再次强调了全面建成社会主义现代化强国的"两步走"战略，并规划了未来五年的目标任务以及 2035 年发展的总体目标，为全面推进社会主义现代化强国建设提供了清晰可行的路线图。长远的战略目标不可能一蹴而就，前进的道路上要始终锚定全面建成社会主义现代化强国、实现中华民族伟大复兴这个总体目标，发挥好总体目标的引领作用，同时聚焦时代问题，深刻把握错综复杂的国际环境带来的新矛盾新挑战、我国经济社会发展出现的新趋势新变化，将社会主义现代化强国建设的宏伟蓝图细化成具体可行的阶段性目标，以阶段性目标的不断推进为全面建成社会主义现代化强国奠定坚实基础。

第三，以前瞻性思维对社会主义现代化强国建设谋篇布局要立足时代前沿，培养全球视野。随着中国综合国力的不断增强，诸多领域的发展已经走在了世界前列。过去作为追赶者，我们可以吸收借鉴其他发达国家在发展过程中所得到的经验教训并以此作为前瞻性规划的依据，从而规避我国在发展过程中可能遇到的问题。将我国真正建设成为综合实力和国际影响力领先的社会主义现代化强国，必须在发展过程中完成从追赶者到领跑者身份的转变，这意味着在推进社会主义现代化强国建设过程中很多领域都无从借鉴经验，需要独立探索发展新路径，并在探索过程中为世界其他发展中国家实现现代化提供经验与借鉴。因此，在对社会主义现代化强国建设谋篇布局过程中必须立足时代前沿，树立全球视野进行前瞻性思考，综合考虑前进道路上的未知性与不确定性，为推进社会主义现代化强国建设指明前进方向。

（二）以全局性谋划加强顶层设计

社会主义现代化强国建设涉及领域广泛，唯有整体考量才能驾驭全局。习近平总书记多次强调全局性谋划的重要性，并指出要"始终把全局作为观察和处理问题的出发点和落脚点，以全局利益为最高价值追求"①。全局性谋划就是从全局出发，用全面、联系和发展的观点分析和研究问题，把握好全局与局部、宏观与微观、全面与重点之间的关系，统筹谋划、多管齐下，谋求问题的综合治理之法、矛盾的综合解决之道。从全局角度谋划社会主义现代化强国建设的过程中要注重以下几点：

第一，要牢固树立大局意识，统筹世界百年未有之大变局与中华民族伟大复兴战略全局，以此作为谋划工作的出发点。从国际来看，当今国际形势日趋复杂，不确定性不稳定性因素日益增多，随时可能对国内发展环境产生重大影响。从国内来看，我国已进入高质量发展阶段，有强劲的发展优势和条件，但同时我国发展不平衡不充分问题仍然突出，重点领域关键环节改革任务仍然艰巨，一些结构性、体制性、周期性问题亟待解决。对社会主义现代化强国建设事业进行谋划部署时既要明晰国内外发展形势，又要明确本地区、本部门在全国发展大局中处于何种位置，从全局出发进行顶层设计。

第二，要统筹社会主义现代化强国建设的各领域各方面，加强顶层设计，进行总体架构。经济实力、科技实力、军事实力、政治领导力、文化软实力、国际影响力可被视作社会主义现代化强国结构的六大要素。② 推进社会主义现代化强国建设要有的放矢，通过加强顶层设计统筹提升这六个方面的综合实力，为全面建成社会主义现代化强国奠

① 习近平：《之江新语》，浙江人民出版社 2007 年版，第 20 页。
② 引自戴木才：《论社会主义现代化强国的结构要素》，《马克思主义研究》2022 年第 9 期。

定坚实基础。

第三，要把握好中央与地方的关系，坚持全国一盘棋，在重大问题上以全局利益为重。中国幅员辽阔，在改革与发展的过程中如果各地区各部门各自为政、各行其是，必然会影响整个国家的现代化发展进程。各级领导干部要自觉胸怀"国之大者"，想问题、做决策要服从社会主义现代化强国建设全局利益，多打大算盘、算大账，善于把各地区各部门的工作融入党和国家社会主义现代化强国建设事业大棋局，从全局谋一域，以一域服务全局。

（三）以整体性思维全面统筹推进

全面建成社会主义现代化强国，不是某方面的"一枝独秀"，而是富强民主文明和谐美丽目标的集成实现。为了实现这一发展目标，必须全面施策、多措并举，坚持以整体性思维全面统筹推进党和国家各项事业，注重把握各个方面、各个领域、各项举措的进度和节奏，在推进的过程中注重它们之间以及与工作全局之间的相互配合、相互协同，通过补短板、强弱项、重点突破等方法提升工作推进的整体效果。整体性推进社会主义现代化强国建设的过程中要注重以下几个方面：

第一，整体性推进意味着整体地、全面地、有序地推进社会主义现代化强国建设各项任务，不能畸轻畸重、顾此失彼。要深刻把握"首要任务"，推动经济高质量发展；深刻把握"应有之义"，发展全过程人民民主；深刻把握"精神力量"，铸就社会主义文化新辉煌；深刻把握"生活品质"，不断实现人民对美好生活的向往；深刻把握"绿色发展"，实现人与自然和谐共生；统筹推进"五位一体"总体布局，

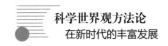

朝着物质文明、政治文明、精神文明、社会文明、生态文明均高度发展的社会主义现代化强国建设目标不断迈进。

第二，整体性推进不意味着齐头并进，在全面推进社会主义现代化强国建设的过程中要善于找准着力点，以重点突破带动全局发展。社会主义现代化强国建设是一项系统工程，而其中的"牛鼻子"就是实现高质量发展。发展是党执政兴国的第一要务，是解决各领域问题、推动经济社会持续健康发展的金钥匙。没有坚实的物质技术基础，就不可能全面建成社会主义现代化强国。新征程上要牢牢把握住高质量发展这个首要任务，为其他领域的发展提供坚实的物质基础，以点带面推动整个社会主义现代化强国的建设进程，实现整体推进和重点突破的良性互动。

第三，整体性推进社会主义现代化强国建设要注重增强各项工作措施的关联性和耦合性，增强政策配套和制度衔接，在统筹兼顾中实现协同发展。社会主义现代化强国建设涉及领域广泛，各领域之间联系密切，若能在制定各项工作措施时注重增强各领域、各区域、各种资源要素之间的协同联动作用，往往能起到事半功倍的效果。只有打破安于一隅的思维定式，把握各领域之间的内在联系，增强各发展措施的协同联动作用，才能真正做到整体地、全面地、有序地推进现代化建设，形成全面建设社会主义现代化强国的强大合力。

第四，要补齐发展短板，提升整体效能，着力解决发展不平衡不充分问题。中国式现代化是全方位发展的现代化，补齐发展短板，破解不平衡不充分的发展问题，促进全面协调发展，是全面建成社会主

278

义现代化强国的内在要求。一方面，要坚持问题导向，着力补齐关键核心技术、医疗、社保等关键领域和薄弱环节的短板。另一方面，要正确处理发展中的重大关系，重点促进城乡区域协调发展，促进经济社会协调发展，促进新型工业化、信息化、城镇化、农业现代化同步发展，促进物质文明、精神文明协调发展，不断解决发展不平衡不充分的问题，增强发展整体性。

第十章　坚持胸怀天下

　　党的二十大报告指出，不断谱写马克思主义中国化时代化新篇章，是当代中国共产党人的庄严历史责任。继续推进实践基础上的理论创新，首先要把握好新时代中国特色社会主义思想的世界观和方法论，坚持好、运用好贯穿其中的立场观点方法，做到"六个必须坚持"，其中第六条就是"必须坚持胸怀天下"。习近平总书记指出："中国共产党是为中国人民谋幸福、为中华民族谋复兴的党，也是为人类谋进步、为世界谋大同的党。"① 这充分彰显了我们党作为马克思主义执政党为人类作出更大贡献的大国担当和世界情怀，体现了习近平新时代中国特色社会主义思想深邃的历史眼光、丰富的辩证思维和博大的世界胸怀。

---

① 习近平：《高举中国特色社会主义伟大旗帜　为全面建设社会主义现代化国家而团结奋斗——在中国共产党第二十次全国代表大会上的报告》，人民出版社2022年版，第21页。

一、坚持胸怀天下的世界观和方法论的逻辑理据

坚持胸怀天下是中国共产党百年奋斗积累的宝贵经验，也是实现马克思主义中国化时代化必须坚持的世界观和方法论。坚持胸怀天下是马克思主义的理论品格，是中国共产党对无产阶级初心使命的赓续传承，是马克思世界历史理论的逻辑延展，是坚持"大历史观"的生动体现。

（一）初心使命的赓续传承

坚持胸怀天下是马克思主义的鲜明品质，是中国共产党对无产阶级初心使命的赓续和传承。习近平总书记在纪念马克思诞辰200周年大会上强调："马克思主义博大精深，归根到底就是一句话，为人类求解放。在马克思之前，社会上占统治地位的理论都是为统治阶级服务的。马克思主义第一次站在人民的立场探求人类自由解放的道路，以科学的理论为最终建立一个没有压迫、没有剥削、人人平等、人人自由的理想社会指明了方向。"[1]共产党是以马克思主义为指导的无产阶级政党，共产党人全部活动的出发点和最终目的，都是为了工人阶级和劳动人民的利益而奋斗。中国共产党的诞生是近代以来中国革命发展的需要，是马克思主义与工人运动相结合的产物，是顺应世界发展大势的结果。我们之所以在众多的社会思潮当中、众多的主义当中选择马克思主义为指导，正是因为对马克思主义理论的科学性和先

---

[1] 习近平：《在纪念马克思诞辰200周年大会上的讲话》，《人民日报》2018年5月5日。

进性深信不疑，同时也是对马克思主义世界情怀的认同。因此，中国共产党一经成立就以无产阶级的世界观作为改变中华民族前途和命运的理论指导，并将为中国人民谋幸福、为中华民族谋复兴作为自己的初心和使命，把推进世界大同、实现共产主义、实现人的自由而全面发展作为最终目标，彰显出强烈的历史主体意识与胸怀天下的世界眼光。

党的百年奋斗史，就是一部践行无产阶级崇高使命的历史，就是一部不断为人类作出更大贡献的历史。在中国共产党成立前夕，毛泽东就强调："中国问题本来是世界的问题，然从事中国改造不着眼及于世界改造，则所改造必为狭义，必妨碍于世界。"[①]中国共产党领导的新民主主义革命顺应了世界民族解放运动的大潮，实现了民族独立和人民解放的历史任务，推动了人类和平与发展事业。改革开放之初，邓小平在谈到中国的"小变化"之后必将发生"中变化"和"大变化"时说，那时"我们就可以对人类有较大的贡献"[②]。党的十八大以来，中国共产党带领人民全面建成小康社会，积极推动全球抗疫合作，提出了推动构建"一带一路"倡议、推动构建人类命运共同体等，为解决人类面临的共同问题贡献了中国智慧和中国方案。一百多年的历史证明，"中国共产党既是为中国人民谋幸福、为中华民族谋复兴的党，也是为人类谋进步、为世界谋大同的党"。

人类情怀、世界眼光是中国共产党人的基因，选择了马克思主

①《毛泽东文集》第一卷，人民出版社1993年版，第1页。
②《邓小平文选》第三卷，人民出版社1993年版，第143页。

义为指导就选择了真理的制高点、选择了道义的制高点。"四为四谋"是对马克思主义崇高理想和价值追求的继承与发展，充分彰显了习近平新时代中国特色社会主义思想宽广的世界视野和深邃的历史眼光，对党在新时代应该承担什么样的历史重任、如何肩负起这一重任作出高度概括，把对中国共产党初心使命的认识提升到了一个新的境界。坚持胸怀天下是践行无产阶级初心使命的实践形态，是马克思主义执政党的显著标志，是我们党继续谱写马克思主义中国化时代化新篇章必须坚持的世界观和方法论。

（二）世界历史理论的内在要求

世界历史理论是马克思构建唯物史观的理论基础，同时也是中国共产党坚持胸怀天下的逻辑依据。在资本主义社会以往的历史时代，自然经济的生产方式在人类社会中占据主导地位，这种生产方式使得人的生产能力只能被限制在狭窄的范围内和孤立的地点上，各个国家和民族不可能形成世界性的整体联系。工业革命以来，在生产力与交往的矛盾运动以及由此引起的生产力与交往的普遍发展的推动下，资产阶级开创了以资本为原则和逻辑的世界历史，使整个世界归属于资本主义生产关系，原本孤立的国家、民族打破了地域限制，世界越来越联结成为一个整体。尽管资产阶级在打破地方和民族的局限、使历史转向世界历史的过程中起了开创新纪元的作用，但其客观上是为了谋求更多的剩余价值，确立资本主义生产体系在世界范围的主导地位，而绝对无意于人类的解放，无意于世界大同。随着资本主义社会生产力的发展，一方面生产社会化与生产资料的资本主义私人占有之间的资本主义基本矛盾不断激化，另一方面大工业的迅速发展为资本主义造就了掘墓人——世界性的无产阶级。这一阶级与有着特殊民族利益的资产阶级完全不同，"无产者没有什么自己的东西必须加以保护，他们必须摧毁至今保护和保障私有财产的一切"[1]。无产阶级所肩负的历史使命就是进行现实的革命运动来实现共产主义进而解放全人类。所以说资本主义虽然开创了世界历史，但其自身的基本矛盾与阶级之间的矛盾和对立成为世界历史向前推进的障碍，而共产主义作为更高层次的理想社会形态，将成为世界历史新的前进方位，资本主义的世界历史必然发展到共产主义的世界历史。

鸦片战争以来，近代中国被帝国主义强行纳入资本主义主导的世界体系，被迫开始了从民族历史向世界历史的转变。为了挽救深重的民族危机和社会危机，不屈的中国人民进行了一次次抗争和艰辛探索，都无法改变近代中国半殖民地半封建的社会性质。这时，马克思主义为苦苦追寻救亡图存的中国共产党提供了急需的理论武器，中国共产党开始用无产阶级的世界观作为观察国家命运的工具，用世界历史眼光来思考和观察中国革命的问题，并主动担负起改造中国和世界的历史使命，并为之奋斗至今。总之，坚持胸怀天下的世界观和方法论是对马克思世界历史理论的运用与坚持，体现了中国共产党始终站在历史正确的一边，站在人类进步的一边。

（三）"大历史观"的生动体现

"大历史观"是以习近平同志为主要代表的中国共产党人将唯物

---

[1]《马克思恩格斯选集》第一卷，人民出版社2012年版，第411页。

史观和时代特征、具体国情和中华优秀传统文化相结合形成的兼具马克思主义理论品格和中国特色的认识方法，它主张从长时间周期、大空间视野、整体性思维、深层逻辑分析历史演变机理、探究历史规律、把握历史大势，是一种全面、系统、整体看问题的理论思维和方法，为我们科学应对中国之变、世界之变、时代之变和历史之变提供了方法论支撑。

"大历史观"坚持从不同时间跨度的历史层累来把握时代大势，强调对于任何历史事件和重大现实问题应将其放在世界尺度和中国发展的历史长河中把握。从时间跨度最长、层累程度最厚重的5000多年文明史来看，坚持胸怀天下体现了党对中华优秀传统文化中"天下观"的赓续和发展；从中国与世界历史交汇的500多年世界社会主义发展史来看，坚持胸怀天下体现的是党对社会主义运动发展方向的坚守；从中国历史最具革命性180多年斗争史来看，坚持胸怀天下体现了党对清朝以来实行逆时代潮流的闭关锁国政策的纠偏和对惨痛教训的总结；从时间跨度最短却起着决定作用的100年党的奋斗史来看，坚持胸怀天下体现了党对百年奋斗重大成就和历史经验的总结，彰显了我们党作为世界大党的责任与担当。中国共产党在领导中国革命、建设和改革的历史过程中，从新中国成立初期提出的和平共处五项原则到改革开放之后提出的和平与发展是时代的主题，再到新时代提出的推动共建"一带一路"、推动构建人类命运共同体等，都是正确把握人类历史发展的进步潮流，在世界大势中锚定自身发展，坚持运用"大历史观"的生动体现。

中国特色社会主义进入新时代，世界历史也进入一个新的阶段，"人类交往的世界性比过去任何时候都更深入、更广泛，各国相互联系和彼此依存比过去任何时候都更频繁、更紧密"[①]。中华民族伟大复兴战略全局和世界百年未有之大变局相互交织、相互激荡、相互影响，今日之中国，不仅是中国之中国，而且是亚洲之中国、世界之中国、未来之中国。因此，必须胸怀两个大局，"树立大历史观，从历史长河、时代大潮、全球风云中分析演变机理、探究历史规律，提出因应的战略策略，增强工作的系统性、预见性、创造性"[②]，既立足于以中国式现代化全面推进中华民族伟大复兴，又着眼于科学把握和有效应对世界大变局，为解决世界性问题、促进人类进步作出更大贡献。

二、不断拓展世界眼光，深刻洞察人类发展进步潮流

当今世界各国紧密相连，人类命运与共，这就要求我们不断拓展世界眼光，顺应人类发展潮流，始终站在国际大局与国内大局相互联系的高度，科学审视中国和世界的发展问题，思考和制定中国的发展战略，善于从国内国际因素的发展变化和相互影响中把握发展全局。

（一）顺应人类发展大潮流

察大势者智，顺潮流者赢。当今世界正处在大发展大变革大调整

[①] 习近平：《在纪念马克思诞辰 200 周年大会上的讲话》，《人民日报》2018 年 5 月 5 日。
[②] 习近平：《在党史学习教育动员大会上的讲话》，《求是》2021 年第 7 期。

之中，和平与发展仍然是时代主题，和平、发展、合作、共赢成为不可阻挡的时代潮流。一个国家、一个民族要强盛，就必须在历史前进的逻辑中前进、在时代发展的潮流中发展。近代以来，西方工业革命开启的人类现代化进程势不可挡，中国被迫卷入并逐步融入世界历史潮流之中。尽管在世界现代化潮流中，我们是后来者，但不会永远是落后者。正是顺应了世界现代化潮流，中国才走上了现代化道路。在这个过程中，西方现代化的弊端日益凸显，它在创造巨大物质文明的同时，也导致文明同质、生态危机、人的异化、生产过剩等现代性之殇。中国在借鉴吸收西方现代化成果的同时，独立自主地探索出一条中国式现代化新道路。在实现现代化的进程中，中国共产党始终坚持为人民谋幸福、为民族谋复兴、为人类谋进步、为世界谋大同的初心使命。无论是坚持社会主义市场经济的改革方向，还是坚持对外开放的基本国策；无论是解放和发展社会生产力，还是推动中国特色社会主义制度自我完善和发展；无论是摸着石头过河，还是加强顶层设计；无论是实现中华民族伟大复兴，还是促进人类和平与发展崇高事业……一系列的改革思路、方法和举措，都回应了中国人民要发展、要创新、要美好生活的历史要求，契合了世界各国人民要发展、要合作、要和平生活的时代潮流。

当前国际形势继续发生深刻复杂变化，人类面临的不稳定不确定性因素依然很多，但经济全球化和世界多极化的进程不会改变，和平、发展、合作、共赢的时代潮流更加强劲，维护和平、促进发展仍是国际社会的共同愿望。我们要把握历史规律，认清世界大势，顺应历史潮流。一方面，继续高举和平发展的旗帜，维护和促进世界的和平与稳定；另一方面，全面推进中华民族伟大复兴，更好造福中国人民和世界各国人民，为建设一个更加美好的世界贡献中国力量。

（二）把握世界变化大格局

纵观人类历史，世界发展从来都是各种矛盾相互交织、相互作用的综合结果，大变局孕育于其中、演进于其中。20 世纪的世界，两次世界大战重构世界格局，西方资本主义历经危机和发展，世界社会主义走过高潮和低谷，中华民族历经磨难到重新崛起，这些都深刻影响了世界大变局的演进过程，引领世界不断朝着有利于人类进步的方向发展。进入 21 世纪，世界大变局的调整呈现出一系列新的特点，以习近平同志为核心的党中央科学认识全球发展大势、深刻洞察世界格局变化，作出了"当今世界正经历百年未有之大变局"的重大判断。在这个大变局下，一大批发展中国家群体性崛起，新兴市场和发展中国家在世界经济中占据的份额越来越大，对世界经济增长的贡献率不断提升。在经济实力增长的同时，发展中国家的政治影响力也在不断增强，G20 峰会、金砖峰会、亚信峰会已经成为全球治理的重要平台。G20 成员国当中，一半以上属于新兴发展中国家，这些国家已经成长为全球治理的重要力量。而西方国家进入深度调整期，内部矛盾重重、实力相对下降。西方一些国家，尤其是美国，将单边主义与贸易保护主义作为他们的政策首选，"退群""毁约"成为其"家常便饭"。从 2017 年开始美国陆续退出多个国际组织和国际公约，尤其在抗击新冠疫情的关键时期，不顾国际社会的反对，宣布退出世卫组织。所以说，国际格局和国际体系正在发生深刻的变化，世界力量的天平正从西方向东方转移。

中国在经历改革开放四十多年的快速发展后，逐步发展成为世界第二大经济体和最大的社会主义国家，近些年对世界经济增长的平均贡献率超过 30%，中华民族伟大复兴不断前进，成为影响世界大格局变化的主要推动力量。大变局带来大挑战，也带来大机遇，我们必须因势而谋、因势而动、顺势而为。认识大变局、适应大变局、引领大变局，是我们对世界百年未有之大变局的积极回应。我们既要立足国内，加快发展；更要放眼世界，积极进取。在危机中育新机，在变局中开新局，引领世界大变局朝着有利于中华民族伟大复兴、有利于世界和平与进步的方向发展。

（三）洞悉中国发展大历史

洞悉中国发展大历史是中国共产党坚持胸怀天下的基本前提。当今世界人类命运休戚与共，中国与世界紧密相连，中国的发展离不开世界，世界的繁荣稳定也离不开中国。党的百年奋斗史，就是一部为中华民族伟大复兴不懈奋斗、进而为人类作出更大贡献的历史。新民主主义革命时期，中国共产党团结带领全国人民推翻了帝国主义、封建主义和官僚资本主义，建立了人民当家作主的中华人民共和国，创造了新民主主义革命的伟大成就，为实现中华民族伟大复兴提供了根本社会条件；社会主义革命和建设时期，中国共产党团结带领全国人民建立了社会主义制度，推进社会主义建设，创造了社会主义革命和建设的伟大成就，为实现中华民族伟大复兴奠定了根本政治前提和制度基础；改革开放和社会主义现代化建设新时期，中国共产党团结带领全国人民坚定不移推进改革开放，坚持和发展中国特色社会主义，我国经济总量跃居世界第二，人民生活奔向全面小康，创造了改革开放和社会主义现代化建设的伟大成就，为实现中华民族伟大复兴提供了充满新的活力的体制保证和快速发展的物质条件；中国特色社会主义进入新时代，中国共产党团结带领全国人民全面建成小康社会，成功推进和拓展中国式现代化，创造了中国式现代化新道路，推动党和国家事业取得历史性成就、发生历史性变革，创造了新时代中国特色社会主义的伟大成就，为全面推进中华民族伟大复兴提供了更为完善的制度保证、更为坚实的物质基础、更为主动的精神力量，推动中华民族伟大复兴站在了更高的历史起点上，我们比历史上任何时期都更接近、更有信心和能力实现中华民族伟大复兴的目标。

当前，"两个大局"相互交织、相互激荡、相互影响。中华民族伟大复兴是世界百年未有之大变局的重要组成部分，影响着大变局的走向和前途；世界百年未有之大变局，又给中华民族伟大复兴带来了机遇和挑战。中华民族伟大复兴绝不是轻轻松松、敲锣打鼓就能实现的，必须进行具有许多新的历史特点的伟大斗争。我们要充分发扬斗争精神，既坚持党的全面领导、坚持中国特色社会主义，以中国式现代化全面推进中华民族伟大复兴，推动世界百年未有之大变局正向发展，又要利用百年未有之大变局的积极因素，推动构建人类命运共同体，让中华民族伟大复兴更好造福于世界人民。

三、积极回应普遍关切，推动解决人类面临的共同问题

大道不孤，天下一家。在当今复杂多变的国际背景下，和平赤字、发展赤字、安全赤字、治理赤字加重，人类社会面临前所未有的挑战，世界发展形势严峻。坚持胸怀天下，就是要积极回应人类普遍关切，为破解世界发展难题贡献中国智慧和中国力量。

（一）中国式现代化新道路拓展了发展中国家走向现代化的途径

近代以来，人类社会的现代化是由西方国家开拓和引领的，西方的现代化在经济、政治、科技、文化等领域引起了广泛而深刻的历史变革，创造了人类历史上史无前例的奇迹，西方国家俨然掌握了叩开现代化之门唯一的钥匙，并赋予其现代化道路"普世性""唯一性"的标签。面对西方现代化发展模式的诱人成果及其强大的统治力，广大的发展中国家面临着"依附"还是"脱钩"的两难选择。中国共产党领导中国人民开创的中国式现代化新道路既没有与西方"脱钩"，也没有依附西方，而是既大胆借鉴资本主义因素，又保持自身的独立性，既遵循现代化的一般规律，又始终坚持社会主义的发展方向，具有鲜明的中国特色和社会主义性质。中国式现代化新道路以中华民族伟大复兴为目标，坚持以人民为中心的价值取向，追求实现全体人民共同富裕；努力实现物质文明、政治文明、精神文明、社会文明、生态文明整体协调推进，以社会的全面进步为实现人的全面发展创造条件；同时坚持对外开放的基本国策，奉行互利共赢的开放战略，不断提升发展的内外联动性，在实现自身发展的同时更多惠及其他国家和

人民。因此说中国式现代化新道路不仅是中国自己的现代化道路，还是向世界开放的现代化之路，是中国作为后发型现代化国家走向现代化的成功之路。它拓展了发展中国家走向现代化的途径，打破了将现代化等同于西方化的话语垄断和实践困局，给世界上那些既希望加快发展又希望保持自身独立性的国家和民族提供了全新选择，同时也为解决人类问题贡献了中国方案。这一方案下，世界上各个国家和民族都能根据自身的国情和文化诉求实事求是地探索自身的现代化之路，独立自主、自力更生、求同存异、合作共赢将成为人类社会现代化的真正主旋律。

（二）脱贫攻坚谱写了人类反贫困历史新篇章

消除贫困、实现共同富裕是社会主义的本质要求，是中国共产党的奋斗目标和重要使命。我们党自成立之日起就带领我国人民持续向贫困宣战，并为之进行了艰苦卓绝的斗争。新中国成立以来，我国反贫困事业经历了社会救济式扶贫、以经济体制改革为着力点的反贫困、以区域发展为主的开发式扶贫、整村推进与"两轮驱动"的综合性扶贫、以精准扶贫为特征的反贫困五个阶段，整体减贫成效明显。经过接续奋斗，2020 年 11 月 23 日我国最后 9 个贫困县宣布摘帽，我们"实现了小康这个中华民族的千年梦想，我国发展站在了更高历史起点上。我们坚持精准扶贫、尽锐出战，打赢了人类历史上规模最大的脱贫攻坚战，全国八百三十二个贫困县全部摘帽，近一亿农村贫困人口实现脱贫，九百六十多万贫困人口实现易地搬迁，历史性地解决了绝对贫困问题"①，如期完成了脱贫攻坚的目标和任务。打赢脱贫攻坚战，是中华民族历史上光耀千秋、彪炳史册的伟业，谱写了人类反贫困历史新篇章，具有广泛的世界意义。一方面，打赢脱贫攻坚战为人类减贫事业作出了历史性贡献。从减贫规模看，中国对全球减贫的贡献率超过70%，是世界上减贫人口最多的国家；从减贫速度看，我国仅仅用短短几十年时间就历史性解决了绝对贫困问题，提前10年实现联合国《2030年可持续发展议程》确定的减贫目标，走在全球减贫事业的前列。另一方面，打赢脱贫攻坚战为全球减贫治理提供了中国智慧和中国方案。中国一直是世界减贫事业的积极倡导者和有力推动者，在长期实践探索中，成功走出了一条中国特色减贫之路，这条道路凝结着中国推进精准扶贫、精准脱贫的独特智慧和制度成果，为国际减贫治理创新提供了有益启示。

（三）为推进全球抗疫合作贡献中国力量

病毒没有国界，疫情不分种族。政治操弄只会给病毒以可乘之机，以邻为壑只能被病毒各个击破，无视科学只会让病毒乘虚而入。新冠疫情是全人类面临的重大危机和共同挑战，没有哪一个国家和民族可以置身事外。疫情发生以来，中国始终秉持人类命运共同体理念，既对本国人民生命安全和身体健康负责，也为推进全球抗疫合作作出重大贡献。一方面，我们始终坚持人民至上、生命至上，积极开展打赢

---

① 习近平：《高举中国特色社会主义伟大旗帜　为全面建设社会主义现代化国家而团结奋斗——在中国共产党第二十次全国代表大会上的报告》，人民出版社2022年版，第7页。

疫情人民战争、总体战、阻击战，经过艰苦卓绝的努力，最大程度保护了人民生命安全和身体健康。与此同时，三年来中国高效积极统筹疫情防控和经济社会发展，经济运行总体平稳，为促进世界经济复苏、维护全球产业链、供应链稳定畅通发挥了重要作用。随着疫情防控措施的优化调整和生产生活加快恢复正常，中国将为世界经济复苏提供更大的动能。另一方面，中国积极推动全球抗疫合作，为疫情严重的国家和地区特别是广大发展中国家提供帮助与支持。中方始终本着公开、透明、负责任的态度，及时向世卫组织及相关国家通报疫情信息，第一时间发布病毒基因序列等信息，组织专家积极研发疫苗，最早支持疫苗知识产权豁免，坚持对外派驻专家进行抗疫援助，毫无保留地同各方分享防控和救治经验，与国际社会交流有益经验和做法。在全球抗疫的关键时刻，中国生产的防疫物资每天以最快速度运往急需的国家和地区，为国际社会共同抗击疫情提供物质保障和巨大支持。这些实实在在的举措充分彰显了中国推进国际抗疫合作的天下情怀与大国担当，也体现了中国在全球抗疫过程中为共同佑护各国人民生命安全和健康、共同佑护人类共同的地球家园、共同构建人类卫生健康共同体作出的重要贡献。

（四）"两山"理念为破解全球生态危机困局贡献了中国智慧

随着经济全球化的持续推进，世界越来越成为一个你中有我、我中有你的命运共同体。世界各国共同生活在无法区隔的自然生态系统之中，这个生态系统是全人类赖以生存和发展的物质基础和前提条件，因此维护全球生态平衡、建设美丽世界就成为各国人民的共同利益和价值诉求。工业革命以来，发达资本主义国家在资本逻辑的主导下走了一条不可持续的工业文明发展道路，以巨大的生态代价和成本换取经济高速增长与物质财富的急剧增加，工业污染与二氧化碳的排放损害了整个人类共同生存的生态系统。2005 年，时任浙江省委书记的习近平同志在余村考察时，以充满前瞻性的战略眼光首次提出"绿水青山就是金山银山"的理念，这一理念是对环境保护和经济发展的形象化表达，指明了实现发展和保护协同共生的新路径，闪烁着正确处理经济发展与生态建设辩证关系思想的光芒。党的十八大以来，以习近平同志为核心的党中央以高度的生态自觉将生态文明建设上升到"五位一体"的战略高度，以壮士断腕的决心和勇气解决制约经济社会可持续发展的生态问题，摒弃以绿水青山换取金山银山的发展模式，重建人与自然和谐共生、生态与经济共同繁荣的可持续发展社会。习近平总书记指出："绿色生态是最大财富、最大优势、最大品牌，一定要保护好，做好治山理水、显山露水的文章，走出一条经济发展和生态文明水平提高相辅相成、相得益彰的路子"①。这表明实现发展和保护二者缺一不可，忽视生态保护谈经济发展犹如竭泽而渔，而抛弃经济发展搞生态建设也会陷入缘木求鱼的困境。我们要在创造金山银山的同时维护绿水青山，同时让绿水青山充分发挥出经济社会效益，从而促进经济福祉与生态福祉的同步提升，实现百姓富、生态美的有机统一。总之"两山"理念破解了经济发展和生态建设之间的"两

---

① 中共中央文献研究室编：《习近平关于社会主义生态文明建设论述摘编》，中央文献出版社 2017 年版，第 33 页。

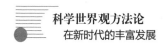

难悖论"，为解决全球生态危机提供了科学、有效的中国智慧与方案。世界各国只有在利益共同体和责任共同理念的指引下加强生态合作，在推动经济社会发展的过程中既注重对物质财富的获取，同时以充分的人文关怀保护生态环境，才能换取生态环境对社会生产力发展的最佳反馈，实现物质财富和生态财富的共同积累和进步，共建生态命运共同体。

四、坚持开放包容心态，借鉴吸收人类优秀文明成果

文明具有多样性，不同民族、国家的文明及其发展道路各不相同。文明多样性是人类社会的基本特征，是人类社会不断演进的动力和源泉。不同文明之间只有交流互鉴、取长补短，才能保持旺盛生命活力，才能让世界文明百花园群芳竞艳。

（一）尊重世界文明多样性，倡导多元文明和平共存

人类文明发展史就是一部文明共生并进史，也是一部文明交流互鉴史。世界上有 200 多个国家和地区，2500 多个民族、多种宗教，文明多样性是世界文明的基本特征。尽管承载文明的国家和民族有大有小，不同民族的文明发展时间有先有后，但都是人类在漫长的历史长河中创造的文明成果与智慧结晶，都以其自身的独特性为人类文明繁荣发展作出过贡献，均有其存在的意义和可供借鉴的价值。文明只有姹紫嫣红之别，而无优劣贵贱之分。文明的差异化发展是一种客观现象，是文明多样性的现实基础，也是人类文明持续进步的动力源泉，

我们要"尊重世界文明多样性,以文明交流超越文明隔阂,文明互鉴超越文明冲突、文明共存超越文明优越"[1]。西方国家主张的"文明冲突论""文明优越论"意图用西方的价值体系来统领、替代其他的文明,消灭文明的丰富性和多样性,最终实现西方文明对世界的永恒主宰,这是与世界文明发展潮流相违背的。中华文明作为世界文明的重要组成部分,是在同其他文明不断交流互鉴中形成的开放体系。从历史上的佛教东传、"伊儒会通",到近代以来的"西学东渐"、新文化运动、马克思主义和社会主义思想传入中国,再到改革开放以来全方位对外开放,中华文明始终在兼收并蓄中历久弥新。[2]文明因多样而交流,因交流而互鉴,因互鉴而发展。世界各国只有通过真诚交流、协商对话,消除因文化差异、利益冲突等出现的误解和分歧,才能携手实现"美美与共、天下大同"的文明共存局面。只有以交流合作消弭对抗冲突,塑造交流互鉴的文明共同体才是人间正道。未来之中国,必将以更加开放的姿态拥抱世界、以更有活力的文明成就贡献世界,与世界各国共同创造世界文明的美好未来。

(二)创造人类文明新形态,塑造人类文明新格局

和羹之美,在于合异。"一个和平发展的世界应该承载不同形态的文明,必须兼容走向现代化的多样道路。"[3]近现代以来,西方国

---

[1] 习近平:《高举中国特色社会主义伟大旗帜　为全面建设社会主义现代化国家而团结奋斗——在中国共产党第二十次全国代表大会上的报告》,人民出版社2022年版,第63页。
[2]《习近平谈治国理政》第三卷,外文出版社2020年版,第471页。
[3]《习近平谈治国理政》第四卷,外文出版社2022年版,第469—470页。

家通过资产阶级革命和两次工业革命开启了其全面主导的世界历史进程，并在强势经济和军事实力的加持下向世界各地兜售和贩卖具有鲜明意识形态色彩的西方文明，形成了"以西为尊"的人类文明发展格局。在西方中心主义的话语叙事体系中，由资本逻辑支配的西方文明象征着世界文明发展进程中的"完美优胜者"，它以其认定的"中心"和"自我"来拒斥世界上其他国家和地区的文明，将自身之外的其他文明看作是"边缘"和"他者"，宣传西方文明形态的优越性、普适性和唯一性，彻底否定了现代化发展道路的多样性和文明形态的差异性，但马克思强调："辩证法，在其合理形态上，引起资产阶级及其空论主义的代言人的恼怒和恐怖，因为辩证法在对现存事物的肯定的理解中同时包含对现存事物的否定的理解，即对现存事物的必然灭亡的理解"①。尽管西方文明形态在过去一段时间长期占据人类文明形态的主导地位，但其主导具有暂时性和相对性，其文明形态存在着两极分化、社会撕裂、霸权主义等内在的不可克服的矛盾和缺陷，由此造成的社会危机和发展困境使得西方文明日渐式微，无法再为未来人类文明形态的发展提供样板和范例。

在新中国成立以来特别是改革开放以来取得的重大成就基础上，中国健步走向民族复兴。中国复兴不仅仅是经济体量的壮大、政治实力的崛起和军事实力的强盛，还应包含文化精神和价值观的复兴，即一种新的文明形态的出场。中国道路开辟的人类文明形态是一种新文明类型，它以其独特的优势实现了对资本主义文明形态的扬弃和超

①《马克思恩格斯选集》第二卷，人民出版社2012年版，第94页。

越，改变了"东方从属于西方"的世界发展历程，有力破除了西方中心主义论调下的"文明冲突"和"文明优越"的观念魔咒，揭示了资本主义文明虚假的"同一性"，用现实证明人类社会除了资本主义文明形态以外还可以有其他类型的文明形态，开创了不同文明形态在同一时空境遇下多元共存的发展格局和未来走向，也为世界各国人民独立创造与本国国情相适应的文明形态提供了全新选择和经验借鉴。还需注意的是，人类文明新形态仅仅是人类多元文明中的其中一种而并非全部类型，它不会对世界其他国家和地区构成"文明冲突"。中国绝不会像西方国家一样强行推销和输出自己的现代化发展道路和制度模式，反而支持和鼓励世界各国人民依据自身的历史文化、资源条件、人口国情、发展目标独立自主地探索和创造适合本国实际的现代化建设之路和文明形态。人类文明新形态这一全新术语的提出，代表的是现代国家文明意识的一种高度觉醒，为构建繁荣发展的世界文明图景贡献了中国力量。推动建设更高层次和更高水平的人类文明新形态，将为人类社会展现中国人民在追求现代化之路上的交流互鉴的文明特征，也将重塑和引领世界文明多元融合和繁荣进步的发展潮流。

（三）加强国际传播能力建设，推动中华文化走向世界

文化是对外传播交流交融交锋的主战场。推动中华文化走向世界可以充分彰显中华文化的魅力和价值，让中华文化在世界面前"活起来""热起来"。党的十八大以来，我们大力推动国际传播能力建设，打造具有国际影响力的媒体群，积极推动中华文化走出去，初步构建起多主体、立体式的大外宣格局，我国的国际话语权和影响力显著提

升。但是受历史和现实原因的双重影响，长期以来国际舆论场上西方话语始终居于支配地位，而我国媒体在传播技巧、话语体系、传播经验等方面都存在着明显的滞后性，很难摆脱"有理说不出""说了传不开"的窘境。当前"两个大局"相互交织，国际格局和国际体系正在发生深刻调整，中国成为世界格局的主要推动力量，这为我国加强国际传播能力建设、形成与我国综合国力和国际地位相匹配的国际话语权提供了重大机遇。

讲好中国故事、传播好中国声音，展示真实、立体、全面的中国，是加强我国国际传播能力建设的重要任务。具体而言，在对外传播时变被动为主动是基础和前提。改革开放以来，我们一直用西方国家能够听懂的话语来介绍中国，以为只要国际社会听懂了，自然就会被接纳和理解。但随着中国实力的提升，我们发现由西方主导的世界体系不仅不会接纳一个按照自身发展道路自主发展的中国，而且还在国际社会中故意抹黑中国。因此，新形势下我们必须要在国际传播中掌握话语权，变被动为主动。加快构建中国话语和中国叙事体系，用中国理论去阐释中国实践，用中国实践升华中国理论，打造融通中外的新概念、新范畴、新表述，更加充分、更加鲜明地展现中国故事及其背后的思想力量和精神力量。[1] 要高举人类命运共同体大旗，依托我国发展的生动实践，立足五千多年中华文明，全面阐述我国的发展观、文明观、安全观、人权观、生态观、国际秩序观和全球治理观。要善于运用各种生动感人的事例，说明中国发展本身就是对世界的最大贡

---

[1]《习近平谈治国理政》第四卷，外文出版社 2022 年版，第 317 页。

献，为解决人类贡献了智慧和力量，展示真实、立体、全面的中国形象。除此之外，在对外传播中，我们还应当进一步提升立足点与关切点，在促进国与国之间相互感知和文化交流的同时，进一步增强自信，让世界更好地了解中国，了解中国的道路、制度、文化，具体到作品中，在多元要素的基础上进一步突出核心要素，通过核心要素的反复强调，逐渐改变外部受众对中国的刻板印象，更好推动中华文化走向世界。

五、推动构建人类命运共同体，建设更加美好的世界

万物并育而不相害，道并行而不相悖。推动构建人类命运共同体是习近平总书记提出的引领时代发展潮流和破解全球发展困境的"中国方案"，是对世界之问的科学回答。

（一）弘扬全人类共同价值

构建人类命运共同体的核心要义就是建设一个持久和平、普遍安全、共同繁荣、开放包容、清洁美丽的世界。和平、发展、公平、正义、民主、自由的全人类共同价值与人类命运共同体的价值要求完全契合，为建设更加美好的世界凝聚了价值共识，提供了价值引领。全人类共同价值是不同文明在价值上最大公约数的凝练表达，实现了对西方世界"普世价值"的全面超越。"普世价值"是西方发达国家意识形态和思想观念的集中体现，伴随着资本主义生产方式在世界范围内的确立，西方世界以其绝对的经济和军事优势开启了将其自身"文明"果实植入式地向外输出的世界历史进程，意图构建一个以西方价值体系

为核心规范的同质世界。然而，普世价值所追求的"同一性"并未建起一个童话般的和谐美好世界，反而由于殖民主义和霸权主义的政治实践在世界范围内引发了动荡、分裂与冲突，和平赤字、发展赤字、安全赤字、治理赤字成为摆在全人类面前的共同挑战，西方国家主导建立的以"自由""民主""人权"为核心内容的全球治理体系已走入了一条必然引发全面矛盾的死胡同。

全人类共同价值充分彰显了中国共产党始终坚持胸怀天下的文明情怀，它将共产主义思想与中华文明中的以和为贵、天下大同的和合思想相结合，是中国共产党致力于为人类谋进步、为世界谋大同而发出的时代强音。和平是各国人民的共同期盼和人类的持久夙愿，犹如空气和阳光，受益而不觉，失之则难存。发展是人类文明进步的永恒主题，是增进各国人民福祉的重要条件。公平、正义是国际秩序的基石，事关国际关系的道义基础。民主、自由是人类不懈追求的政治理想，是各国人民共同的权利而非少数国家少数人的专利，是所有人共同而全面的发展而非少数国家少数人的任性。正如习近平总书记强调，和平与发展是我们的共同事业，公平正义是我们的共同理想，民主自由是我们的共同追求，中国始终做全人类共同价值的坚定倡导者和积极践行者。一言以蔽之，全人类共同价值蕴含着不同文明对美好生活的共同向往和追求，为建设一个更加美好的世界提供正确的价值理念指引。国际社会只有在价值观上达成共识，共同弘扬全人类共同价值，人类命运共同体的构建才有基础和前提。

（二）推动共建"一带一路"高质量发展

"一带一路"是构建人类命运共同体的有效路径和实践平台，它用事实回答了构建人类命运共同体理念的可行性与现实性。自 2013 年习近平总书记提出共建"丝绸之路经济带"和"21 世纪海上丝绸之路"的重大倡议以来，我国坚持共商共建共享的原则，把基础设施"硬联通"作为重要方向，把规则标准"软联通"作为重要支撑，把人民"心联通"作为重要基础，使共建"一带一路"成为当今世界深受欢迎的国际公共产品和国际合作平台。目前，我国已累计与 151 个国家、32 个国际组织签署了 200 余份共建"一带一路"合作文件，形成 3000 多个合作项目，投资规模近 1 万亿美元，带动全球国际合作"范式"效应显著。同时，亚洲基础设施投资银行、丝路基金等多边开发机构和国际合作平台的设立，也推动了区域经济的合作共赢和世界经济的繁荣发展。共建"一带一路"在促进中国经济发展的同时，也给沿线国家带来了实实在在的获得感。它提高了国内各区域开放水平，拓展了对外开放领域，构建了广泛的朋友圈，探索了各国共同发展的新路子，为推动世界经济的复苏与增长、全球金融的稳定与安全、全球治理体系改革与完善作出了重要贡献。

当今世界正经历百年未有之大变局，冷战思维与地缘政治风险增加，对外投资风险加大，民粹主义及其滋生的保护主义抬头，制度规则面临重构的挑战，和平赤字、发展赤字、安全赤字、治理赤字加重，共建"一带一路"国际环境日趋复杂。因此，我们要把共建"一带一路"高质量发展摆在突出位置。首先，坚持党的集中统一领导，保持战略定力，统筹发展和安全、统筹国内和国际、统筹合作和斗争、统筹存量和增量、统筹整体和重点，积极应对挑战，趋利避害。其次，实施绿色投资原则，推动绿色基础设施互联互通，引导投资者和金融机构在"一带一路"沿线进行绿色投资，一揽子解决自然、气候和污染危机，构建人与自然生命共同体。再次，充分利用亚洲基础设施投资银行、丝路基金等对"一带一路"倡议的推动作用，在贸易和投资合作中，推动更多使用人民币进行结算、支付和投资，把"一带一路"真正打造成和平之路、繁荣之路、开放之路、绿色之路、创新之路、文明之路、廉洁之路。

（三）推动构建新型国际关系

推动构建以合作共赢为核心的新型国际关系，是人类命运共同体的内在要求和基本路径。新型国际关系立足于国与国交往相互尊重的基本政治原则，锚定追求公平正义的道义取向，致力于实现合作共赢的持久目标，其实质就是要走出一条"对话而不对抗、结伴而不结盟"的国与国交往新路。具体而言，构建与大国的新型国际关系，就是要摒弃传统的冷战思维和强权意识，寻求最大的利益交汇点并尊重彼此核心利益，走对话而不对抗的和平发展、共同繁荣道路，避免陷入"修昔底德陷阱"。在遇到分歧和冲突时，用对话协商的和平方法解决争端，避免发生零和博弈，促进大国协调和良性互动，推动构建和平共处、总体稳定、均衡发展的大国关系格局。构建与周边国家的新型国际关系，就是要坚持亲诚惠容和与邻为善、以邻为伴的周边外交方针，深化同周边国家友好互信和利益融合。周边是我国安身立命之所、发展繁荣之基。中国始终将周边外交放在首要位置，将促进周边和平、稳定、发展为己任，共同打造周边命运共同体。在周边外交中还面临一个现实问题，那就是我们和一些邻国还有一些没有解决的领土和海洋权益争端，我们的立场是在坚持尊重历史事实和国际法的基础上，通过谈判协商解决与邻国的领土、海洋权益争端问题，以对话解纷争，以对话促安全。构建与发展中国家的新型国际关系，就是要"秉持真实亲诚理念和正确义利观加强同发展中国家团结合作，维护发展中国家共同利益"[1]。改革开放以来，我国取得了举世瞩目的成就，但我国仍然是发展中国家。发展中国家是我国在国际事务中的天然同盟军，是我国走和平发展道路的同路人。要始终践行正确义利观，义利相兼、义重于利，切实加强同发展中国家的团结合作，把我国发展与广大发展中国家共同发展紧密联系起来，实现互利共赢。总之，中国始终坚持在和平共处五项原则基础上同各国发展友好合作，推动构建新型国际关系，深化拓展平等、开放、合作的全球伙伴关系，致力于扩大同各国利益的汇合点，为走出一条国与国交往新路提供了示范和样本，为构建人类命运共同体开辟了道路、积累了条件。

（四）改革和完善全球治理体系

构建人类命运共同体，必须积极参与全球治理体系改革和建设。现行的全球治理体系是第二次世界大战后由美国主导的西方大国集团

---

[1] 习近平：《高举中国特色社会主义伟大旗帜　为全面建设社会主义现代化国家而团结奋斗——在中国共产党第二十次全国代表大会上的报告》，人民出版社 2022 年版，第 61 页。

建立的，它在一定程度上对于重塑战后的全球秩序发挥了积极作用。但由于全球治理体系是以资本逻辑为主导的，必然导致以多边主义之名大行单边主义之实的局面。冷战结束后美国以其称霸全球的超级实力，掌握着议题设置和制度安排的绝对权力，联合国等国际协调机构也时常受制于它，治理赤字愈演愈烈。世纪疫情对全球治理造成了严重冲击，更加暴露出现行全球治理体系的弊端，因此国际社会对变革全球治理体系的呼声越来越高。如果说西方治理或美国治理是实力使然，那推动全球治理体系朝着更加公正合理的方向发展则是世界新兴大国群体性崛起的必然要求。

针对全球治理赤字和日益严峻的全球性问题，中国提出了推动全球治理朝着更加公正合理的方向发展的新理念新思想新战略，其目的是构建一个平等民主的协商机制和普遍有效的约束机制，维护人类整体利益，努力为完善全球治理贡献中国智慧、中国力量。推进全球治理体系变革并不是推倒重来，也不是另起炉灶，而是创新完善，使全球治理体系能够更好反映新兴国家和发展中国家的利益和诉求。一方面，践行共商共建共享的全球治理观，坚持真正的多边主义。坚定维护以联合国为核心的国际体系、以国际法为基础的国际秩序、以联合国宪章宗旨和原则为基础的国际关系准则，反对一切形式的单边主义，反对搞针对特定国家的阵营化和排他性小圈子。推动世界贸易组织、亚太经合组织等多边机制更好发挥作用，扩大金砖国家、上海合作组织等合作机制影响力，增强新兴市场国家和发展中国家在全球事务中的代表性和发言权。^①另一方面，变革全球经济治理，建设公正合理的全球经济治理模式。要以平等为基础，更好反映世界经济格局新现实，增加新兴市场国家和发展中国家代表性和发言权，确保各国在国际经济合作中权利平等、机会平等、规则平等。以开放为导向，坚持理念、政策、机制开放，适应形势变化，广纳良言，充分听取社会各界建议和诉求，鼓励各方积极参与和融入，不搞排他性安排，防止治理机制封闭化和规则碎片化。以合作为动力，加强沟通和协商，照顾彼此利益关切，共商规则，共建机制，共迎挑战。以共享为目标，提倡所有人参与，所有人受益，不搞一家独大或者赢者通吃，而是寻求利益共享，实现共赢目标。^②

---

① 习近平：《高举中国特色社会主义伟大旗帜　为全面建设社会主义现代化国家而团结奋斗——在中国共产党第二十次全国代表大会上的报告》，人民出版社 2022 年版，第 62 页。
② 中共中央宣传部编：《习近平新时代中国特色社会主义思想三十讲》，学习出版社 2018 年版，第 296 页。

第十一章
新时代新征程坚持好运用好
科学世界观和方法论

思想是行动的先导，理论是实践的指南。"六个必须坚持"是习近平新时代中国特色社会主义思想的世界观和方法论的集中体现，是新征程上不断谱写马克思主义中国化时代化新篇章的"金钥匙"。继续推进实践基础上的理论创新，最根本的就是认真学习、深刻领会、牢固把握、灵活运用贯穿其中的世界观和方法论，正确认识和科学解决新时代中国特色社会主义的一系列重大理论和实践问题，切实提升分析解决实际问题的思想水平和工作能力。

一、完整理解习近平新时代中国特色社会主义思想的世界观和方法论

习近平总书记在参加党的二十大广西代表团讨论时指出，学习贯

彻党的二十大精神，要"牢牢把握新时代中国特色社会主义思想的世界观和方法论"。只有坚持把习近平新时代中国特色社会主义思想的科学世界观和方法论作为完整体系来把握，才能不断把对共产党执政规律、社会主义建设规律、人类社会发展规律的认识提高到新的水平。

（一）原原本本地学

原原本本学是学习马克思主义的基本途径，也是我们党一直倡导的掌握理论的基本方法。进入新时代以来，习近平总书记多次强调原原本本学的基本方法，要求党员领导干部在原原本本学中"熟读精思、学深悟透"，从而掌握马克思主义立场、观点和方法，不断提高马克思主义理论素养。习近平新时代中国特色社会主义思想的科学观和方法论是一个博大精深的科学体系，只有在原原本本学中才能加深对习近平新时代中国特色社会主义思想的理解，在原原本本学中掌握真谛要义，增强贯彻落实的自觉性和坚定性。掌握习近平新时代中国特色社会主义思想是指导实践、推动工作的基础环节，而原原本本学是掌握理论的基础环节，从这个意义上说，原原本本学是学习习近平新时代中国特色社会主义思想的必然要求。原原本本学不但是学习理论的方法，更是学习理论的态度问题，合乎逻辑地要求力戒浅尝辄止、走马观花，防止形式主义。要原原本本、扎扎实实学习党的二十大报告和党章，学习《习近平谈治国理政》《习近平新时代中国特色社会主义思想学习纲要》以及习近平总书记的最新重要讲话等。

（二）全面准确地悟

一个民族要走在时代前列，就一刻不能没有理论思维，一刻不能没有科学思想指引。我们要学深悟透习近平新时代中国特色社会主义思想，牢牢把握蕴含其中的世界观和方法论，坚持好、运用好贯穿其中的立场观点方法，在新时代伟大实践中不断谱写马克思主义中国化时代化新篇章。

党的二十大报告把习近平新时代中国特色社会主义思想的世界观和方法论概括为"六个必须坚持"，强调必须坚持人民至上、必须坚持自信自立、必须坚持守正创新、必须坚持问题导向、必须坚持系统观念、必须坚持胸怀天下。其中，坚持人民至上体现了无产阶级的科学世界观，展现了习近平新时代中国特色社会主义思想的鲜明本色和根本立场；坚持自信自立彰显了共产党人自信自立的精神气质，体现了习近平新时代中国特色社会主义思想的内在气质和精神风貌；坚持守正创新体现了习近平新时代中国特色社会主义思想的理论品质和显著标识；坚持问题导向体现了习近平新时代中国特色社会主义思想鲜明的问题意识和实践导向；坚持系统观念强调习近平新时代中国特色社会主义思想的思想方法和工作方法；坚持胸怀天下凸显习近平新时代中国特色社会主义思想特有的情怀担当。①

"六个必须坚持"既与马克思主义的世界观和方法论一脉相承，又来源于党的百年奋斗历史经验特别是党的十八大以来以习近平同志为核心的党中央治国理政经验总结，具有坚实的真理力量和强大的实践力量，是新时代新征程中以中国式现代化全面推进中华民族伟大复

① 张洪松：《牢牢把握习近平新时代中国特色社会主义思想的世界观和方法论》，《四川日报》2022 年 11 月 28 日。

兴的理论指引。

（三）理论联系实际

习近平新时代中国特色社会主义思想博大精深，"六个必须坚持"为我们深刻理解把握这一科学思想提供了"金钥匙"，为推进中国特色社会主义健康发展指明了前进方向、提供了根本遵循、注入了强大动力。

坚持好、运用好科学世界观和方法论，就要坚守"人民就是江山，江山就是人民"的根本价值追求。马克思指出："人们奋斗所争取的一切，都同他们的利益有关。"[①]伴随我国社会主要矛盾的转化，人民对美好生活的向往成为新时代中国人民利益诉求的集中表达。坚持人民至上，在方法论上要求努力回应人民群众的现实利益诉求。新征程上，我们要始终站稳人民立场，把人民对美好生活的向往作为奋斗目标，让老百姓的日子一天更比一天好。

坚持好、运用好科学世界观和方法论，就要时刻坚守"自力更生、奋发图强"民族精神特质。"党的百年奋斗成功道路是党领导人民独立自主探索开辟出来的，马克思主义的中国篇章是中国共产党人依靠自身力量实践出来的"[②]。当今世界，要说哪个政党、哪个国家、哪个民族能够自信的话，那中国共产党、中华人民共和国、中华民族是最有理由自信的。新时代新征程，坚定中国特色社会主义道路自信、

---

① 《马克思恩格斯全集》第一卷，人民出版社1956年版，第82页。
② 习近平，《高举中国特色社会主义伟大旗帜 为全面建设社会主义现代化国家而团结奋斗——在中国共产党第二十次全国代表大会上的报告》，人民出版社2022年版，第19页。

理论自信、制度自信、文化自信，必须深刻领悟"两个确立"的决定性意义，以实际行动坚决做到"两个维护"。

坚持好、运用好科学世界观和方法论，就要坚守守正创新的理论品格。守正创新是理论创新的动力源泉。守正是指守马克思主义世界观和方法论之正，只有守好正才能不迷失方向、不犯颠覆性错误；创新是指要随着社会发展与时俱进，只有不断创新，马克思主义的世界观和方法论才能把握时代、引领时代。习近平新时代中国特色社会主义思想的世界观和方法论，坚持守正创新，既全面体现在习近平总书记治国理政的全部理论和实践中，也具体体现在习近平总书记对各个地区各个领域工作的科学指导上。既坚持了老祖宗，又讲了许多新话，深刻回答了中国之问、世界之问、人民之问、时代之问。

坚持好、运用好科学世界观和方法论，就要全面把握坚持问题导向的求真务实态度。"问题是时代的声音，回答并指导解决问题是理论的根本任务。"①坚持问题导向，是习近平新时代中国特色社会主义思想的鲜明风格。在新时代十年的伟大实践中，以习近平同志为核心的党中央始终把问题作为研究制定政策的起点，把化解矛盾、破解难题作为打开局面的突破口，推动党和国家事业在敢于斗争、敢于胜利中破浪前行。

坚持好、运用好科学世界观和方法论，就要深刻把握"系统的发

---

① 习近平：《高举中国特色社会主义伟大旗帜　为全面建设社会主义现代化国家而团结奋斗——在中国共产党第二十次全国代表大会上的报告》，人民出版社2022年版，第20页。

展的联系"的科学思维方法。系统的发展的联系观点是辩证唯物主义的重要认识论和方法论，是具有基础性的思想和工作方法。习近平总书记始终坚持系统思维、全局谋划，坚持用普遍联系的、全面系统的、发展变化的观点观察事物，把握事物发展规律，为我们应对复杂局面、推动事业发展提供了科学遵循。

坚持好、运用好科学世界观和方法论，就要正确理解把握"人类命运共同体"的宏大视野。习近平总书记从人类前途命运出发，鲜明提出并深刻阐述了构建人类命运共同体的重大倡议，提出全球发展倡议、全球安全倡议，阐明了中国的安全观、发展观、义利观、全球化观、全球治理观，提出弘扬全人类共同价值、建设新型国际关系、推动共建"一带一路"高质量发展，描绘了建设持久和平、普遍安全、共同繁荣、开放包容、清洁美丽的世界的美好愿景，为维护世界和平与促进共同发展提供了中国智慧、中国方案。①

二、全面贯彻习近平新时代中国特色社会主义思想的科学世界观和方法论

（一）坚持"重点论"与"两点论"的统一，处理好整体推进与重点突破的关系

坚持"重点论"与"两点论"的统一，掌握和运用马克思主义的

---

① 黄坤明：《把握好习近平新时代中国特色社会主义思想的世界观和方法论》，《人民日报》2022 年 11 月 16 日。

世界观和方法论来研究和解决中国的实际问题，是我们的传家宝和优良传统。毛泽东在《矛盾论》中阐述的关于主要矛盾与次要矛盾、矛盾的主要方面与非主要方面的方法论，被概括为"两点论"与"重点论"关系的辩证统一。所谓"两点论"就是我们在认识和解决问题时，既要看到主要矛盾，也要看到次要矛盾；既要看到矛盾的主要方面，也要看到矛盾的次要方面；不能只知其一不知其二、只及一点不及其余，而要全面分析问题。所谓"重点论"就是我们在认识和解决问题时，必须分清主次，善于抓住主要矛盾和矛盾的主要方面，特别是主要矛盾的主要方面，不能平均用力，而必须把主要矛盾和矛盾的主要方面作为重点加以认识和解决，以重点突破带动整体推进。因此，"两点论"是包含"重点"的"两点论"，"重点论"是包含"两点"的"重点论"，我们既要反对同等看待各种矛盾及其各方面的"均衡论"，也要反对"只及一点不及其余"的"一点论"或"片面论"。"两点论"与"重点论"相统一是中国共产党人认识和解决问题的重要方法论原则。习近平总书记指出："面对复杂形势、复杂矛盾、繁重任务，没有主次，不加区别，眉毛胡子一把抓，是做不好工作的。"党的十八大以来，面对复杂严峻的国内外形势、艰巨繁重的改革发展稳定任务，以习近平同志为核心的党中央坚持系统观念和辩证思维，既注重总体谋划、系统部署，又注重抓好重要领域和关键环节工作，从战略上统筹推进党和国家各项事业发展。新时代党和国家事业能够取得历史性成就、发生历史性变革，与我们党善于抓住社会主要矛盾和中心任务带动全局工作紧密相关。

在复杂事物发展过程中，有许多矛盾存在，其中有主要矛盾，也有次要矛盾。主要矛盾的存在和发展，规定或影响着其他矛盾的形态和变化。全力找出、紧紧抓住、优先解决主要矛盾和矛盾的主要方面，是推动事物发展的关键。改革开放以来，我们党抓住社会主要矛盾，坚持把经济建设作为党和国家的中心任务，带领人民聚精会神搞建设、一心一意谋发展。我国社会生产力极大发展，不仅使人民日益增长的物质文化需要不断得到满足，而且为解决其他各类矛盾和问题奠定了坚实基础。中国特色社会主义进入新时代，我们党继续牢牢扭住经济建设这个中心，毫不动摇坚持发展是硬道理、发展应该是科学发展和高质量发展，加强对经济工作的战略谋划和统一领导，作出坚持以高质量发展为主题、以供给侧结构性改革为主线、建设现代化经济体系等一系列重大决策部署。推动全面深化改革开放，围绕发展这个第一要务部署各方面改革，发挥经济体制改革的牵引作用，更好推动生产关系与生产力、上层建筑与经济基础相适应。新时代我国经济实力、科技实力、综合国力跃上新台阶，为我们妥善应对各种风险挑战、协同推进各方面工作打下了雄厚物质基础。

在注意解决主要矛盾的同时，也不能忽视其他矛盾。唯物辩证法强调坚持两点论和重点论的统一，始终胸有全局，从整体上把握社会的各个方面、各种矛盾、各项任务，密切注意它们的相互关系和轻重缓急，使各方面工作相互协调、相互促进。党的十八大以来，以习近平同志为核心的党中央在把握中心任务的同时，注重在"全面"上下功夫。统筹中华民族伟大复兴战略全局和世界百年未有之大变局，统筹推进"五位一体"总体布局，协调推进"四个全面"战略布局，统揽伟大斗争、伟大工程、伟大事业、伟大梦想，统筹部署实施一系列重大方针政策、重大举措、重大工作，以解决主要矛盾带动其他矛盾的解决，以完成中心任务促进其他任务的完成，推动社会全面进步、人的全面发展。

一切矛盾都处在不断运动变化之中，我们要以发展的而不是静止的观点对待矛盾，密切关注它们的新变化、新特点，及时制定和实施新政策、新举措，妥善解决新问题。党的十八大以来，以习近平同志为核心的党中央科学分析发展形势，明确我国经济已由高速增长阶段转向高质量发展阶段，作出我国进入新发展阶段的战略判断，及时提出创新、协调、绿色、开放、共享的新发展理念，沉着应对百年变局和世纪疫情，在构建新发展格局上迈出了新步伐，在高质量发展上取得了新成效，在完成"十三五"规划的基础上实现了"十四五"的良好开局，充分展现了我们党始终以与时俱进、创新发展态度推动各方面工作实现新进步的责任担当、智慧能力。

（二）坚持"量变"与"质变"的统一，处理好循序渐进和久久为功的关系

坚持事物发展的量变质变统一规律，是我们掌握社会发展的一把钥匙。量变是事物数量的增减、场所的变更以及事物内部各个组成部分在空间排列组合上的变化。量变是一种渐进的、不显著的变化。质变是事物根本性质的变化。区分量变和质变的根本标志，在于事物的变化是否超出度的界限。量变和质变是事物发展的两种状态。量变和质变都是由事物内部矛盾双方力量的变化引起的。当矛盾双方力量的对比还没有达到主次地位的改变时，事物呈现出量变状态。当矛盾双方地位发生改变，原有统一体破裂，事物便呈现出质变状态。任何事物的发展变化，都是从逐渐的量变到迅速的质变的过程。

处理好循序渐进与久久为功的关系。实现中华民族的伟大复兴，绝不是轻轻松松、敲锣打鼓就能实现的，必须准备付出更为艰巨、更为艰苦的努力。泰山半腰有一段平路叫"快活三里"，一些人爬累了，喜欢在此歇脚。然而，挑山工一般不在此久留，因为休息时间长了，腿就会"发懒"，再上"十八盘"就更困难了。实现中华民族伟大复兴如同登顶泰山，虽然我们已经越攀越高，取得了巨大成就，但决不能因为胜利而骄傲，决不能因为成就而懈怠。行百里者半九十。习近平总书记明确指出，实现伟大梦想，必须进行伟大斗争、建设伟大工程、推进伟大事业。这个梦想的实现是一个循序渐进、久久为功的过程。

实现伟大梦想的过程充满矛盾和斗争，是一个循序渐进过程，不可能一蹴而就。社会是在矛盾运动中前进的，有矛盾就会有斗争。当前，世界大变局加速深刻演变，全球动荡源和风险点增多，外部环境复杂严峻；我国在政治、意识形态、经济、科技、社会、党的建设等领域都面临重大风险挑战。"看似寻常最奇崛，成如容易却艰辛。"越是接近民族复兴越不会一帆风顺，越充满风险挑战乃至惊涛骇浪。习近平总书记强调，我们前进的道路上有各种各样的"拦路虎""绊脚石"，面临的重大斗争不会少，必须以越是艰险越向前的精神奋勇搏击、迎难而上。要充分认识这场伟大斗争的长期性、复杂性、艰巨性，到重大斗争一线去真枪真刀磨砺，把准斗争方向，发扬斗争精神，增强斗争本领，不断夺取伟大斗争新胜利。没有坐享其成的黄金时代。担当才有未来，奋斗才有幸福。伟大梦想不是等得来、喊得来的，而是拼出来、干出来的。伟大梦想与伟大斗争、伟大工程、伟大事业是一个紧密联系、相互贯通、相互作用、有机统一的整体。在新时代，我们要坚持以自我革命引领社会革命，把伟大梦想与伟大斗争、伟大工程、伟大事业贯通起来理解、结合起来把握、协同起来推进。

实现伟大梦想必须久久为功，一步一个脚印推进伟大事业。习近平总书记指出："共同富裕是一个长远目标，需要一个过程，不可能一蹴而就，对其长期性、艰巨性、复杂性要有充分估计，办好这件事，等不得，也急不得。"①中国从站起来、富起来到强起来，从基本小康到全面小康，再到高水平富裕，是一个接续奋斗过程，不可能一蹴而就。促进全体人民共同富裕是一项长期任务，必须循序渐进，久久为功。共同富裕是从低层次到高层次的过程富裕。显然，富裕是有层次的。以前需要解决"有没有"的问题，现在和未来则需要解决"好不好"的问题。以"民以食为天"中的"食"为例，其层次性表现为从"吃得饱"到"吃得好"，再到"吃得健康"。相应地，共同富裕也有其层次。到 2035 年"人民生活更为宽裕，中等收入群体比例明显提高，城乡区域发展差距和居民生活水平差距显著缩小，基本公共服务均等化基本实现，全体人民共同富裕迈出坚实步伐"；到 2050 年"全体人民共同富裕基本实现，我国人民将享有更加幸福安康的生活"。党的二十大报告指出，从 2020 年到 2035 年基本实现社会主义

---

① 习近平：《扎实推动共同富裕》，《求是》2021 年第 20 期。

现代化；从 2035 年到本世纪中叶把我国建成富强民主文明和谐美丽的社会主义现代化强国。"两步走"的战略安排，让第二个百年奋斗目标更加清晰完整。

（三）坚持"主观"与"客观"的统一，处理好尽力而为和量力而行的关系

"主观"和"客观"是一对基本的哲学范畴，主观是指人的意识、精神，客观是指人的意识之外的物质世界。主观与客观的关系问题，实质上是思维对存在、精神对物质的关系问题，这是哲学的基本问题。辩证唯物主义认为，主观与客观是对立统一的。客观不依赖于主观而独立存在，并决定主观；主观反映客观。学习马克思主义哲学，掌握科学的世界观和方法论，从根本上讲，就是要解决主观与客观相符合的问题。这不仅是辩证唯物主义的基本要求，而且也是坚持实事求是思想路线的根本。历史和现实经验证明，正确理解和把握主观与客观相统一的观点，在实践的基础上做到具体的历史的统一，是我们党和人民的事业取得胜利的基本条件。党的路线、方针和政策是否正确，党所领导的事业能否获得成功，关键就在于能否正确解决主观符合客观的问题。习近平总书记在党的二十大报告中指出，实现好、维护好、发展好最广大人民根本利益，要"坚持尽力而为、量力而行"，为各项工作开展明确了工作原则。

"尽力而为"体现的原理是人具有主观能动性，对应的方法论是在尊重客观规律的基础上，充分发挥人的主观能动性，总的来说就是要发现和掌握客观规律，根据规律发生的条件和形式，去认识世界和改造世界，造福于人；"量力而行"对应的原理是规律的客观性和不可抗拒性，对应的方法论是想办法、做事情要尊重客观规律。习近平总书记在党的二十大报告中特别提到"尽力而为、量力而行"，就是要求我们要在尊重客观实际的前提下"跳起来摘果子"，实心干事、科学作为。尽力而为，攻坚克难砥砺开创新业绩。没有翻不过的山，也没有越不过的河。如果没有攻坚克难的决心，红军长征不会取得胜利，改革开放不会顺利推进，全面小康也不会如期实现；如果没有砥砺奋进的精神，"嫦娥"探月、"神舟"飞天、"北斗"组网、"蛟龙"深潜等等一系列重大科技成就也就难以变为现实。站在第二个百年奋斗目标新征程的起点，我们必须要牢记嘱托，"采取更多惠民生、暖民心举措，着力解决好人民群众急难愁盼问题"，以"逢山开路、遇水架桥"的精神，以"撸起袖子加油干"的态度，持续深化改革，敢于"啃下硬骨头"，尽心尽力谋发展；持续优化服务，"俯首甘为孺子牛"，全心全意利民生。

量力而行，体现的是尊重客观实际的实事求是原则。我们常说：有多大脚，穿多大鞋；有多大碗，吃多少饭。把握这个俗语中蕴含的深刻道理，关键在于对自身实际情况有清醒的认识和准确的了解。小脚穿大鞋，走路就容易绊倒、摔跤。有的地方不顾本地实际，盲目求快、好大喜功，大搞华而不实的"面子工程""政绩工程"，最终损害的是群众利益，与初衷背道而驰。量力而行，就是要我们结合实际情况，深入群众、深入基层，直面群众最关心最直接最现实的利益问题，切实掌握群众实际所思、所想、所盼，不画大饼，不作空谈，"沾泥土""带露珠""冒热气"地为群众办实事。

尽力而为，要有"敢教日月换新天"的斗志；量力而行，要有"不驰于空想，不骛于虚声"的态度。"尽力"与"量力"看似矛盾，实际却相辅相成、缺一不可。新时代新征程上，坚持尽力而为和量力而行"两手抓，两手都要硬"，把好事办好，把实事办实，人民群众对美好生活的向往必将变为现实。

三、准确把握习近平新时代中国特色社会主义思想的科学世界观和方法论

习近平总书记强调："当今世界发展变化很快，当代中国发展变化也很快，新情况新问题新事物层出不穷。要应对好各种复杂局面，关键是要提高对规律的认识，善于运用规律来处理问题。规律，最重要的就是共产党执政规律、社会主义建设规律、人类社会发展规律。"[1]

（一）在理论与实践的互动中，不断深化对社会主义建设规律的认识

社会主义建设规律，是揭示"什么是社会主义、怎样建设社会主义"这个根本问题的规律性认识，包括社会主义的发展道路、发展阶段、发展战略、发展动力、发展方式、发展环境、发展力量等等。五百年来社会主义从空想到科学、从理论到实践、从一国实践到多国实践的

---

[1] 中共中央宣传部编：《习近平总书记系列重要讲话读本（2016年版）》，学习出版社、人民出版社2016年版，第310页。

过程，也是社会主义建设规律不断呈现、不断被人们认识的过程。习近平新时代中国特色社会主义思想聚焦坚持和发展中国特色社会主义，以全新的视野深化了对社会主义建设规律的认识，深化了对社会主义发展战略和发展目标的认识，提出了实现中华民族伟大复兴是近代以来中华民族最伟大的梦想。

现代化是人类社会发展的趋势，但世界上不存在定于一尊的现代化模式，也不存在放之四海而皆准的现代化标准。党的十八大以来，中华民族伟大复兴进入不可逆转的历史进程。习近平新时代中国特色社会主义思想提出新时代坚持和发展中国特色社会主义的总任务是实现社会主义现代化和中华民族伟大复兴，在全面建成小康社会的基础上分两步走在本世纪中叶建成富强民主文明和谐美丽的社会主义现代化强国，以中国式现代化推进中华民族伟大复兴。基于对共产党执政规律、社会主义建设规律、人类社会发展规律的深刻认识和对中国国情的科学把握，习近平总书记强调，我们建设的现代化必须是具有中国特色、符合中国实际的，"我国现代化是人口规模巨大的现代化，是全体人民共同富裕的现代化，是物质文明和精神文明相协调的现代化，是人与自然和谐共生的现代化，是走和平发展道路的现代化"。以中国式现代化推进中华民族伟大复兴，必须坚持以习近平新时代中国特色社会主义思想为指导，始终坚持我国现代化建设的正确方向①。党的二十大报告进一步明确了中国式现代化的时代特征，提出

---

① 中共国务院发展研究中心党组：《明确坚持和发展中国特色社会主义的总任务》，《人民日报》2022年3月31日。

九大本质要求以及必须牢牢把握的五个重大原则，这些初步构建起中国式现代化的理论体系，深化了我们对中国式现代化丰富内涵的认识，也使得中国式现代化更加清晰、更加科学、更加可感可行。这些战略思想和创新理念，把实现中华民族伟大复兴和实现社会主义现代化统一起来，科学回答了新时代建设什么样的社会主义现代化强国、怎样建设社会主义现代化强国的重大时代课题，在世界社会主义发展史上具有开创性意义。

深化了对社会主义建设整体部署的认识，提出"五位一体"总体布局、"四个全面"战略布局。全面地而不是片面地、普遍联系地而不是孤立地观察事物，是马克思主义唯物辩证法的内在要求。习近平新时代中国特色社会主义思想坚持用系统观念谋划党和国家事业全局，提出中国特色社会主义事业总体布局是经济建设、政治建设、文化建设、社会建设、生态文明建设"五位一体"，战略布局是全面建设社会主义现代化国家、全面深化改革、全面依法治国、全面从严治党四个方面。提出"五位一体"和"四个全面"相互促进、统筹联动，要在推动经济发展的基础上建设社会主义市场经济、社会主义民主政治、社会主义先进文化、社会主义和谐社会、社会主义生态文明，协同推进人民富裕、国家强盛、中国美丽。这些战略思想和创新理念，从全局高度确立了新时代坚持和发展中国特色社会主义的战略规划和战略部署，确立了新时代党和国家各项工作的战略目标和战略举措，确立了党在新时代的治国理政方略，丰富和发展了我国改革开放和社会主义现代化建设的顶层设计。

深化了对社会主义发展方式的认识，鲜明提出新发展理念。新中国成立以来特别是改革开放以后，我们党领导人民埋头苦干，创造出经济快速发展和社会长期稳定两大奇迹。同时，由于多方面原因，经济结构性体制性矛盾不断积累，发展不平衡、不协调、不可持续问题十分突出。习近平新时代中国特色社会主义思想立足新的历史起点，提出贯彻新发展理念是关系我国发展全局的一场深刻变革，必须实现创新成为第一动力、协调成为内生特点、绿色成为普遍形态、开放成为必由之路、共享成为根本目的的高质量发展。① 提出必须坚持和完善社会主义基本经济制度，使市场在资源配置中起决定性作用，更好发挥政府作用，把握新发展阶段、贯彻新发展理念、构建新发展格局、推动高质量发展，统筹发展和安全。这些战略思想和创新理念，科学回答了新时代我国发展的目的、动力、方式、路径等重大问题，阐明了我们党关于发展的政治立场、价值导向和发展模式，丰富和发展了马克思主义政治经济学。

鲜明提出新时代全面深化改革的总目标是完善和发展中国特色社会主义制度、推进国家治理体系和治理能力现代化，深化了对社会主义发展动力的认识。中国特色社会主义制度是党和人民在长期实践中形成的科学制度体系，国家治理体系和治理能力是中国特色社会主义制度及其执行能力的集中体现。习近平新时代中国特色社会主义思想提出新时代谋划全面深化改革，必须以坚持和完善中国特色社会主义

①《中共中央关于党的百年奋斗重大成就和历史经验的决议》，《人民日报》2021 年 11 月 17 日。

制度、推进国家治理体系和治理能力现代化为主轴，把制度建设和治理能力建设摆在更加突出的位置，推动各方面制度更加成熟更加定型，推进国家治理体系和治理能力现代化。《中共中央关于坚持和完善中国特色社会主义制度　推进国家治理体系和治理能力现代化若干重大问题的决定》提出制度建设和治理能力建设的目标是：到二〇三五年，基本实现国家治理体系和治理能力现代化。[①] 这一战略思想和创新理念，深刻阐述了新时代全面深化改革的政治方向、总体目标和重点领域，明确了推进国家治理体系和治理能力现代化的时间表和路线图，从制度形态上科学回答了新时代坚持和发展什么样的中国特色社会主义、怎样坚持和发展中国特色社会主义的重大时代课题。

（二）在守正与创新的结合中，不断深化对共产党执政规律的认识

共产党执政规律，是反映共产党作为马克思主义政党在执政过程中应该遵循的执政理念和执政方略，应该采取的执政体制和执政方式，应该巩固的执政基础和执政资源，应该创造的执政条件和执政环境，等等。从俄国十月革命胜利、无产阶级政党执掌政权，到新中国成立、中国共产党连续执政 70 多年并始终保持蓬勃朝气，共产党人在正反两方面经验的对比中对执政规律的认识愈加清晰。习近平新时代中国特色社会主义思想着眼于中华民族千秋伟业，以全新的视野深化了对共产党执政规律的认识。

①《中共中央关于制定国民经济和社会发展第十四个五年规划和二〇三五年远景目标的建议》，新华社，2020 年 11 月 3 日。

深化了对共产党执政地位和执政优势的认识，鲜明提出坚持党的全面领导特别是党中央集中统一领导。无产阶级革命和社会主义事业必须坚持共产党领导，是马克思主义最基本也最重要的原理，是被世界社会主义实践证明完全正确的宝贵经验。苏联解体、东欧剧变，根本原因就在于这些国家的共产党削弱乃至放弃了领导地位。习近平新时代中国特色社会主义思想第一次把党的领导提升到社会主义本质层面，提出中国共产党的领导是中国特色社会主义最本质的特征，是中国特色社会主义制度的最大优势，党是最高政治领导力量，是领导一切的；治理好我们这个世界上最大的政党和人口最多的国家，必须增强"四个意识"、坚定"四个自信"、做到"两个维护"，确保党始终总揽全局、协调各方。这些战略思想和创新理念，深刻揭示了共产党领导与社会主义与生俱来的必然联系和共生共荣的内在逻辑，科学拓展了共产党领导作用的广度和深度，丰富和发展了马克思主义关于无产阶级政党领导权的思想。

深化了对共产党执政宗旨的认识，鲜明提出以人民为中心、把人民对美好生活的向往作为党的奋斗目标。马克思主义政党夺取政权不容易，夺取政权后巩固政权更不容易，长期保持党的执政地位尤其不容易。这里的关键是人心向背。习近平新时代中国特色社会主义思想作出"江山就是人民，人民就是江山"这一中国共产党人民观、执政观的最新概括，提出中国共产党从来不代表任何利益集团、任何执政团体、任何特权阶层的利益，这是党立于不败之地的根本所在。提出新时代我国社会主要矛盾是人民日益增长的美好生活需要和不平衡不充分的发展之间的矛盾，必须坚持以人民为中心的发展思想，发展全过程人民民主，推动人的全面发展、全体人民共同富裕取得更为明显的实质性进展。这些战略思想和创新理念，深刻揭示了"江山"与"人民"之间相互统一的内在关系，科学回答了中国共产党为谁执政、为谁用权、为谁谋利这个根本问题，丰富和发展了马克思主义人民观、执政观。

深化了对建设长期执政的马克思主义政党自身建设的规律性认识，鲜明提出全面从严治党、勇于自我革命。"历史周期率"不只是中国历史上政权的治乱兴衰、往复循环，也是世界政党政治中执政在野、上台下台的历史写照。中国共产党历史这么长、规模这么大、执政这么久，之所以能够长盛不衰、不断发展壮大，奥秘就是一靠民主监督、二靠自我革命。习近平新时代中国特色社会主义思想提出全面从严治党战略方针，以伟大自我革命引领伟大社会革命。提出必须坚持以党的政治建设为统领，坚守自我革命根本政治方向；必须坚持把思想建设作为党的基础性建设，淬炼自我革命锐利思想武器；必须坚决落实中央八项规定精神，以严明纪律整饬作风，丰富自我革命有效途径；必须坚持以雷霆之势反腐惩恶，打好自我革命攻坚战、持久战；必须坚持增强党组织政治功能和组织力、凝聚力，锻造敢于斗争、善于斗争、勇于自我革命的干部队伍；必须坚持构建自我净化、自我完善、自我革新、自我提高的制度规范体系，为推进伟大自我革命提供制度保障。这些战略思想和创新理念，深刻揭示了马克思主义政党实现长期执政的基本规律，全面阐述了自我革命的科学内涵、指导原则、基本途径和科学方法，丰富和发展了马克思主义建党学说。

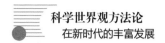
（三）在肯定与否定的统一中，不断深化对人类社会发展规律的认识

人类社会发展规律，是关于人类社会历史运动的普遍规律，决定着人类历史发展的基本趋势。马克思、恩格斯坚持唯物史观，发现了人类社会发展规律。马克思主义政党发挥历史主动精神，推动人类社会变革的实践。习近平新时代中国特色社会主义思想从人类发展大潮流、世界变化大格局、中国发展大历史的制高点观察当今世界，以全新的视野深化了对人类社会发展规律的认识。

深化了对人类社会发展总趋势的认识，鲜明提出资本主义最终消亡、社会主义最终胜利不可逆转。马克思、恩格斯分析资本主义生产方式和固有矛盾，作出"两个必然"和"两个绝不会"的历史论断，认为资本主义社会被社会主义和共产主义社会所取代是人类社会发展的总趋势。习近平新时代中国特色社会主义思想坚持历史唯物主义世界观和方法论，提出马克思、恩格斯关于资本主义社会基本矛盾的分析没有过时，关于资本主义必然消亡、社会主义必然胜利的历史唯物主义观点也没有过时，这是社会历史发展不可逆转的总趋势，但道路是曲折的。要认真做好两种社会制度长期合作和斗争的各方面准备，最重要的是立足党在现阶段的奋斗目标，脚踏实地推进我们的事业，不断建设对资本主义具有优越性的社会主义，不断为我们赢得主动、赢得优势、赢得未来打下更加坚实的基础。这些战略思想和创新理念，深刻揭示了人类社会由低级向高级发展的历史必然性，科学阐释了坚持和发展中国特色社会主义与共产主义远大理想的关系，旗帜鲜明表达了中国共产党人坚定的理想信念和初心使命。

深化了对人类社会发展大方向的认识，鲜明提出推动建设新型国际关系，推动构建人类命运共同体。当今世界正在经历百年未有之大变局并加速演进，人类社会面临着团结还是分裂、合作还是对抗的历史抉择。习近平新时代中国特色社会主义思想深刻洞察世界发展大势和我国所处历史方位，提出推动建设相互尊重、公平正义、合作共赢的新型国际关系，推动构建人类命运共同体，建设持久和平、普遍安全、共同繁荣、开放包容、清洁美丽的世界。提出建立平等相待、互商互谅的伙伴关系，营造公道正义、共建共享的安全格局，谋求开放创新、包容互惠的发展前景，促进和而不同、兼收并蓄的文明交流，构筑尊崇自然、绿色发展的生态体系。这些战略思想和创新理念，科学回答了在世界大变局中人类社会何去何从的时代之问，成为中国引领时代潮流和人类文明进步的鲜明旗帜。

深化了对马克思主义世界历史理论的认识，鲜明提出中国特色大国外交要服务民族复兴、促进人类进步。中国共产党和中国人民的事业是人类进步事业的重要组成部分。中国共产党既为中国人民谋幸福、为中华民族谋复兴，也为人类谋进步、为世界谋大同。习近平新时代中国特色社会主义思想全面审视中国与世界互动的关系，提出新时代中国外交的战略目标是服务中华民族伟大复兴和推动构建人类命运共同体。提出始终不渝走和平发展道路、奉行互利共赢的开放战略，坚定维护国际关系基本准则；坚持主权平等原则，各国主权和领土完整不容侵犯；坚持相互尊重、平等协商，坚决反对动辄使用武力或以武

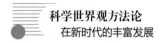
力相威胁处理国际争端，坚决反对打着所谓"民主""自由""人权"等幌子肆意干涉别国内政。这些战略思想和创新理念，展现了大道之行、天下为公的宽广胸怀，丰富和发展了马克思主义国际关系理论，对中国和平发展、世界繁荣进步都具有重大而深远的意义。

后　记

　　党的二十大明确提出把握好习近平新时代中国特色社会主义思想的世界观和方法论，坚持好、运用好贯穿其中的立场观点方法。本书以马克思主义世界观和方法论的中国化时代化为视野，以马克思主义哲学原理为基础，以习近平新时代中国特色社会主义思想的世界观、方法论和贯穿其中的立场观点方法为主题，以党的二十大报告和学习贯彻习近平新时代中国特色社会主义思想主题教育阅读文献为依据，以新时代理论和实践创新为根据，是研究当代中国马克思主义、二十一世纪马克思主义哲学思想的理论读物。

　　本书作者为：

　　导论：颜晓峰，天津大学；

　　第一章：李晓光，北京科技大学；

　　第二章：秦龙、张广全，天津师范大学；

　　第三章：曾薇，东北大学；

　　第四章：赵海波，天津大学；

第五章：贺方彬，天津大学；

第六章：李君，天津财经大学；

第七章：李云峰，天津大学；

第八章：朱大鹏，兰州大学；

第九章：张媛媛，天津大学；孔琳，中国石油大学（华东）；

第十章：张艳红，天津大学；

第十一章：李萍、姚芳，空军预警学院。

颜晓峰负责全书提纲设计，李君、颜晓峰负责全书统稿，李君负责撰写工作协调。

本书的撰写得到了各位作者单位的支持帮助。宁夏人民出版社何志明社长积极推动、悉心指导本书的出版和编写，在此一并表示衷心感谢！

本书的不足之处，恳请各位读者批评指正。